민수기 강해

AN EXPOSITION ON THE FOURTH BOOK OF MOSES, CALLED NUMBERS

〔3판〕

김효성
Hyosung Kim
Th.M., Ph.D.

옛신앙
oldfaith
2024

머리말

주 예수 그리스도(마 5:18; 요 10:35)와 사도 바울(갈 3:6; 딤후 3:16)의 증거대로, 성경은 하나님의 말씀이다. 성경이 하나님의 말씀이며 우리의 신앙과 행위에 있어서 정확무오한 유일의 법칙이라는 고백은 우리의 신앙생활에 있어서 매우 기본적이고 중요하다.

웨스트민스터 신앙고백에 진술된 대로(1:8), 우리는 성경의 원본이 하나님의 감동으로 오류가 없이 기록되었고 그 본문이 "그의 독특한 배려와 섭리로 모든 시대에 순수하게 보존되었다"고 믿는다. 이것은 교회의 전통적 견해이다. 그러므로 구약성경에서 전통적 히브리어 마소라 본문을 중요히 여기며 야곱 벤 카임에 의해 편집한 제2 랍비 성경(봄버그판)을 표준적 본문으로 간주해야 한다고 본다.

성경은 성도 개인의 신앙생활뿐 아니라, 교회의 모든 활동들에도 유일한 규범이다. 오늘날처럼 다양한 풍조와 운동이 많은 영적 혼란의 시대에, 우리는 성경으로 돌아가 성경이 무엇을 말하는지 묵상하기를 원하며 성경에 계시된 하나님의 모든 뜻을 알기를 원한다.

성경으로 설교할지라도 그것을 바르게 해석하고 적용하지 않으면, 말씀의 기근이 올 것이다(암 8:11). 오늘날 많은 설교와 성경강해가 있지만, 순수한 성경 지식과 입장은 더 흐려지고 있는 것 같다.

그러므로 오늘날 요구되는 성경강해는 성경 본문의 뜻을 명료하게 해석하고 적용하는 것일 것이다. 실상, 우리는 성경책 한 권으로 충분하다. 성도는, 유일한 선생님이신 성령의 지도를 구하며 성경을 읽어야 하고, 성경강해는 오직 작은 참고서로만 사용해야 할 것이다.

심히 부족한 종에게 지혜와 분별력과 간절함과 건강을 주시고 또 약한 남편을 위해 일평생 헌신한 아내를 주시고 또 많은 기도와 물질로 후원한 성도들과 합정동 교회를 주신 하나님께만 영광을 돌린다.

내용 목차

서론

민수기도 **모세**가 쓴 책이다. 민수기 1:1, "이스라엘 자손이 애굽 땅에서 나온 후 제2년 2월 1일에 여호와께서 시내 광야 회막에서 모세에게 일러 가라사대." 우리는 구약성경의 처음 다섯 권의 책이 모세의 저작임을 믿는다. 그것은 구약성경 전체와 정통 유대교의 전통과 예수 그리스도 자신과 그의 사도들에 의해 밝히 증거된다(출 24:4; 34:27; 민 33:1-2; 신 31:9; 수 1:7-8; 8:31-35; 왕상 2:2; 왕하 14:6; 대하 34:14; 스 6:18; 느 8:1; 13:1; 단 9:11-13; 말 4:4; 마 19:8; 막 12:26; 요 5:46-47; 7:19; 행 3:22; 롬 10:5 등).

모세는 구약의 처음 다섯 권의 책을 쓰기에 가장 적합하고 충분한 자격자이었고 그 시대도 그러하였다. (1) 그는 고대 세계에서 찬란한 문화를 가졌던 애굽 18왕조 때에 궁중 교육을 받았으므로 책을 쓸 수 있는 충분한 훈련을 받았을 것이다. (2) 그는 하나님의 계시와 족장들의 행적에 대한 풍부한 내용을 조상들로부터 구전(口傳)으로나 토판 같은 기록물로 전달받을 수 있었을 것이다. (3) 그는 애굽에서 40년간과 시내 반도에서 40년간 생활하였으므로 그 지역들의 지형과 기후에 대한 상당한 지식을 갖고 있었을 것이다. (4) 그가 이스라엘 백성을 이끌고 애굽에서 나온 후 광야에서 생활한 40년의 기간은 다섯 권의 책보다 몇 배의 양의 책을 쓸 수 있는 충분한 시간이었다. (5) 오늘날 고고학적 발굴에 의하면, 모세 시대는 여인들이 화장실 물품까지 기록할 수 있을 정도로 문화가 발달되어 있었다.

민수기의 히브리어 성경 **명칭**은 베미드바르 בְּמִדְבַּר('광야에서')이다. 민수기는 애굽에서 나온 이스라엘 백성의 광야 40년간의 역사이다. '민수기'라는 명칭은 고대 헬라어 70인역(ἀριθμοί, '수(數)들')과 영어성경의 명칭('Numbers')을 따른 것이다. 그것은 본서에 나오는 두 번의 인구조사 때문에(민 1, 26장) 붙여진 이름일 것이다.

민수기의 **특징적 진리**는 '사람의 전적 부패성'이다. 이스라엘 백성의 광야 40년간의 역사는 불신앙, 원망, 불평, 불순종의 반복된 역사이었다. 하나님께서는 그들을 징벌하셨고 그들은 광야에서 유리하며 방황했다. 1-10장은 시내 광야에서의 일들, 11-21장은 모압 평지까지의 일들, 그리고 22-36장은 모압 평지에서의 일들을 증거한다.

본문 혹은 각주에 자주 사용된 약어

KJV	영어 King James Version
NASB	영어 New American Standard Version
NIV	영어 New International Version
LXX	고대 헬라어 70인역
Syr	고대 수리아어역
It	고대 라틴어역
Vg	고대 라틴어 Vulgate역
BDB	Brown-Driver-Briggs, *Hebrew Lexicon of the O. T.*
KB	Koehler-Baumgartner, *Lexicon in Veteris Testamenti Libros.*
Langenscheidt	*Langenscheidt Pocket Hebrew Dictionary.*
NBD	*The New Bible Dictionary.* IVP.
Poole	Matthew Poole, *A Commentary on the Holy Bible.*
JFB	Jamieson-Faussett-Brown, *A Commentary.*
Harrison	R. K. Harrison, *Introduction to the O. T.*

1장: 첫 번째 인구 조사

민수기 1장은 이스라엘 백성이 시내산 아래에서 율법을 받고 성막을 지은 후 출발하기 전에 첫 번째로 한 인구 조사에 대해 증거한다.

〔1-4절〕 이스라엘 자손이 애굽 땅에서 나온 후 제2년 2월 1일에 여호와께서 시내 광야 회막에서 모세에게 일러 가라사대 너희는 이스라엘 자손의 모든 회중 각 남자의 수(로쉬 רֹאשׁ)1)를 그들의 가족과 종족을 따라 그 명수대로 계수할지니 이스라엘 중 20세 이상으로 싸움에 나갈 만한 모든 자를 너와 아론은 그 군대대로 계수하되 매 지파의 각기 종족의 두령 한 사람씩 너희와 함께 하라.

이스라엘 자손은 애굽에서 나온 후 제2년 1월 1일에 성막을 건립했었고(출 40:2, 17) 한 달 후 제2년 2월 1일 시내 광야 회막에서 하나님의 명령이 모세에게 내려졌다. 회막(會幕, 오헬 모에드 אֹהֶל מוֹעֵד)은 '만남의 천막'이라는 뜻으로 하나님과 이스라엘 백성이 만나는 곳이었다. 회막이 세워진 후에는 하나님께서 회막에서 모세에게 말씀하셨다(레 1:1; 민 1:1; 7:89). 하나님의 명령은 인구 조사에 관한 것이었다. 인구 조사의 총책임은 모세와 아론이었고 각 지파의 대표 열두 명의 족장들이 그들을 도와 그 일을 행할 것이며 대상은 20세 이상의 남자로 싸움에 나갈 만한 모든 자들이었다. 후에, 두 번째 인구 조사는 모세와 엘르아살의 책임 하에 행해질 것이다(민 26:1).

〔5-19절〕 너희와 함께 설 사람들의 이름은 이러하니 르우벤에게서는 스데울의 아들 엘리술이요 시므온에게서는 수리삿대의 아들 슬루미엘이요 유다에게서는 암미나답의 아들 나손이요 잇사갈에게서는 수알의 아들 느다넬이요 스불론에게서는 헬론의 아들 엘리압이요 요셉 자손에게서는 에브라임에 암미훗의 아들 엘리사마와 므낫세에 브다술의 아들 가말리엘이요 베냐민에게서는 기드오니의 아들 아비단이요 단에게서는 암미삿대의 아들 아히

---

1) רֹאשׁ는 '머리'라는 뜻 외에, '총수'(sum)라는 뜻도 있다(BDB).

에셀이요 아셀에게서는 오그란의 아들 바기엘이요 갓에게서는 드우엘의 아들 엘리아삽이요 납달리에게서는 에난의 아들 아히라니라 하시니 그들은 회중에서 부름을 받은 자요 그 조상 지파의 족장으로서 이스라엘 천만인의 두령이라. 모세와 아론이 지명된 이 사람들을 데리고 2월 1일에 온 회중을 모으니 그들이 각기 가족과 종족을 따라 20세 이상으로 그 명수를 의지하여 자기 계통을 말하매(잇얄레두 יִתְיַלְדוּ)[가계(家系)를 말하매] 여호와께서 모세에게 명하신 대로 그가 시내 광야에서 그들을 계수하였더라.

5-19절은 각 지파의 대표자인 열두 족장들의 이름을 기록하였다.

〔20-25절〕 이스라엘의 장자 르우벤의 아들들에게서 난 자를 그들의 가족과 종족을 따라 20세 이상으로 싸움에 나갈 만한 각 남자를 그 명수대로 다 계수하니 르우벤 지파의 계수함을 입은 자가 46,500명이었더라. 시므온의 아들들에게서 난 자를 그들의 가족과 종족을 따라 20세 이상으로 싸움에 나갈 만한 각 남자를 그 명수대로 다 계수하니 시므온 지파의 계수함을 입은 자가 59,300명이었더라. 갓의 아들들에게서 난 자를 그들의 가족과 종족을 따라 20세 이상으로 싸움에 나갈 만한 자를 그 명수대로 다 계수하니 갓 지파의 계수함을 입은 자가 45,650명이었더라.

〔26-31절〕 유다의 아들들에게서 난 자를 그들의 가족과 종족을 따라 20세 이상으로 싸움에 나갈 만한 자를 그 명수대로 다 계수하니 유다 지파의 계수함을 입은 자가 74,600명이었더라. 잇사갈의 아들들에게서 난 자를 그들의 가족과 종족을 따라 20세 이상으로 싸움에 나갈 만한 자를 그 명수대로 다 계수하니 잇사갈 지파의 계수함을 입은 자가 54,400명이었더라. 스불론의 아들들에게서 난 자를 그들의 가족과 종족을 따라 20세 이상으로 싸움에 나갈 만한 자를 그 명수대로 다 계수하니 스불론 지파의 계수함을 입은 자가 57,400명이었더라.

〔32-37절〕 요셉의 아들 에브라임의 아들들에게서 난 자를 그들의 가족과 종족을 따라 20세 이상으로 싸움에 나갈 만한 자를 그 명수대로 다 계수하니 에브라임 지파의 계수함을 입은 자가 40,500명이었더라. 므낫세의 아들들에게서 난 자를 그들의 가족과 종족을 따라 20세 이상으로 싸움에 나갈 만한 자를 그 명수대로 다 계수하니 므낫세 지파의 계수함을 입은 자가 32,200명이었더라. 베냐민의 아들들에게서 난 자를 그들의 가족과 종

족을 따라 20세 이상으로 싸움에 나갈 만한 자를 그 명수대로 다 계수하니 베냐민 지파의 계수함을 입은 자가 35,400명이었더라.

〔38-43절〕단의 아들들에게서 난 자를 그들의 가족과 종족을 따라 20세 이상으로 싸움에 나갈 만한 자를 그 명수대로 다 계수하니 단 지파의 계수함을 입은 자가 62,700명이었더라. 아셀의 아들들에게서 난 자를 그들의 가족과 종족을 따라 20세 이상으로 싸움에 나갈 만한 자를 그 명수대로 다 계수하니 아셀 지파의 계수함을 입은 자가 41,500명이었더라. 납달리의 아들들에게서 난 자를 그들의 가족과 종족을 따라 20세 이상으로 싸움에 나갈 만한 자를 그 명수대로 다 계수하니 납달리 지파의 계수함을 입은 자가 53,400명이었더라.

〔44-46절〕이 계수함을 입은 자는 모세와 아론과 각기 이스라엘 종족을 대표한 족장 12인이 계수한 자라. 이같이 이스라엘 자손의 그 종족을 따라 20세 이상으로 싸움에 나갈 만한 자가 이스라엘 중에서 다 계수함을 입었으니 계수함을 입은 자의 총계가 603,550명이었더라.

20-46절까지는 르우벤 지파부터 납달리 지파까지 열두 지파에서 20세 이상으로 싸움에 나갈 만한 남자들의 수가 603,550명이었다고 기록하였다. 레위 지파는 제외되었고, 그 대신 요셉 지파가 에브라임 지파와 므낫세 지파 둘로 계수되었다. 40년의 광야 생활이 지난 후에, 이스라엘 백성은 모압 평지에서 다시 인구 조사를 하는데, 민수기 26장에 기록되어 있는 그 두 번째 인구 조사의 총수는 601,730명으로서 처음 인구조사의 총수와 비슷했고 단지 1,820명이 적었다.

〔47-54절〕오직 레위인은 그 조상의 지파대로 그 계수에 들지 아니하였으니 이는 여호와께서 모세에게 일러 가라사대 레위 지파만은 너는 계수치 말며 그들을 이스라엘 자손 계수 중에 넣지 말고 그들로 증거막과 그 모든 기구와 그 모든 부속품을 관리하게 하라. 그들은 그 장막과 그 모든 기구를 운반하며 거기서 봉사하며 장막 사면에 진을 칠지며 장막을 운반할 때에는 레위인이 그것을 걷고 장막을 세울 때에는 레위인이 그것을 세울 것이요 외인이 가까이 오면 죽일지며 이스라엘 자손은 막을 치되 그 군대대로 각각 그 진과 기 곁에 칠 것이나 레위인은 증거막 사면에 진을 쳐서 이스라엘 자

손의 회중에게 진노가 임하지 않게 할 것이라. 레위인은 증거막에 대한 책임을 지킬지니라 하셨음이라. 이스라엘 자손이 그대로 행하되 여호와께서 모세에게 명하신 대로 행하였더라.

레위 사람들은 그 징집 가능 인원의 총수에서 제외되었고 증거막 (미쉬칸 하에둣 מִשְׁכַּן הָעֵדֻת)(법궤 즉 증거궤를 모신 장막)과 그것의 모든 기구들과 그 모든 부속품들을 관리하고 운반하고 봉사하고 장막 사면에 진을 치고 그것들을 지키고 외인들의 접근을 금지하는 의무와 책임을 가졌다. 레위 지파의 직무는 4장에 자세히 기록되어 있다. 외인들, 즉 레위 지파가 아닌 다른 지파 사람들이나 이방인들이 가까이 오면 죽이라고 명령되어 있다. 하나님께서는 그런 제도를 통해 자신의 거룩하심을 증거하셨다. 죄인들은 속죄제물의 피가 없이는 거룩하신 하나님 앞에 가까이 나아가 그를 섬길 수 없었다.

2장: 진영들의 배열

민수기 2장은 20세 이상의 남자들만 약 60만명이 넘는, 큰 군대인 이스라엘 자손들이 광야에서 머물 때에 진영들로 나누어 거하고 또 이동할 때 질서정연하게 행진하였음을 증거한다.

〔1-2절〕여호와께서 모세와 아론에게 일러 가라사대 이스라엘 자손은 각각 그 기(旗)와 그 종족의 기호 곁에 진을 치되 회막을 사면으로 대하여 (민네게드 מִנֶּגֶד)[좀 떨어져서, 약간 거리를 두고](BDB, KJV, NASB, NIV) 치라.

〔3-9절〕동방 해 돋는 편에 진 칠 자는 그 군대대로 유다의 진기(陣旗) [진영의 깃발]에 속한 자라. 유다 자손의 족장은 암미나답의 아들 나손이요 그 군대는 계수함을 입은 자 74,600명이며; 그 곁에 진 칠 자는 잇사갈 지파라, 잇사갈 자손의 족장은 수알의 아들 느다넬이요 그 군대는 계수함을 입은 자 54,400명이며; 또 스불론 지파라, 스불론 자손의 족장은 헬론의 아들 엘리압이요 그 군대는 계수함을 입은 자 57,400명이니, 유다 진에

속한 군대의 계수함을 입은 군대의 총계가 186,400명이라. 그들은 제1대로 진행할지니라.

이스라엘 자손의 진들은 크게 넷으로 나뉘었다. 각 진마다 깃발(데겔 דֶּגֶל)(standard)을 달았다. 그것이 진기(陣旗)이었다. 동쪽을 맡은 제1진기(陳旗)는 유다 진기(陳旗)로서 유다 지파, 잇사갈 지파, 스불론 지파로 구성되었다. 그들은 야곱의 아내 레아의 아들들의 자손들이다. 제1진기의 총수는 186,400명이었다.

〔10-16절〕 남편(南便)에는 르우벤 군대의 진기(陣旗)가 있을 것이라. 르우벤 자손의 족장은 스데울의 아들 엘리술이요 그 군대는 계수함을 입은 자 46,500명이며; 그 곁에 진 칠 자는 시므온 지파라, 시므온 자손의 족장은 수리삿대의 아들 슬루미엘이요 그 군대는 계수함을 입은 자 59,300명이며; 또 갓 지파라, 갓 자손의 족장은 르우엘의 아들 엘리아삽이요 그 군대는 계수함을 입은 자 45,650명이니, 르우벤 진에 속한 계수함을 입은 군대의 총계가 151,450명이라. 그들은 제2대로 진행할지니라.

남쪽을 맡은 제2진기는 르우벤 진기(陣旗)로서 르우벤 지파, 시므온 지파, 갓 지파로 구성되었다. 그들은 레아의 두 아들과 그의 여종 실바의 아들의 자손들이다. 제2진기의 총수는 151,450명이었다.

〔17절〕 그 다음에 회막이 레위인의 진과 함께 모든 진의 중앙에 있어 진행하되 그들의 진 친 순서대로 각 사람은 그 위치에서 그 기를 따라 앞으로 행할지니라.

회막은 레위인의 진과 함께 이스라엘 모든 진들의 중앙에 있었다.

〔18-24절〕 서편에는 에브라임의 군대의 진기(陣旗)가 있을 것이라. 에브라임 자손의 족장은 암미훗의 아들 엘리사마요 그 군대는 계수함을 입은 자 40,500명이며; 그 곁에는 므낫세 지파가 있을 것이라, 므낫세 자손의 족장은 브다술의 아들 가말리엘이요 그 군대는 계수함을 입은 자 32,200명이며; 또 베냐민 지파라, 베냐민 자손의 족장은 기드오니의 아들 아비단이요 그 군대는 계수함을 입은 자 35,400명이니, 에브라임 진에 속한 계수함을 입은 군대의 총계가 108,100명이라. 그들은 제3대로 진행할지니라.

서쪽을 맡은 제3진기(陣旗)는 에브라임 진기로(陣旗)서 에브라임 지파, 므낫세 지파, 베냐민 지파로 구성되었다. 그들은 다 라헬의 아들들의 자손들이다. 제3진기의 총수는 108,100명이었다.

〔25-31절〕 북편에는 단 군대의 진기(陣旗)가 있을 것이라. 단 자손의 족장은 암미삿대의 아들 아히에셀이요 그 군대는 계수함을 입은 자 62,700명이며; 그 곁에 진 칠 자는 아셀 지파라, 아셀 자손의 족장은 오그란의 아들 바기엘이요 그 군대는 계수함을 입은 자 41,500명이며; 또 납달리 지파라, 납달리 자손의 족장은 에난의 아들 아히라요 그 군대는 계수함을 입은 자 53,400명이니, 단의 진에 속한 계수함을 입은 군대의 총계가 157,600명이라. 그들은 기를 따라 후대로 진행할지니라 하시니라.

북쪽을 맡은 제4진기(陣旗)는 단 진기(陣旗)로서 단 지파, 아셀 지파, 납달리 지파로 구성되었다. 그들은 라헬의 여종 빌하의 아들 둘(단, 납달리)과 레아의 여종 실바의 아들 하나(아셀)의 자손들이다. 제4진기의 총수는 157,600명이었다.

〔32-34절〕 이상은 이스라엘 자손이 그 종족을 따라 계수함을 입은 자니 모든 진의 군대 곧 계수함을 입은 자의 총계가 603,550명이었으며 레위인은 이스라엘 자손과 함께 계수되지 아니하였으니 여호와께서 모세에게 명하심과 같았느니라. 이스라엘 자손이 여호와께서 모세에게 명하신 대로 다 준행하여 각기 가족과 종족을 따르며 그 기를 따라 진치기도 하며 진행하기도 하였더라.

이와 같이, 이스라엘 자손들 중에 싸움에 나갈 만한 20세 이상의 남자들의 총수는 603,550명이었다. 만일 노인들과 여인들과 아이들을 포함하면, 이스라엘 자손들의 수는 200만명 이상이었을 것이다.

민수기 1-2장의 교훈을 정리해보자. 첫째로, 하나님께서는 회막에서 모세에게 말씀하셨다. 하나님께서는 회막을 짓기 전에는 시내산에서 말씀하셨었으나(출 19:19), 회막을 지은 후에는 회막에서 말씀하셨다. 레위기 1:1, "여호와께서 회막에서 모세를 부르시고 그에게 일러 가라사대." 민수기 1:1, "여호와께서 시내 광야 회막에서 모세에게 일러 가라 사대." 구약시대의 회막(성막)과 성전은 예수 그리스도를 예표하였다. 요한복음 2:21, "예수께서는 성전된 자기 육체를 가리켜 말씀하신 것이라." 우리는 예수 그리스도 안에서 그의 십자가 의를 힘입어 하나님을 만나며 그를 섬긴다. 예수 그리스도께서는 '말씀'이라고 불리셨다(요 1:1). 그의 말씀에는 은혜와 진리가 충만했다. 그 말씀은 신약성경, 특히 복음서들에 기록되어 있다. 오늘날 사람들은 신약성경을 통해 하나님의 말씀을 들을 수 있다. 모든 성경은 하나님의 감동으로 된 것이며(딤후 3:16) 우리는 성경을 통해 하나님의 말씀을 들어야 한다(눅 16:29).

또 구약의 성막은 신약교회를 예표하는 뜻도 있다. 고린도전서 3:16, "너희가 하나님의 성전인 것과 하나님의 성령이 너희 안에 거하시는 것을 알지 못하느뇨?" 교회는 사도 바울의 증거대로 사도들과 선지자들의 터 위에 건립되었고(엡 2:20) 진리의 기둥과 터이다(딤전 3:15). 물론 이것은 바른 교회를 가리킨다. 신약시대에 바른 교회는 언제나 성경의 바른 교훈을 가지고 있고 그것을 증거한다. 그것은 하나님의 음성이다. 하나님께서는 오늘날 바른 교회의 성경적 교훈을 통해 말씀하신다.

둘째로, 이스라엘 백성은 광야에서 회막을 중심으로 진을 치고 진행하였다. 회막은 이스라엘 자손의 모든 진의 중앙에 있었다(민 2:17). 그것은 우리가 하나님 중심, 예수 그리스도 중심, 성경 중심, 바른 교회 중심으로 살아야 함을 보인다. 신약 성도들의 신앙생활은 하나님 중심, 예수 그리스도 중심, 성경 중심, 바른 교회 중심으로 이루어져야 한다. 그것이 하나님의 뜻이다. 하나님과 예수 그리스도께서는 세상의 중심이시다. 성경은 구원에 이르는 지혜를 주며(딤후 3:15) 우리의 신앙생활의 지침이 되며 우리를 온전케 하는 책이다(딤후 3:16). 또 바른 교회를 통해 주시는 성경적 교훈도 그러하다. 그러므로 우리는 사시고 참되신 하나님과 예수 그리스도를 믿고 의지하고 사랑함같이, 신구약성경과 바른 교회를 사랑하고 성경 중심, 바른 교회 중심으로 살아야 한다.

3장: 레위 지파의 인구 조사

〔1-4절〕여호와께서 시내산에서 모세와 말씀하실 때에 아론과 모세의 낳은 자가 이러하니라. 아론의 아들들의 이름은 장자는 나답이요 다음은 아비후와 엘르아살과 이다말이니 이는 아론의 아들들의 이름이며 그들은 기름을 발리우고 거룩히 구별되어 제사장 직분을 위임받은 제사장들이라. 나답과 아비후는 시내 광야에서 다른 불[이상한 불]을 여호와 앞에 드리다가 여호와 앞에서 죽었고 무자(無子)하였고[자녀가 없었고] 엘르아살과 이다말이 그 아비 아론 앞에서 제사장의 직분을 행하였더라.

아론의 아들들은 네 명이었는데, 그 중 처음 두 아들은 하나님의 명하지 않은 다른 불을 하나님 앞에 드리다가 하나님 앞에서 죽었다. 그것은 하나님의 두려우심을 증거한다. 역사상 이런 일은 종종 있었다. 사무엘상 6:19에 보면, 벧세메스 사람들은 하나님의 궤를 들여다 보았으므로 50,070명이 죽었다. 사무엘하 6:6-7에 보면, 웃사는 하나님의 궤를 수레에 싣고 옮기다가 나곤의 타작마당에 이르러 소들이 뛰므로 손을 들어 하나님의 궤를 붙들었다가 즉사(卽死)했다. 신약 사도행전 5장에 보면, 아나니아와 삽비라는 자기 소유를 팔아 하나님께 드릴 때 사도 베드로를 속이다가 그 앞에서 즉사(卽死)했다.

〔5-10절〕여호와께서 또 모세에게 일러 가라사대 레위 지파로 나아와 제사장 아론 앞에 서서 그에게 시종(侍從)[수종]하게 하라. 그들이 회막 앞에서 아론의 직무와 온 회중의 직무를 위하여 회막에서 시무하되 곧 회막의 모든 기구를 수직(守直)하며[지키며] 이스라엘 자손의 직무를 위하여 장막에서 시무할지니 너는 레위인을 아론과 그 아들들에게 주라. 그들은 이스라엘 자손 중에서 아론에게 온전히 돌리운 자니라. 너는 아론과 그 아들들을 세워 제사장 직분을 행하게 하라. 외인이 가까이 하면 죽임을 당할 것이니라.

하나님께서는 레위 지파 사람들의 기본적 역할을 명하셨다. 그것은 제사장들을 수종하는 역할이었다. 제사들과 성막 예배의 일들은 제사장들에게 맡겨진 일이었는데, 레위인들은 제사장들을 도와 그 일들을 받들게 하였던 것이다. 또 그들은 회막의 모든 기구들을 지키는 일들을 해야 했다. '온전히 돌리운'(네수님 네수님 נְתוּנִים נְתוּנִים)이라는 원어는 '주어진 주어진'이라는 말인데 '주어진'이라는 말을 반복함으로써 '전적으로, 온전히 바쳐졌음'을 나타낸다. 레위인들은 성막 봉사의 일을 위해 전적으로, 온전히 주어진, 바쳐진 자들이었다.

"외인이 가까이 하면 죽임을 당할 것이니라"(10절)는 말씀은 참으로 두렵다. 그것은 하나님께서 얼마나 두려우신 분이시며 또 하나님께 제사하는 일들이 얼마나 거룩한 것인지를 나타낸다. 죄인은 하나님 앞에 함부로 나아갈 수 없었고 오직 하나님께서 구별하신 자들만 나아갈 수 있었다. 구약의 제사장은 예수 그리스도를 예표했고 레위인은 그리스도의 피로 거룩하게 된 신약 성도를 예표했다고 본다.

[11-13절] 여호와께서 모세에게 일러 가라사대 보라, 내가 이스라엘 자손 중에서 레위인을 택하여 이스라엘 자손 중 모든 첫 태에 처음 난 자를 대신케 하였은즉 레위인은 내 것이라. 처음 난 자는 다 내 것임은 내가 애굽 땅에서 그 처음 난 자를 다 죽이던 날에 이스라엘의 처음 난 자는 사람이나 짐승을 다 거룩히 구별하였음이니 그들은 내 것이 될 것임이니라. 나는 여호와니라.

하나님께서 애굽 사람들에게 내리셨던 열 가지 재앙들 중 마지막 재앙인 장자를 치시는 재앙 때에 하나님께서는 이스라엘 자손들은 면제받게 하셨다. 이스라엘 자손들의 첫 아들들은 하나님의 특별한 은혜를 받은 자들이었다. 그러므로 그들은 하나님의 소유로 구별되었다. 출애굽기 13:2, "이스라엘 자손 중에 사람이나 짐승이나 무론하고 초태생은 다 거룩히 구별하여 내게 돌리라. 이는 내 것이니라." 이처럼 레위인들은 이스라엘 백성의 첫 아들들을 대신해 구별되었다.

[14-20절] 여호와께서 시내 광야에서 모세에게 일러 가라사대 레위 자손을 그들의 종족과 가족을 따라 계수하되 1개월 이상의 남자를 다 계수하

라. 모세가 여호와의 말씀을 좇아 그 명하신 대로 계수하니라. 레위의 아들들의 이름은 이러하니 게르손과 고핫과 므라리요, 게르손의 아들들의 이름은 그 가족대로 이러하니 립니와 시므이요, 고핫의 아들들은 그 가족대로 이러하니 아므람과 이스할과 헤브론과 웃시엘이요, 므라리의 아들들은 그 가족대로 말리와 무시니 이는 그 종족대로 된 레위인의 가족들이니라.

하나님께서는 레위 자손들의 1개월 이상된 남자들의 수를 세라고 명하셨다. 레위의 아들들은 게르손과 고핫과 므라리 세 명이었다.

[21-26절] 게르손에게서는 립니 가족과 시므이 가족이 났으니 이들이 곧 게르손의 가족들이라. 계수함을 입은 자의 수효 곧 1개월 이상 남자의 수효 합계가 7,500명이며 게르손 가족들은 장막 뒤 곧 서편에 진을 칠 것이요 라엘의 아들 엘리아삽은 게르손 사람의 종족의 족장이 될 것이며 게르손 자손의 회막에 대하여 맡을 것은 성막과 장막과 그 덮개와 회막 문장(門帳)[문의 휘장]과 뜰의 휘장과 및 성막과 단 사면에 있는 뜰의 문장(門帳)[문의 휘장]과 그 모든 것에 쓰는 줄들이니라.

게르손의 자손들은 7,500명이었고, 회막 뒷쪽 곧 서쪽에 진을 쳤고, 성막과 덮개와 문의 휘장과 뜰의 휘장 등을 맡았다.

[27-32절] 고핫에게서는 아므람 가족과 이스할 가족과 헤브론 가족과 웃시엘 가족이 났으니 이들이 곧 고핫 가족들이라. 계수함을 입은 1개월 이상 모든 남자의 수효가 8,600명인데 성소를 맡을 것이며 고핫 자손의 가족들은 성막 남편에 진을 칠 것이요 웃시엘의 아들 엘리사반은 고핫 사람의 가족과 종족의 족장이 될 것이며 그들의 맡을 것은 증거궤와 상과 등대와 단들과 성소에서 봉사하는데 쓰는 기구들과 휘장과 그것에 쓰는 모든 것이며 제사장 아론의 아들 엘르아살은 레위인의 족장들의 어른이 되고 또 성소를 맡을 자를 통할할 것이니라.

고핫의 자손들은 8,600명(아마, 8,300명)이었고, 회막 남쪽에 진을 쳤고, 증거궤와 상과 등대와 단들 등 성막 기구들을 맡았다.[2]

---

2) 레위인들의 합계의 수를 볼 때(29, 46절 참조), 레위 자손들의 총수가 22,000명인 것을 생각할 때(39, 46절), 고핫 자손들의 수는 아마 8,300이었을 것이며 필사상의 실수로 8,600명으로 표기된 것으로 추측된다(카일, 박윤

〔33-37절〕 므라리에게서는 말리 가족과 무시 가족이 났으니 이들이 곧 므라리 가족들이라. 그 계수함을 입은 자 곧 1개월 이상 남자의 수효 총계가 6,200명이며 아비하일의 아들 수리엘이 므라리 가족과 종족의 족장이 될 것이요 이 가족은 장막 북편에 진을 칠 것이며 므라리 자손의 맡을 것은 성막의 널판과 그 띠와 그 기둥과 그 받침과 그 모든 기구와 그것에 쓰는 모든 것이며 뜰 사면 기둥과 그 받침과 그 말뚝과 그 줄들이니라.

므라리의 자손들은 6,200명이었고, 회막 북쪽에 진을 쳤고, 성막의 널판과 띠와 기둥과 그 받침 등을 맡았다.

〔38-39절〕 장막 앞 동편 곧 회막 앞 해 돋는 편에는 모세와 아론과 아론의 아들들이 진을 치고 이스라엘 자손의 직무를 대신하여 성소의 직무를 지킬 것이며 외인이 가까이 하면 죽일지니라. 모세와 아론이 여호와의 명을 좇아 레위인을 각 가족대로 계수한즉 1개월 이상 남자의 수효가 22,000명이었더라.

회막 앞쪽 곧 동쪽에는 모세와 아론과 아론의 아들들 즉 제사장들이 진을 쳤고 성소의 직무를 지켰다. 외인이 가까이 하면 죽이라고 명령되었다. 1개월 이상된 레위인 남자들의 총수는 22,000이었다.

〔40-43절〕 여호와께서 또 모세에게 이르시되 이스라엘 자손의 처음 난 남자를 1개월 이상으로 다 계수하여 그 명수를 기록하라. 나는 여호와라. 이스라엘 자손 중 모든 처음 난 자의 대신에 레위인을 내게 돌리고 또 이스라엘 자손의 가축 중 모든 처음 난 것의 대신에 레위인의 가축을 내게 돌리라. 모세가 여호와께서 자기에게 명하신 대로 이스라엘 자손 중 모든 처음 난 자를 계수하니 1개월 이상으로 계수함을 입은 처음 난 남자의 명수의 총계가 22,273명이었더라.

이스라엘 자손 중 1개월 이상된 모든 처음 난 남자들의 수의 합계는 22,273명이었다. 그들 대신 레위인들이 하나님의 소유가 되었다. 또 이스라엘 자손의 가축들의 첫 새끼들도 그러하였다.

선). 히브리어로 300은 쉘로쉬 메오스 שְׁלֹשׁ מֵאוֹת이며, 600은 쉐쉬 메오스 שֵׁשׁ מֵאוֹת인데, 필사자가 쉘로쉬에서 라멜(ל)을 빠뜨렸을 수 있다.

〔44-51절〕여호와께서 모세에게 일러 가라사대 이스라엘 자손 중 모든 처음 난 자의 대신에 레위인을 취하고 또 그들의 가축 대신에 레위인의 가축을 취하라. 레위인은 내 것이라. 나는 여호와니라. 이스라엘 자손의 처음 난 자가 레위인보다 273인이 더한즉 속(贖)하기 위하여 매 명에 5세겔씩 취하되 성소의 세겔대로 취하라. 한 세겔은 20게라니라. 그 더한 자의 속전(贖錢)을 아론과 그 아들들에게 줄 것이니라. 모세가 레위인으로 대속한 이외의 사람에게서 속전을 받았으니 곧 이스라엘 자손의 처음 난 자에게서 받은 돈이 성소의 세겔대로 1,365세겔이라. 이 속전을 여호와의 말씀대로 아론과 그 아들들에게 주었으니 여호와께서 모세에게 명하심과 같았느니라.

레위 지파 사람들은 이스라엘 자손 중 모든 처음 난 자를 대신한 것이므로 그들과 상쇄하니 이스라엘 자손 중 처음 난 자들의 수가 273명이 더 많았다. 하나님께서는 모세에게 그들의 매 명당 5세겔씩 계산하여 이스라엘 자손의 처음 난 자들에게서 속전(贖錢)을 받아 아론과 그 아들들에게 주라고 명하셨고 모세는 그대로 하였다.

본장의 교훈을 정리해보자. 첫째로, 구약시대의 회막은 예수 그리스도와 신약교회를 예표했다. 히브리서 9:11-12, "그리스도께서 장래 좋은 일의 대제사장으로 오사 . . . 자기 피로 영원한 속죄를 이루사 단번에 성소에 들어가셨느니라." 회막은 메시아의 속죄사역의 필요성을 증거한다. 죄인은 하나님 앞에 그냥 나아갈 수 없다. 오직 중보자 예수 그리스도의 속죄의 피가 아니고서는 아무도 거룩하신 하나님께 나아갈 수 없다. 히브리서 10:19-20, "우리가 예수님의 피를 힘입어 성소에 들어갈 담력을 얻었나니 그 길은 우리를 위하여 휘장 가운데로 열어 놓으신 새롭고 산 길이요 휘장은 곧 저의 육체니라." 이제 예수 그리스도를 믿음으로 죄사함 받은 신약교회는 성령께서 거하시는 거룩한 회막과 같다.

둘째로, 레위인들은 제사장들을 수종들고 회막 봉사의 일들을 하였다. 레위인들은 이스라엘 자손들의 처음 난 자들을 대신하였고 하나님의 특별한 소유이었고 회막 봉사의 일을 위해 바쳐진 자들이었다. 외인들은 회막에 접근하면 죽임을 당했다. 신약교회의 성도들과 직분자들은 제사장들과 레위인들이다. 로마서 12:1, "너희 몸을 하나님께서 기뻐하시는 거룩한 산 제사로 드리라. 이는 너희의 드릴 영적 예배니라." 베드로전서 2:5, 9, "너희도 산 돌같이 신령한 집으로 세워지고 예수 그리스도로 말미암아 하나님이 기쁘게 받으실 신령한 제사를 드릴 거룩한 제사장이 될지니라," "너희는 택하신 족속이요 왕 같은 제사장들이요 거룩한 나라요 그의 소유된 백성이니." 우리는 예수 그리스도의 피를 힘입어 하나님의 은혜의 보좌 앞에 나아가는 제사장들과 레위인들이다.

셋째로, 제사장 아론의 두 아들 나답과 아비후는 하나님 앞에 다른 불을 드리다가 즉사하였다. 4절, "나답과 아비후는 시내 광야에서 다른 불을 여호와 앞에 드리다가 여호와 앞에서 죽었고 무자(無子)하였고." 레위기 10:1-2, "아론의 아들 나답과 아비후가 각기 향로를 가져다가 여호와의 명하시지 않은 다른 불을 담아 여호와 앞에 분향하였더니 불이 여호와 앞에서 나와 그들을 삼키매 그들이 여호와 앞에서 죽은지라." 제사장들이 하나님께 분향하는 불은 번제단의 불을 사용했다고 본다. 레위기 16:12, "향로를 취하여 여호와 앞 단 위에서 피운 불을 그것에 채우고." 그들은 하나님께 다른 불을 드려서는 안 되었다. 그러나 나답과 아비후는 다른 불을 사용하다가 즉사한 것이다. 오늘날 우리는 경건함과 거룩함으로 하나님께 예배드리며 찬송해야 한다. 시편 96:9, "아름답고 거룩한 것으로 여호와께 경배할지어다." 히브리서 12:28, "경건함과 두려움으로 하나님을 기쁘시게 섬길지니." 빌립보서 1:10, "너희로 지극히 선한 것을 분별하며." 로마서 12:2, "너희는 이 세대를 본받지 말고." 하나님께서는 참으로 두려우신 분이시다. 하나님을 두려워하는 것은 사람의 기본적 마음가짐이어야 한다. 우리는 무질서하거나 육신적 만족을 구하거나 세상적 방식을 사용하여 하나님께 예배하거나 찬송해서는 안 된다. 그것은 하나님께서 성경에 계시하시고 교훈하신 예배의 바른 방식이 아니다. 우리는 하나님께 다른 불을 드려서는 안 된다.

4장: 레위 지파의 임무

이스라엘 백성의 신앙생활에는 회막 곧 성막이 매우 중요하였다. 그것은 그리스도와 그의 대속(代贖) 사역을 예표한 것이었기 때문이다. 그리스도의 대속 사역은 모든 죄 문제의 해결이다. 그것이 없다면, 아무도 구원을 얻지 못할 것이다. 오늘날 예수 그리스도와 그의 대속(代贖)을 믿는 자마다 멸망치 않고 영생을 얻고(요 3:16) 사망에서 생명으로 옮겨진다(요 5:24). 예수 그리스도를 믿는 자들은 하나님의 은혜로 값없이 의롭다 하심을 얻는다(롬 3:21-24).

이 의미심장한 성막의 봉사는 레위인들에게만 맡겨진 일이었다. 레위인들은 하나님의 특별한 소유가 된 자들이었다. 그들은 이스라엘 백성의 첫 아들들을 대신한 자들이었다(민 3:12-13). 외인은 성막의 일을 할 수 없었고 외인은 성막에 접근할 수도 없었다(민 3:10, 38). 민수기 4장은 이 레위인들의 직무를 좀더 자세히 증거한다.

레위의 세 아들은 고핫과 게르손과 므라리이었고, 그들의 자손들에게 각각 임무가 다르게 주어졌다. 우선, 그들은 30세부터 50세까지 봉사할 수 있었다. 본장에는 일곱 번이나 "30세부터 50세까지"라는 표현이 나온다(3, 23, 30, 34, 39, 43, 47절). 다른 지파들이 싸움에 나갈 만한 연령인 20세 이상과는 달랐다. 30세는 경건과 인격성을 고려한 것 같다. 그때에 사람은 어느 정도 사려 깊은 생각을 하고 자기 판단을 하는 것 같다. 50세는 신체적 힘의 노쇠를 고려한 것 같다.

〔1-20절〕여호와께서 또 모세와 아론에게 일러 가라사대 레위 자손 중에서 고핫 자손을 그들의 가족과 종족을 따라 총계(總計)할지니 곧 30세 이상으로 50세까지 회막의 일을 하기 위하여 그 역사에 참가할 만한 모든 자를 계수(計數)하라. 고핫 자손이 회막 안 지성물(至聖物)에 대하여 할 일은 이러하니라. 행진할 때에 아론과 그 아들들이 들어가서 간(間) 막는 장(帳)[휘장]을 걷어 증거궤를 덮고 그 위에 해달(타카쉬 שׁחַתּ)[돌고래](BDB,

NASB)의 가죽으로 덮고 그 위에 순청색(테켈렛 תְּכֵלֶת)[순보라색(BDB)] 보자기를 덮은 후에 그 채[장대]를 꿰고, 또 진설병의 상에 청색 보자기를 펴고 대접들과 숟가락들과 주발들과 붓는 잔들을 그 위에 두고 또 항상 진설하는 떡을 그 위에 두고 홍색 보자기를 그 위에 펴고 그것을 해달의 가죽 덮개로 덮은 후에 그 채를 꿰고, 또 청색[보라색] 보자기를 취하여 등대와 그 등잔들과 그 불집게들과 불똥 그릇들과 그 쓰는 바 모든 기름 그릇을 덮고 등대와 그 모든 기구를 해달의 가죽 덮개 안에 넣어 메는 틀 위에 두고, 또 금단[금향단] 위에 청색 보자기를 펴고 해달의 가죽 덮개로 덮고 그 채를 꿰고, 또 성소에서 봉사하는 데 쓰는 모든 기명[그릇]을 취하여 청색 보자기에 싸서 해달의 가죽 덮개로 덮어 메는 틀 위에 두고, 또 단의 재를 버리고 그 단 위에 자색 보자기를 펴고 봉사하는 데 쓰는 모든 기구 곧 불 옮기는 그릇들과 고기 갈고리들과 부삽들과 대야들과 단의 모든 기구를 두고 해달의 가죽 덮개를 그 위에 덮고 그 채를 꿸 것이며, 행진할 때에 아론과 그 아들들이 성소와 성소의 모든 기구 덮기를 필하거든 고핫 자손이 와서 멜 것이니라. 그러나 성물[성물들](KJV, NASB)은 만지지 말지니 죽을까 하노라. 회막 물건 중에서 이것들은 고핫 자손이 멜 것이며 제사장 아론의 아들 엘르아살의 맡을 것은 등유와 분향할 향품과 항상 드리는 소제물과 관유며 또 장막의 전체와 그 중에 있는 모든 것과 성소와 그 모든 기구니라. 여호와께서 또 모세와 아론에게 일러 가라사대 너희는 고핫 족속의 지파를 레위인 중에서 끊어지게 말지니 그들이 지성물에 접근할 때에 그 생명을 보존하고 죽지 않게 하기 위하여 너희는 이같이 하여 아론과 그 아들들이 들어가서 각 사람에게 그 할 일과 그 멜 것을 지휘할지니라. 그들은 잠시라도 들어가서 성소[성물들=거룩한 것들](KJV, NASB)를 보지 말 것은 죽을까 함이니라.

이스라엘 백성이 행진할 때에 먼저 아론과 그 아들들 곧 제사장들은 성소에 들어가 증거궤(법궤), 진설병의 상(떡상), 등대, 금단(분향단), 모든 거룩한 그릇들, 단(번제단) 등을 보라색(6, 7, 9, 11, 12절), 홍색(8절), 또는 자색(13절) 보자기들로 싸고, 돌고래의 가죽으로 덮었다. 돌고래의 가죽은 고대 헬라어역에 의하면 그 색이 히아신스색(일종의 보라색)이라고 한다. 보라색, 홍색, 자색은 공통적으로 피를 상징하는 것 같다. 그것은 예수 그리스도의 피를 예표할 것이다. 성막의 중심은 예수 그리스도요 예수 그리스도의 사역의 중심은 십자가에서 이루신 대속 사역이다. 성경이 밝히 증거하는 대로, 하나님께서는 예수 그리스도를 그의 피로 인하여 믿음으로 말미암는 화목제물로 세우셨다(롬 3:25). 주 예수께서는 염소와 송아지의 피로 아니하고 오직 자기 피로 영원한 속죄를 이루사 단번에 성소에 들어가셨다(히 9:12). 피흘림이 없으면 사함도 없을 것이다(히 9:22). 우리는 예수 그리스도의 피를 힘입어 성소에 들어갈 담력을 얻었다(히 10:19).

제사장들이 성소의 기구들을 다 덮은 후에, 고핫 자손들은 그것들을 메어 운반해야 했다(15절). 제사장 아론의 아들 엘르아살의 맡은 일은 등유와 분향할 향품과 항상 드리는 소제물과 관유며 또 성막의 모든 것들과 성소와 그 모든 기구들을 맡았다.

고핫 자손들이 주의해야 할 점이 하나 있었다. 그것은 본문 15절과 20절에 기록되어 있는 대로 성물들을 만지거나 보지 말아야 한다는 것이었다. 만일 그들이 성물들을 만지거나 보면 그들은 죽을 것이다. 그것은 참으로 두려운 규례이었다.

이 규례는 하나님의 거룩하심을 나타낸다. 하나님께서는 거룩하시다. 하나님의 존재 자체가 피조세계와 비교할 수 없이 초월해 계실 뿐 아니라, 그는 도덕적으로 순결하시다. 그는 피조물인 우리가 감히 접근할 수 없는 분이시다. 그는 우리가 호기심으로라도 함부로 변론할 수 없는 분이시다. 그러므로 하나님을 경외하는 것이 모든 지혜와 지식의 시작이다. 그는 십계명에서 "너는 너의 하나님 여호와의 이름을 망령되이[헛되이] 일컫지 말라. 나 여호와는 나의 이름을 망령되이 일컫는 자를 죄 없다 하지 아니하리라"고 말씀하셨다(출 20:7).

시내산에서 이스라엘에게 자신을 나타내신 하나님께서는 엄위하시고 두려우신 하나님이셨다. 하나님께서 시내산에 내려오실 때에 그는 산 사면으로 경계를 정하여 이스라엘 백성이 그 산에 오르거나 그 경계를 범하지 못하게 명하셨다. 또 그는 그 명령을 어기는 사람은 죽임을 당할 것이라고 경고하셨다. 시내산은 연기가 자욱하였고 크게 진동했고 나팔소리가 점점 크게 울렸고 하나님께서는 불 가운데서 그 산꼭대기에 내려오셨다(출 19:10-21).

하나님의 거룩하심의 신비는 우리가 하나님을 다 알지 못하고 또 다 알 수 없다는 사실에서도 증거된다. 욥기 11:7은 "네가 하나님의 오묘를 어찌 능히 측량하며 전능자를 어찌 능히 온전히 알겠느냐?"고 말하였고, 욥기 36:26도 "하나님께서는 크시니 우리가 그를 알 수 없다"고 말하였고, 욥기 37:23도 "전능자를 우리가 측량할 수 없다"고 고백하였다. 시편 145:3도 "여호와께서는 광대하시니[크시니] . . . 그의 광대하심[크심]을 측량치 못하리로다"고 말하였다.

사무엘상 6:19-20에 보면, 후에 벧세메스 사람들은 여호와의 궤를 들여다 보았기 때문에 50,070명이 하나님의 치심으로 죽임을 당했고, 사무엘하 6:6-7에 보면, 다윗이 하나님의 궤를 새 수레에 싣고 다윗 성으로 모셔오려고 했을 때 나곤의 타작 마당에 이르러 소들이 뛰므로 수레를 몰던 웃사가 손을 들어 하나님의 궤를 붙들었다가 그 자리에서, 그 궤 곁에서 즉사하였다. 그것들은 하나님의 거룩함을 범한 자들이 어떻게 죽임을 당했는지를 보여주는 사건들이었다.

〔21-28절〕 여호와께서 또 모세에게 일러 가라사대 게르손 자손도 그 종족과 가족을 따라 총계(總計)하되 30세 이상으로 50세까지 회막 봉사에 입참(入參)하여 일할 만한 모든 자를 계수하라. 게르손 가족의 할 일과 멜 것은 이러하니 곧 그들을 성막의 앙장들[휘장]과 회막과 그 덮개와 그 위의 해달[돌고래]의 가죽 덮개와 회막 문장[문의 휘장]을 메이며 뜰의 휘장과 및 성막과 단 사면에 있는 뜰의 문장과 그 줄들과 그것에 사용하는 모든 기구를 메이며 이 모든 것을 어떻게 맡아 처리할 것이라. 게르손 자손은 그 모든 일 곧 멜 것과 처리할 것에 아론과 그 아들들의 명대로 할 것이니 너희는 그들의 멜 짐을 그들에게 맡길 것이니라. 게르손 자손의 가족들이 회막에서 할 일이 이러하며 그들의 직무는 제사장 아론의 아들 이다말이 감독할지니라.

게르손 자손들은 성막의 휘장, 회막과 그 덮개, 문의 휘장들, 해달 (돌고래)의 가죽 덮개 등을 운반하는 임무를 맡았다.

[29-33절] 너는 므라리 자손도 그 가족과 종족을 따라 계수(計數)하되 30세 이상으로 50세까지 회막 봉사에 입참(入參)하여 일할 만한 모든 자를 계수하라. 그들이 직무를 따라 회막에서 할 모든 일 곧 그 멜 것이 이러하니 곧 장막의 널판들과 그 띠들과 그 기둥들과 그 받침들과 뜰 사면 기둥들과 그 받침들과 그 말뚝들과 그 줄들과 그 모든 기구들과 무릇 그것에 쓰는 것이라. 너희는 그들의 맡아 멜 모든 기구의 명목을 지정하라. 이는 제사장 아론의 아들 이다말의 수하에 있을 므라리 자손의 가족들이 그 모든 사무대로 회막에서 행할 일이니라.

므라리 자손들은 성막의 널판들, 띠들, 기둥들, 받침들 등을 운반하는 임무를 맡았다. 게르손 자손들의 일들과 므라리 자손들의 일들은 제사장 아론의 아들 이다말이 감독하였다.

[34-49절] 모세와 아론과 회중의 족장들이 고핫 자손들을 그 가족과 종족대로 계수(計數)하니 30세 이상으로 50세까지 회막 봉사에 입참하여 일할 만한 모든 자 곧 그 가족대로 계수함을 입은 자가 2,750이니 이는 모세와 아론이 여호와께서 모세로 명하신 대로 회막에서 종사하는 고핫인의 모든 가족 중 계수한 자니라. 게르손 자손의 그 가족과 종족을 따라 계수함을 입은 자는 30세 이상으로 50세까지 회막 봉사에 입참하여 일할 만한 모든 자라. 그 가족과 종족을 따라 계수함을 입은 자가 2,630명이니 이는 모세와 아론이 여호와의 명대로 회막에서 종사하는 게르손 자손의 모든 가족 중 계수한 자니라. 므라리 자손의 가족 중 그 가족과 종족을 따라 계수함을 입은 자는 30세 이상으로 50세까지 회막 봉사에 입참하여 일할 만한 모든 자라. 그 가족을 따라 계수함을 입은 자가 3,200명이니 이는 모세와 아론이 여호와께서 모세로 명하신 대로 므라리 자손들의 가족 중 계수한 자니라. 모세와 아론과 이스라엘 족장들이 레위인을 그 가족과 종족대로 다 계수하니 30세 이상으로 50세까지 회막 봉사와 메는 일에 입참하여 일할 만한 모든 자 곧 그 계수함을 입은 자가 8,580명이라. 그들이 그 할 일과 멜 일을 따라 모세에게 계수함을 입었으되 여호와께서 모세에게 명하신 대로 그들이 계수함을 입었더라.

30세 이상으로 50세까지 성막 봉사를 맡은 레위인들은 도합 8,580
명이었는데, 고핫 자손들이 2,750명, 게르손 자손들은 2,630명, 므라리
자손들은 3,200명이었다.

본장의 교훈을 정리해보자. 첫째로, 성막에는 보라색, 홍색, 자색 천
이 사용되었다. 그것은 예수 그리스도의 피를 예표하였다고 본다. 하나
님의 아들 우리 구주 예수 그리스도께서 이 세상에 오셔서 하신 가장
중요한 일은 십자가 위에서 대속의 죽음을 죽으신 것이었다. 예수께서
는 자기 피로 영원한 속죄를 이루사 단번에 성소에 들어가셨다(히 9:12).
우리는 예수님의 피를 힘입어 성소에 들어갈 담력을 얻었다(히 10:19).
예수 그리스도의 대속의 피를 믿는 것이 우리의 구원이 되었다. 우리의
의는 이것뿐 예수의 피밖에 없다! 우리는 성막이 예수 그리스도를 예표
함을 깨닫고 특히 예수 그리스도의 속죄의 보배로운 피를 믿어야 한다.

둘째로, 레위인들은 30세부터 50세까지 회막 봉사의 일을 했다. 신약
성도들은 예수 그리스도로 말미암아 다 제사장들과 레위인들이 되었다.
30세는 복음 진리와 사명에 대한 상당한 깨달음, 분별력, 판단력을 가지
는 나이라고 보여진다. 예수께서 이 세상에 오셔서 30세에 우리 같은
비천한 자들을 위해 자신을 희생하셨다. 우리는 어린아이들로 살지 말
고 일할 만한 나이가 된 자로 살아야 한다. 우리는 지식과 인격에 있어
서 잘 준비되어 하나님의 일을 위해 사용되기를 원해야 할 것이다.

셋째로, 고핫 자손들은 성막의 기구들을 운반하는 일들을 하였지만,
성물을 만지거나 보거나 해서는 안 되었다. 하나님께서는 거룩하시다.
그는 피조세계로부터 초월해 계신 분이시며 도덕적으로도 거룩하신 자
이시다. 그러므로 히브리서는 우리가 경건함과 두려움으로 하나님을
기쁘시게 섬겨야 한다고 말했다(히 12:28). 우리는 하나님을 경외하는
마음을 늘 가져야 하며 그의 계명들을 어기는 것이 하나님의 노를 일으
키는 것임을 알고 조심해야 한다. 우리는 하나님께서 성경에 교훈하신
대로 믿고 행하며 항상 두려운 마음으로 하나님을 섬겨야 한다.

5장: 질투의 소제

〔1-4절〕여호와께서 모세에게 일러 가라사대 이스라엘 자손에게 명하여 모든 문둥병[나병] 환자와 유출병이 있는 자와 주검[사체(死體)]으로 부정케 된 자를 다 진 밖으로 내어 보내되 무론 남녀하고 다 진 밖으로 내어 보내어 그들로 진을 더럽히게 말라. 내가 그 진 가운데 거하느니라 하시매 이스라엘 자손이 그같이 행하여 그들을 진 밖으로 내어 보내었으니 곧 여호와께서 모세에게 이르신 대로 이스라엘 자손이 행하였더라.

본문은 이스라엘 진을 거룩케 하라는 명령이다. 나병은 악성 전염병이며(레 13장), 유출병은 사람의 생식기에서 피나 고름이 나오는 병이다(레 15장). 사람의 죽은 시체를 만진 자는 7일간 부정(不淨)하였다(민 19:11, 13). 이런 사람들은 진 밖으로 내어 보내져야 하였다. 그 까닭은 하나님께서 이스라엘 백성의 진 가운데 거하시기 때문이다. 이런 사람들을 진영 밖으로 내보낸 것은 위생적 의미와 상징적 의미가 있었다고 본다. 위생적으로는 병의 전염을 예방하는 뜻이 있고 또 상징적으로는 나병과 유출병 등이 사람의 불신앙, 교만, 이기심 등의 죄악성을 상징하였다고 본다. 교회는 거룩해야 한다.

〔5-10절〕여호와께서 또 모세에게 일러 가라사대 이스라엘 자손에게 이르라. 남자나 여자나 사람들이 범하는 죄를 범하여 여호와께 패역하여 그 몸에 죄를 얻거든 그 지은 죄를 자복하고 그 죗값을 온전히 갚되 5분지 1을 더하여 그가 죄를 얻었던 그 본주에게 돌려줄 것이요 만일 죗값을 받을 만한 친족이 없거든 그 죗값을 여호와께 드려 제사장에게로 돌릴 것이니 이는 그를 위하여 속죄할 속죄의 숫양 외에 돌릴 것이니라. 이스라엘 자손의 (거제(擧祭)로) 제사장에게 가져오는 모든 성물 [의 예물]은 그의 것이 될 것이라. 각 사람의 구별한 물건은 그의 것이 되나니 누구든지 제사장에게 주는 것은 그의 것이 되느니라.

본문은 죗값을 온전히 갚으라는 법이다. 이 법은 사람의 죄가 그 값을 온전히 갚아야 사하여짐을 보인다. 또 그 죗값을 받을 사람이 없으면 하나님께 드려 제사장에게 돌려야 하였다. 이스라엘 자손이 제사장에게 가져오는 모든 성물은 그의 것이 된다.

〔11-15절〕 여호와께서 모세에게 일러 가라사대 이스라엘 자손에게 고하여 그들에게 이르라. 만일 어떤 사람의 아내가 실행(失行)하여[잘못 행하여] 남편에게 범죄하여 타인과 정교(情交)를 하였으나[어떤 사람이 그와 동침하였으나] 그 남편의 눈에 숨겨 드러나지 아니하였고 그 여자의 더러워진 일에 증인도 없고 그가 잡히지도 아니하였어도 그 더러워짐을 인하여 남편이 의심[질투심]이 생겨서 그 아내를 의심[질투]하든지 또는 아내가 더럽히지 아니하였어도 그 남편이 의심[질투심]이 생겨서 그 아내를 의심[질투]하거든 그 아내를 데리고 제사장에게로 가서 그를 위하여 보리 가루 에바 10분지 1을 예물로 드리되 그것에 기름도 붓지 말고 유향도 두지 말라. 이는 의심[질투]의 소제요 생각하게 하는 소제니 곧 죄악을 생각하게 하는 것이니라.

11절 이하는 질투의 소제에 관한 법이다. 가정은 인간 사회의 기본적인 구성요소로서 매우 중요하다. 결혼은 분명히 하나님께서 만드신 복된 제도이다. 그런데 결혼이 잘 유지되기 위해서는 부부의 순결이 중요하다. 본장에 일곱 번 나오는 '의심'이라는 원어(루아크 킨아 רוּחַ־קִנְאָה)는 '질투심'이라는 뜻이며, 3번 나오는 '의심하다'는 원어(킨네 קִנֵּא)는 '질투하다'는 뜻이다(BDB, KJV, NASB). 영어성경들은 대체로 '질투'(jealousy)라는 말로 번역한다(KJV, NASB).

우리는 본문에서 몇 가지 진리를 묵상케 된다. 첫째로, 본문의 법은 간음하지 말라는 제7계명을 전제한다. 간음하지 말라는 계명은 매우 포괄적인 법이다. 그것은 사람의 성이 부부 관계에서만 허용되고 그 외에는 금지됨을 보인다. 결혼 전 혹은 결혼 외의 성관계는 다 음행과 간음으로 정죄된다. 매춘(賣春)이나 동성애도 정죄된다.

사람의 죄들 중에 간음이나 음행은 대표적인 죄들 중의 하나이다. 예수께서는 사람의 마음에서 나오는 악들을 들면서 살인과 간음과 음란 등의 순서로 말씀하셨다(마 15:19). 고린도전서 6:9-10은, 불의한 자가 하나님의 나라를 유업으로 받지 못한다고 말하면서 음란하

는 자를 첫째로 꼽았다. 갈라디아서 5:19-21은 죄악된 육체의 일 17
가지를 열거하면서 간음, 음행, 더러운 것, 호색을 첫째로 꼽았다.

우리는 간음하지 말아야 한다. 이것은 하나님의 계명이며 사람의
기본적인 윤리이다. 우리는 모든 종류의 음란을 조심해야 한다. 우리
의 가정이 행복하려면, 우리의 가정이 정말 하나님의 평안을 이 땅
위에서 누리려면, 우리는 간음이나 음행을 피하고 멀리해야 한다.

둘째로, 본문의 법은 부부관계의 사랑과 행복이 상대의 순결성에
대한 신뢰에 있음을 보인다. 부부관계의 사랑과 행복은 상대의 순결
성에 대한 신뢰에 있다. 간음은 이혼의 정당한 사유가 된다(마 5:32).
부부가 상대방의 사랑과 순결을 신뢰할 때는 질투심이 생기지 않을
것이지만, 그것을 의심할 때는 질투심이 생길 것이다.

질투의 소제는 두 가지 경우에 드리게 규정되어 있다. 하나는, 어떤
사람의 아내가 다른 남자와 정을 통하였으나 그 남편의 눈에 숨겨 드
러나지 않았고 그 여자의 더러워진 일에 대해 증인도 없고 그가 현장
에서 발각되지 않았어도, 남편이 의심과 질투심이 생겨서 그 아내를
의심하고 질투하는 경우이고, 또 다른 하나는 그 아내가 다른 사람과
정을 통하거나 더럽히지 않았어도 그 남편이 그 아내에 대해 의심과
질투심이 생겨서 그를 의심하고 질투하는 경우이다.

전자는 물증은 없으나 그 다른 남자에 대한 아내의 표정을 통해서
나 또는 남편을 대하는 태도의 변화를 통해서 짐작할 수 있는 경우일
것이다. 그것은 남편의 경우에도 마찬가지일 것이다. 물론 바깥에 숨
겨둔 애첩에 대해서는 알기 어렵겠지만, 만일 주위의 사람인 경우는
두 사람이 같이 있을 때에 그들의 표정만 보아도 어느 정도 짐작할
수 있을 것이다. 사람은 마음의 감정이나 양심의 가책이 그 얼굴이나
행동에서 조금이라도 드러나기 마련이다. 그러나 본인이 극구 부인
하기 때문에 마음에 질투의 불이 더욱 붙어 오르는 경우이다.

또 다른 경우는, 그 아내가 남편에 대한 마음이 변함이 없고 다른 사람과 정을 통하거나 더럽힌 일이 없는데도 그 남편이 그를 오해하여 잘못된 의심과 질투심을 가질 경우이다. 물론 모든 질투심이 상대방에 대한 관심과 사랑에서 나온 것은 분명하지만, 이 경우는 남편의 지나친 생각과 비정상적 심리 때문에 생기는 일이다.

그러나 어느 경우이든지 부부관계에 금이 갈 수 있는 위기상황이다. 이런 위기상황을 그대로 방치하는 것은 위험하다. 그것은 다툼으로 나타날 수 있고 그렇지 않다 하더라도 무관심이나 사랑의 식음으로 나타날 수 있다. 부부의 행복은 서로 사랑함에 있는데, 그 사랑이 식어지는 것은 바람직하지 않다. 이런 의심과 질투심의 문제는 방치될 것이 아니라 해결되어야 할 것이다. 하나님께서는 바로 이런 문제를 해결할 방법을 주신 것이다. 매튜 풀은 이 규례가 아내의 간음을 방지하기 위한 것일 뿐 아니라, 살인, 이혼 등 남편의 격노한 행위들로부터 아내를 보호하기 위한 것이라고 보았다.

〔16-22절〕제사장은 그 여인으로 가까이 오게 하여 여호와 앞에 세우고 토기에 거룩한 물을 담고 성막 바닥의 티끌을 취하여 물에 넣고 여인을 여호와 앞에 세우고 그 머리를 풀게 하고 생각하게 하는 소제물 곧 의심[질투]의 소제물을 그 두 손에 두고 제사장은 저주가 되게 할 쓴 물을 자기 손에 들고 여인에게 맹세시켜 그에게 이르기를 네가 네 남편을 두고 실행(失行)하여[잘못 행하여] 사람과 동침하여 더럽힌 일이 없으면 저주가 되게 하는 이 쓴 물의 해독을 면하리라. 그러나 네가 네 남편을 두고 실행하여 더럽혀서 네 남편 아닌 사람과 동침하였으면 (제사장이 그 여인으로 저주의 맹세를 하게 하고 그 여인에게 말할지니라.) 여호와께서 네 넓적다리로 떨어지고 네 배로 부어서 너로 네 백성 중에 저주거리, 맹세거리가 되게 하실지라. 이 저주가 되게 하는 이 물이 네 창자에 들어가서 네 배로 붓게 하고 네 넓적다리로 떨어지게[쇠해지게] 하리라 할 것이요 여인은 아멘 아멘 할지니라.

셋째로, 본문의 법은 맹세의 중요성을 보인다. 이런 유의 일은 많은 경우 심증과 추측만 있고 물증이 없을 것이다. 만일 그 추측이 사실일 경우에 그 여자는 큰 죄를 지은 것이며 벌을 받아야 하고 이혼도 가능한 일이다. 그러나 만일 그 추측이 사실이 아닌 경우는 불필요한 갈등으로 부부의 사랑이 식어지고 가정의 평안과 행복이 깨어져서는 안 되었다. 그러므로 하나님께서는 이런 경우에 맹세를 통해 그 문제를 해결하게 하셨다. 맹세는 하나님을 경외하고 그의 통치와 징벌과 그의 복과 저주를 인정하는 사람이 할 수 있다.

제사장은 그 여자로 가까이 오게 하여 여호와 앞에 세우고 질그릇에 거룩한 물을 담고 성막 바닥의 흙을 취하여 물에 넣고 그 여자를 여호와 앞에 세우고 그 머리를 풀게 하고 생각하게 하는 소제물, 곧 질투의 소제물을 그 두 손에 두고 제사장은 저주가 되게 할 쓴 물을 자기 손에 들고 여인에게 맹세시켜 그에게 말해야 하였고 그 여인은 "아멘, 아멘" 하고 말해야 하였다.

〔23-28절〕 **제사장이 저주의** 말을 **두루마리에 써서 그 글자를 그 쓴 물에 빨아 넣고 여인으로 그 저주가 되게 하는 쓴 물을 마시게 할지니 그 저주가 되게 하는 물이 그의 속에 들어가서 쓰리라. 제사장이** 먼저 **그 여인의 손에서 의심**[질투]**의 소제물을 취하여 그 소제물을 여호와 앞에 흔들고 가지고 단으로 가서 그 소제물 중에서 기념으로 한 움큼을 취하여 단 위에 소화하고**[태우고] **그 후에 여인에게 그 물을 마시울지라. 그 물을 마시운 후에 만일 여인이 몸을 더럽혀서 그 남편에게 범죄하였으면 그 저주가 되게 하는 물이 그의 속에 들어가서 쓰게** 되어 **그 배가 부으며 그 넓적다리가 떨어지리니**[쇠해지리니] **그 여인이 그 백성 중에서 저주거리가 될 것이니라. 그러나 여인이 더럽힌 일이 없고 정결하면 해를 받지 않고 잉태하리라.**

제사장은 저주의 말을 두루마리에 써서 그 글자를 그 쓴 물에 빨아 넣고 그 여인으로 그 저주가 되게 하는 쓴 물을 마시게 할 것이며 그 저주가 되게 하는 물은 그의 속에 들어가 쓸 것이다. 그 물을 마시게 한 후에 만일 여인이 몸을 더럽혀서 그 남편에게 범죄하였으면 그 저주가 되게 하는 물이 그의 속에 들어가서 쓰게 되어 그 배가 부으며 그 넓적다리가 떨어질 것이며 그 여인은 그 백성 중에서 저주거리가 될 것이다. 그러나 그 여인이 더럽힌 일이 없고 정결하면 해를 받지 않을 것이며 또한 임신하게 될 것이다.

〔29-31절〕 이는 의심[질투]의 법이니 아내가 그 남편을 두고 실행하여 [잘못 행하여] 더럽힌 때나 또는 그 남편이 의심[질투심]이 생겨서 그 아내를 의심[질투]할 때에 그 여인을 여호와 앞에 두고 제사장이 이 법대로 행할 것이라. 남편은 무죄할 것이요 여인은 죄가 있으면 당하리라.

본장에는 세 가지 내용이 나온다. 첫째는 진을 성결케 하라는 법이며, 둘째는 죗값을 온전히 갚으라는 법이며, 셋째는 의심의 소제, 곧 질투의 소제에 대한 법이다. 본장의 교훈을 정리해보자. 첫째로, 우리는 우리의 교회를 거룩하게 해야 한다. 교회는 교리적, 윤리적으로 거룩한 교회이어야 한다. 우리는 불신앙, 이단사설들 같은 교리적 죄악이든지, 교만, 이기심, 미움, 음란, 방탕 등의 윤리적 죄악들을 다 버려야 한다. 교회는 무지하고 죄악된 세상과 달라야 한다. 구원 얻은 모든 교인들의 삶이 그러해야 하고 교회의 직분자들의 삶은 더욱 그러해야 한다.

둘째로, 우리는 예수 그리스도께서 우리의 죗값을 다 지불하셨음을 깨닫고 죽도록 충성해야 한다. 죗값은 죽음이요 지옥 형벌이다. 우리의 죗값의 지불은 우리로서는 불가능한 일이다. 우리의 죗값은 우리가 의와 선을 행함으로써 갚을 수 없고, 오직 그리스도의 십자가 대속 사역으로만 갚을 수 있었다. 그러므로 우리는 우리의 의가 되신 예수 그리스도만 믿고 감사하며 그를 위해 살고 그에게 죽도록 충성해야 한다.

셋째로, 우리는 부부의 사랑과 행복을 잘 지켜야 한다. 우선, 우리는 간음하거나 음행하지 말아야 한다. 이것은 하나님의 명령이다. 또 우리는 우리의 순결함을 배우자에게 보일 수 있도록 처신해야 한다. 배우자에게 의심을 주거나 질투심을 일으킬 만한 말이나 행동을 하지 말아야 하고 이성에 대해 약간 사무적이게 하고 너무 친근히 하지 않는 것이 좋고 시험을 주거나 받지 말아야 한다. 또 우리는 하나님의 이름으로 맹세할 수 있도록 처신해야 하고, 하나님의 저주를 두려워해야 한다.

6장: 나실인의 규례, 제사장의 축도

1-21절은 나실인의 규례이다. '나실'이라는 원어(나지르 נָזִיר)는 '[하나님께] 바쳐진 자, 헌신된 자, 성별된 자'라는 뜻이다. 본문에는 '자기 몸을 구별하는'이라고 번역된 명사 니즈로 נֶזֶר가 열두 번, 또 '구별한다'는 동사 나자르 נָזַר가 다섯 번 나온다.

〔1-8절〕 여호와께서 모세에게 일러 가라사대 이스라엘 자손에게 고하여 그들에게 이르라. 남자나 여자가 특별한 서원 곧 나실인의 서원을 하고 자기 몸을 구별하여 여호와께 드리거든 포도주와 독주를 멀리하며 포도주의 초나 독주의 초를 마시지 말며 포도즙도 마시지 말며 생포도나 건포도도 먹지 말지니 자기 몸을 구별하는 모든 날 동안에는 포도나무 소산은 씨나 껍질이라도 먹지 말지며 그 서원을 하고 구별하는 모든 날 동안은 삭도[면도칼]를 도무지 그 머리에 대지 말 것이라. 자기 몸을 구별하여 여호와께 드리는 날이 차기까지 그는 거룩한즉 그 머리털을 길게 자라게 할 것이며 자기 몸을 구별하여 여호와께 드리는 모든 날 동안은 시체를 가까이 하지 말 것이요 그 부모 형제 자매가 죽은 때에라도 그로 인하여 몸을 더럽히지 말 것이니 이는 자기 몸을 구별하여 하나님께 드리는 표가 그 머리에 있음이라. 자기 몸을 구별하는 모든 날 동안 그는 여호와께 거룩한 자니라.

나실인 서약을 하는 자들은 세 가지를 금해야 했다. 첫째는 포도주나 독주를 마시지 말아야 했다. 그것은 나실인이 술취하지 말고 깨어 근신해야 한다는 뜻이라고 본다. 둘째는 머리에 면도칼를 대지 말아야 했다. 그것은 외모 치장에 대한 관심을 버리라는 뜻이라고 본다. 셋째는 그 부모와 형제 자매의 시체라도 가까이 하지 말아야 했다. 그것은 대제사장에게 주신 명령과 같이(레 21:11) 세상의 가족관계라도 초월하고 오직 하나님의 일에 전념하라는 뜻이라고 본다.

〔9-12절〕 누가 홀연히 그 곁에서 죽어서 스스로 구별한 자의 머리를 더럽히거든 그 몸을 정결케 하는 날에 머리를 밀 것이니 곧 제7일에 밀 것이며 제8일에 산비둘기 두 마리나 집비둘기 새끼 두 마리를 가지고 회막문에

와서 제사장에게 줄 것이요 제사장은 그 하나를 속죄제물로, 하나를 번제물로 드려서 그의 시체로 인하여 얻은 죄를 속(贖)하고 또 그는 당일에 그의 머리를 성결케 할 것이며 자기 몸을 구별하여 여호와께 드릴 날을 새로 정하고 1년된 수양[숫양]을 가져다가 속건제로 드릴지니라. 자기 몸을 구별한 때에 그 몸을 더럽혔은즉 지나간 날은 무효니라.

나실인 서원을 한 사람이 갑자기 죽은 시체로 자신을 더럽히게 되었을 때, 그는 제8일에 번제와 속죄제와 속건제로 자신을 정결케 하고 처음부터 다시 자신을 성별시켜야 하였다.

〔13-21절〕 나실인의 법은 이러하니라. 자기 몸을 구별한 날이 차면 그 사람을 회막문으로 데리고 갈 것이요 그는 여호와께 예물을 드리되 번제물로 1년된 흠 없는 수양[숫양] 하나와 속죄제물로 1년된 흠 없는 어린 암양 하나와 화목제물로 흠 없는 수양[숫양] 하나와 무교병 한 광주리와 고운 가루에 기름 섞은 과자들과 기름 바른 무교전병들과 그 소제물과 전제물을 드릴 것이요 제사장은 그것들을 여호와 앞에 가져다가 속죄제와 번제를 드리고 화목제물로 수양[숫양]에 무교병 한 광주리를 아울러 여호와께 드리고 그 소제와 전제를 드릴 것이요 자기 몸을 구별한 나실인은 회막 문에서 그 머리털을 밀고 그것을 화목제물 밑에 있는 불에 둘지며 자기 몸을 구별한 나실인이 그 머리털을 민 후에 제사장이 삶은 수양[숫양]의 어깨와 광주리 가운데 무교병 하나와 무교전병 하나를 취하여 나실인의 두 손에 두고 여호와 앞에 요제로 흔들 것이며 그것과 흔든 가슴과 든 넓적다리[앞넓적다리](레 7:32)는 성물이라. 다 제사장에게 돌릴 것이니라. 그 후에는 나실인이 포도주를 마실 수 있느니라. 이는 곧 서원한 나실인이 자기 몸을 구별한 일로 인하여 여호와께 예물을 드림과 행할 법이며 이 외에도 힘이 미치는 대로 하려니와 그 서원한 대로 자기 몸을 구별하는 법을 따라 할 것이니라.

본문은 나실인 서원을 한 사람이 자기 몸을 구별한 날이 찰 때에 할 규례이다. 그는 번제, 속죄제, 화목제, 소제를 하나님께 드려야 했다. 구약의 제사들은 예수 그리스도로 말미암아 이루실 속죄의 뜻과 함께 완전한 헌신, 교제의 회복, 감사와 순종의 뜻이 있었다고 본다. 나실인 서원을 한 자는 이 후에도 더욱 하나님께 헌신하고 감사하며 순종하고 살아야 할 것이다. 요제는 하나님께 드리고 받는 뜻이 있다.

〔22-27절〕여호와께서 모세에게 일러 가라사대 아론과 그 아들들에게 고하여 이르기를 너희는 이스라엘 자손을 위하여 이렇게 축복하여 이르되 여호와는[여호와께서는] 네게 복을 주시고 너를 지키시기를 원하며 여호와는[여호와께서는] 그 얼굴로 네게 비취사 은혜 베푸시기를 원하며 여호와는[여호와께서는] 그 얼굴을 네게로 향하여 드사 평강[평안] 주시기를 원하노라 할지니라 하라. 그들은 이같이 내 이름으로 이스라엘 자손에게 축복할지니 내가 그들에게 복을 주리라.

22-27절은 제사장의 축도 즉 축복 기도의 말씀이다. '축복'은 '복을 빈다'는 뜻이다. 우리는 하나님께 복을 빈다. 하나님께서는 누구에게 복을 빌지 않으시고 그 자신이 복을 주는 분이시다. 하나님보다 높으신 분이 없기 때문이다. 그러므로 "하나님이시여, 축복하옵소서"라는 표현은 옳지 않고 "하나님이시여, 복을 주옵소서"라고 해야 한다.

아론과 그 아들들 곧 제사장들은 이스라엘 자손을 위해 축복 기도를 올려야 했다. 제사장의 축도는 세 가지 내용이었다.

첫 번째 내용은 하나님께서 이스라엘 백성에게 복을 주시고 그들을 지켜주시기를 기원하는 것이다. '복'은 좋은 것이다. 하나님께서는 만복의 근원이시다. 각양의 좋은 것들이 다 하나님 아버지께로부터 왔고 또 온다. 야고보서 1:17, "각양 좋은 은사와 온전한 선물이 다 위로부터 빛들의 아버지께로서 내려오나니." 하나님께서 우리를 죄와 질병과 가난과 각종 재앙과 죽음으로부터 지켜주시는 것은 큰 복이다. 이 세상에는 죄가 많고 우리의 마음은 약하여 죄의 유혹에 넘어지기 쉽다. 또 이 세상에는 질병들, 물질적 궁핍, 기근, 실직과 부도와 파산 등이 있고, 전쟁과 지진과 각종 사고들이 있고 죽음의 위험이 있다. 이런 것들로부터 우리를 지켜줄 수 있는 자는 하나님밖에 없다. 그러므로 시편 121:1-8은 이렇게 증거했다: "내가 산을 향하여 눈을 들리라. 나의 도움이 어디서 올꼬. 나의 도움이 천지를 지으신 여호와에게서로다. 여호와께서 너로 실족지 않게 하시며 너를 지키시는 자가 졸지 아니하시리로다. 이스라엘을 지키시는 자께서는 졸지도 아니하고 주무시지도 아니하시리로다. 여호와께서는 너를 지키시는 자라. 여호와께서 네 우편에서 네 그늘이 되시나니 낮의 해가 너를 상치 아니하며 밤의 달도 너를 해치 아니하리로다. 여호와께서 너를 지켜 모든 환난을 면케 하시며 또 네 영혼을 지키시리로다. 여호와께서 너의 출입을 지금부터 영원까지 지키시리로다."

제사장의 축도의 **두 번째** 내용은 하나님께서 그의 얼굴로 그들에게 비추시고 은혜 베푸시기를 기원하는 것이다. 이것은 신약성경의 사도들의 서신들에서 처음 부분과 마치는 부분에서 반복하여 언급된 내용이기도 하다.[3] '은혜'는 값없이 주시는 호의와 사랑을 가리킨다. 성경에서 은혜라는 말은 사랑, 긍휼, 자비와 같은 뜻이다. 하나님께서는 은혜가 많으시다. 그는 모세에게 자신을 '자비롭고 은혜롭고 노하기를 더디하고 인자(仁慈)와 진실이 많은 하나님,' '인자(仁慈)를 천대까지 베푸는 하나님'으로 계시하셨다(출 34:4-7). 하나님의 구원하시는 사랑은 값없이 주시는 은혜이다. 사람은 자신의 행위로 거룩하신 하나님 앞에 설 자가 아무도 없다. 하나님께서는 우리를 무조건 사랑하셨고 우리에게 은혜를 주셨고 우리를 위하여 독생자를 십자가에 죽게 내어주셨고 우리를 죄와 지옥 형벌로부터 구원하셨다. 또 은혜의 하나님께서는 구원하신 자들을 끝까지 지키신다(롬 8:30).

제사장의 축도의 **세 번째** 내용은 하나님께서 그의 얼굴을 그들에

---

3) 롬 1:7; 16:24; 고전 1:3; 16:23; 고후 1:2; 13:13; 갈 1:3; 6:18; 엡 1:2; 6:24; 빌 1:2; 4:23; 골 1:2; 4:18; 살전 1:1; 5:28; 살후 1:2; 3:18; 딤전 1:2; 6:21; 딤후 1:2; 4:22; 딛 1:4; 3:15; 몬 3, 25; 히 13:25; 벧전 1:2; 벧후 1:2; 3:18; 요이 3; 유 2; 계 1:4-5; 22:21. 야고보서와 요한일서와 요한삼서를 빼고는 모든 서신들에 나온다. 히브리서는 시작에 없고, 베드로전서와 요한삼서의 끝에는 '평안'의 기원만 있다.

게로 향해 드사 평안 주시기를 기원하는 것이다. 이 내용도 사도들의 서신들의 시작 부분에 나오는 기원의 내용이다. 성경에서 '평안'이라는 말은 매우 포괄적인 뜻을 가진다. 우리말의 '안녕'과 같이, 그것은 마음의 평안, 몸의 건강, 물질적 안정, 사회적 평안을 포함한다.

주 예수께서는 "수고하고 무거운 짐 진 자들아, 다 내게로 오라. 내가 너희를 쉬게 하리라"고 말씀하셨고(마 11:28), 또 "평안을 너희에게 끼치노니 곧 나의 평안을 너희에게 주노라. 내가 너희에게 주는 것은 세상이 주는 것 같지 아니하니라. 너희는 마음에 근심도 말고 두려워하지도 말라"고 하셨다(요 14:27). 사도 바울은 데살로니가후서 3:16에서, "평안의 주께서 친히 때마다 일마다 너희에게 평안을 주시기를 원하노라"고 말했다. 하나님께서는 우리에게 마음의 평안, 몸의 건강을 주시고, 물질적 복과 안정 등의 의식주의 필요를 채워주신다. 또 그는 우리에게 사회적 평안도 주실 수 있다. 천재지변과 경제 공황과 사회적 소요와 전쟁을 막아주신다.

본문 27절에서 하나님께서는 제자장이 이렇게 축도할 때, "내가 그들에게 복을 주리라"고 말씀하셨다. 제사장의 축도에는 효력이 있을 것이다. 하나님께서는 그 축복에 응답하여 복을 주실 것이다.

본장의 내용은 나실인의 규례와 제사장의 축도이다. 본장의 교훈을 정리해보자. 첫째로, 나실인은 예수 그리스도를 예표했고 또 신약 성도들, 특히 신약교회의 봉사자들을 예표하였다고 본다. 예수께서는 하나님께 거룩하고 완전하게 드려진 나실인이셨다. 에베소서 5:2, "그리스도께서 너희를 사랑하신 것같이 너희도 사랑 가운데서 행하라. 그는 우리를 위하여 자신을 버리사 향기로운 제물과 생축으로 하나님께 드리셨느니라." 또 신약 성도들, 특히 교회 봉사자들은 나실인들이다. 성도들은 하나님의 영광을 위해 자신의 시간과 힘과 재능과 돈과 생명까지 드리는 자들이다. 사도 바울은 "형제들아, 내가 하나님의 모든 자비하심으로 너희를 권하노니 너희 몸을 하나님께서 기뻐하시는 거룩한 산 제사로 드리라"고 교훈하였다(롬 12:1). 신약성도는 나실인 서원자와 같이 세 가지를 조심해야 한다. 첫째, 우리는 술을 금해야 한다. 술취함은 실수와 범죄의 원인이 된다. 우리는 맑은 정신으로 생활해야 한다(벧전 1:13). 특히, 교회의 목사들과 장로들과 집사들은 술을 멀리해야 한다(딤전 3:2-3, 8). 둘째, 우리는 외모의 치장에 관심을 두지 말아야 한다. 디모데전서 2:9-10, "여자들도 아담핸단정핸 옷을 입으며 염치와 정절로 자기를 단장하고 땋은 머리와 금이나 진주나 값진 옷으로 하지 말고 오직 선행으로 하기를 원하라. 이것이 하나님을 공경한다 하는 자들에게 마땅한 것이니라." 베드로전서 3:3-4, "너희 단장은 머리를 꾸미고 금을 차고 아름다운 옷을 입는 외모로 하지 말고 오직 마음에 숨은 사람을 온유하고 안정한 심령의 썩지 아니할 것으로 하라. 이는 하나님 앞에 값진 것이니라." 이것은 남녀 성도에게 다 적용된다. 셋째, 봉사자들은 가족관계, 넓게는 세상 일을 초월하는 정신을 가져야 한다. 주 예수께서는 누구든지 자기 부모와 처자와 형제와 자기 목숨까지 미워하지 않으면 그의 제자가 될 수 없다고 말씀하셨다(눅 14:26). 사도 바울도 디모데에게 "군사로 다니는 자는 자기 생활에 얽매이는 자가 하나도 없나니 이는 군사로 모집한 자를 기쁘게 하려 함이라"고 말했다(딤후 2:4).

둘째로, 제사장의 축도는 복된 내용이다. 창조자와 섭리자이신 하나님께서는 만복의 근원이시다. 그는 자기를 찾는 자들에게 복을 주시는 하나님이시다. 우리는 하나님의 복을 좋아하고 사모해야 한다. 하나님께서는 제사장들에게 세 가지의 복을 기원하게 하셨다. 첫째, 하나님의 지키심의 복이다. 시험과 환난이 많은 세상 속에서 하나님께서는 우리를 지켜주시는 목자이시다. 둘째, 하나님의 은혜이다. 그 은혜로 우리는 구원을 얻었고 그 은혜로 성화를 이룬다. 셋째, 하나님의 평안이다. 그것은 마음의 평안뿐 아니라, 몸의 건강과 경제적 안정과 사회적 평안을 포함한다. 우리는 하나님의 복을 사모하며 서로 축복해야 한다.

7장: 족장들의 봉헌예물

〔1-9절〕모세가 장막 세우기를 필하고 그것에 기름을 발라 거룩히 구별하고 또 그 모든 기구와 단과 그 모든 기구에 기름을 발라 거룩히 구별한 날에 이스라엘 족장들 곧 그들의 종족의 두령[우두머리]들이요 그 지파의 족장으로서 그 계수함을 입은 자의 감독된 자들이 예물을 드렸으니 그들의 여호와께 드린 예물은 덮개 있는 수레 여섯과 소 열둘이니 족장 둘에 수레가 하나씩이요 하나에 소가 하나씩이라. 그것들을 장막 앞에 드린지라. 여호와께서 모세에게 일러 가라사대 그것을 그들에게서 받아 레위인에게 주어 각기 직임대로 회막 봉사에 쓰게 할지니라. 모세가 수레와 소를 받아 레위인에게 주었으니, 곧 게르손 자손들에게는 그 직임대로 수레 둘과 소 넷을 주었고, 므라리 자손들에게는 그 직임대로 수레 넷과 소 여덟을 주고 제사장 아론의 아들 이다말로 감독케 하였으나, 고핫 자손에게는 주지 아니하였으니 그들의 성소의 직임은 그 어깨로 메는 일을 하는 까닭이었더라.

본장은 모세가 하나님의 명령대로 성막 곧 회막을 세우기를 마치고 그 회막과 거기에 속한 모든 기구에 기름을 발라 거룩히 구별한 날에 이스라엘 족장들 곧 열두 지파의 족장들이 백성들을 대표하여 하나님께 드린 봉헌예물들에 대해 증거한다.

이스라엘 열두 지파의 족장들은 덮개 있는 수레와 소를 하나님께 드렸다. 열두 족장들이 두 족장이 수레 한 대씩, 또 한 족장이 소 한 마리씩을 드려, 수레가 모두 6대이었고, 소는 모두 열두 마리이었다. 수레 하나에 소가 둘씩 배당된 셈이다. 그 수레는 레위인들이 성막과 그 기구들을 운반하는 데 쓰였다. 성막의 휘장과 덮개 등을 운반하는 임무를 가졌던 레위 지파의 게르손 자손들에게는 수레가 2대, 소가 4마리 주어졌고, 성막의 널판과 나무 띠와 기둥 등을 운반하는 임무를 가졌던 므라리 자손들에게는 수레가 4대, 소가 8마리 주어졌다. 그러나 고핫 자손들에게는 오직 성막의 기구들을 메어 옮기는 임무가 맡겨졌기 때문에 수레나 소가 배정되지 않았다.

〔10-11절〕단에 기름을 바르던 날에 족장들이 단의 봉헌을 위하여 예물을 가져다가 그 예물을 단 앞에 드리니라. 여호와께서 모세에게 이르시기를 족장들은 하루 한 사람씩 단의 봉헌예물을 드릴지니라 하셨더라.

〔12-17절〕제1일에 예물을 드린 자는 유다 지파 암미나답의 아들 나손이라. 그 예물은 성소의 세겔대로 130세겔중(重) 은반[은쟁반] 하나와 70세겔중(重) 은바리[은사발] 하나라. 이 두 그릇에는 소제물로 기름 섞은 고운 가루를 채웠고 또 10세겔중(重) 금 숟가락 하나라. 그것에는 향을 채웠고 또 번제물로 수송아지 하나와 숫양 하나와 1년된 어린 숫양 하나이며 속죄제물로 숫염소 하나이며 화목제물로 소 둘과 숫양 다섯과 숫염소 다섯과 1년된 어린 숫양 다섯이라. 이는 암미나답의 아들 나손의 예물이었더라.

〔18-23절〕제2일에는 잇사갈의 족장 수알의 아들 느다넬이 드렸으니 그 드린 예물도 성소의 세겔대로 130세겔중(重) 은반[은쟁반] 하나와 70세겔중(重) 은바리[은사발] 하나라. 이 두 그릇에는 소제물로 기름 섞은 고운 가루를 채웠고 또 10세겔중(重) 금 숟가락 하나라. 그것에는 향을 채웠고 또 번제물로 수송아지 하나와 숫양 하나와 1년된 어린 숫양 하나이며 속죄제물로 숫염소 하나이며 화목제물로 소 둘과 숫양 다섯과 숫염소 다섯과 1년된 어린 숫양 다섯이라. 이는 수알의 아들 느다넬의 예물이었더라.

〔24-29절〕제3일에는 스불론 자손의 족장 헬론의 아들 엘리압이 드렸으니 그 예물도 성소의 세겔대로 130세겔중(重) 은반 하나와 70세겔중(重) 은바리 하나라. 이 두 그릇에는 소제물로 기름 섞은 고운 가루를 채웠고 또 10세겔중(重) 금 숟가락 하나라. 이것에는 향을 채웠고 또 번제물로 수송아지 하나와 숫양 하나와 1년된 어린 숫양 하나이며 속죄제물로 숫염소 하나이며 화목제물로 소 둘과 숫양 다섯과 숫염소 다섯과 1년된 어린 숫양 다섯이라. 이는 헬론의 아들 엘리압의 예물이었더라.

〔30-35절〕제4일에는 르우벤 자손의 족장 스데울의 아들 엘리술이 드렸으니 그 예물도 성소의 세겔대로 130세겔중(重) 은반 하나와 70세겔중(重) 은바리 하나라. 이 두 그릇에는 소제물로 기름 섞은 고운 가루를 채웠고 또 10세겔중(重) 금숟가락 하나라. 이것에는 향을 채웠고 또 번제물로 수송아지 하나와 숫양 하나와 1년된 어린 숫양 하나이며 속죄제물로 숫염

소 하나이며 화목제물로 소 둘과 숫양 다섯과 숫염소 다섯과 1년된 어린 숫양 다섯이라. 이는 스데울의 아들 엘리술의 예물이었더라.

〔36-41절〕 제5일에는 시므온 자손의 족장 수리삿대의 아들 슬루미엘이 드렸으니 그 예물도 성소의 세겔대로 130세겔중(重) 은반 하나와 70세겔중(重) 은바리 하나라. 이 두 그릇에는 소제물로 기름 섞은 고운 가루를 채웠고 또 10세겔중(重) 금숟가락 하나라. 이것에는 향을 채웠고 또 번제물로 수송아지 하나와 숫양 하나와 1년된 어린 숫양 하나이며 속죄제물로 숫염소 하나이며 화목제물로 소 둘과 숫양 다섯과 숫염소 다섯과 1년된 어린 숫양 다섯이라. 이는 수리삿대의 아들 슬루미엘의 예물이었더라.

〔42-47절〕 제6일에는 갓 자손의 족장 드우엘의 아들 엘리아삽이 드렸으니 그 예물도 성소의 세겔대로 130세겔중(重) 은반 하나와 70세겔중(重) 은바리 하나라. 이 두 그릇에는 소제물로 기름 섞은 고운 가루를 채웠고 또 10세겔중(重) 금숟가락 하나라. 이것에는 향을 채웠고 또 번제물로 수송아지 하나와 숫양 하나와 1년된 어린 숫양 하나이며 속죄제물로 숫염소 하나이며 화목제물로 소 둘과 숫양 다섯과 숫염소 다섯과 1년된 어린 숫양 다섯이라. 이는 드우엘의 아들 엘리아삽의 예물이었더라.

〔48-53절〕 제7일에는 에브라임 자손의 족장 암미훗의 아들 엘리사마가 드렸으니 그 예물도 성소의 세겔대로 130세겔중(重) 은반 하나와 70세겔중(重) 은바리 하나라. 이 두 그릇에는 소제물로 기름 섞은 고운 가루를 채웠고 또 10세겔중(重) 금숟가락 하나라. 이것에는 향을 채웠고 또 번제물로 수송아지 하나와 숫양 하나와 1년된 어린 숫양 하나이며 속죄제물로 숫염소 하나이며 화목제물로 소 둘과 숫양 다섯과 숫염소 다섯과 1년된 어린 숫양 다섯이라. 이는 암미훗의 아들 엘리사마의 예물이었더라.

〔54-59절〕 제8일에는 므낫세 자손의 족장 브다술의 아들 가말리엘이 드렸으니 그 예물도 성소의 세겔대로 130세겔중(重) 은반 하나와 70세겔중(重) 은바리 하나라. 이 두 그릇에는 소제물로 기름 섞은 고운 가루를 채웠고 또 10세겔중(重) 금숟가락 하나라. 이것에는 향을 채웠고 또 번제물로 수송아지 하나와 숫양 하나와 1년된 어린 숫양 하나이며 속죄제물로 숫염소 하나이며 화목제물로 소 둘과 숫양 다섯과 숫염소 다섯과 1년된 어린 숫양 다섯이라. 이는 브다술의 아들 가말리엘의 예물이었더라.

〔60-65절〕제9일에는 베냐민 자손의 족장 기드오니의 아들 아비단이 드렸으니 그 예물도 성소의 세겔대로 130세겔중(重) 은반 하나와 70세겔중(重) 은바리 하나라. 이 두 그릇에는 소제물로 기름 섞은 고운 가루를 채웠고 또 10세겔중(重) 금숟가락 하나라. 이것에는 향을 채웠고 또 번제물로 수송아지 하나와 숫양 하나와 1년된 어린 숫양 하나이며 속죄제물로 숫염소 하나이며 화목제물로 소 둘과 숫양 다섯과 숫염소 다섯과 1년된 어린 숫양 다섯이라. 이는 기드오니의 아들 아비단의 예물이었더라.

〔66-71절〕제10일에는 단 자손의 족장 암미삿대의 아들 아히에셀이 드렸으니 그 예물도 성소의 세겔대로 130세겔중 은반 하나와 70세겔중 은바리 하나라. 이 두 그릇에는 소제물로 기름 섞은 고운 가루를 채웠고 또 10세겔중 금숟가락 하나라. 이것에는 향을 채웠고 또 번제물로 수송아지 하나와 숫양 하나와 1년된 어린 숫양 하나이며 속죄제물로 숫염소 하나이며 화목제물로 소 둘과 숫양 다섯과 숫염소 다섯과 1년된 어린 숫양 다섯이라. 이는 암미삿대의 아들 아히에셀의 예물이었더라.

〔72-77절〕제11일에는 아셀 자손의 족장 오그란의 아들 바기엘이 드렸으니 그 예물도 성소의 세겔대로 130세겔중(重) 은반 하나와 70세겔중(重) 은바리 하나라. 이 두 그릇에는 소제물로 기름 섞은 고운 가루를 채웠고 또 10세겔중(重) 금숟가락 하나라. 이것에는 향을 채웠고 또 번제물로 수송아지 하나와 숫양 하나와 1년된 어린 숫양 하나이며 속죄제물로 숫염소 하나이며 화목제물로 소 둘과 숫양 다섯과 숫염소 다섯과 1년된 어린 숫양 다섯이라. 이는 오그란의 아들 바기엘의 예물이었더라.

〔78-83절〕제12일에는 납달리 자손의 족장 에난의 아들 아히라가 드렸으니 그 예물도 성소의 세겔대로 130세겔중(重) 은반 하나와 70세겔중(重) 은바리 하나라. 이 두 그릇에는 소제물로 기름 섞은 고운 가루를 채웠고 또 10세겔중(重) 금숟가락 하나라. 이것에는 향을 채웠고 또 번제물로 수송아지 하나와 숫양 하나와 1년된 어린 숫양 하나이며 속죄제물로 숫염소 하나이며 화목제물로 소 둘과 숫양 다섯과 숫염소 다섯과 1년된 어린 숫양 다섯이라. 이는 에난의 아들 아히라의 예물이었더라.

〔84-88절〕이는 곧 단에 기름 바르던 날에 이스라엘 족장들이 드린 바 단의 봉헌예물이라. 은반[은쟁반]이 열둘이요 은바리[은사발]가 열둘이요 금

숟가락이 열둘이니 은반[은쟁반]은 각각 130세겔중(重)이요 은바리[은사발]는 각각 70세겔중(重)이라. 성소의 세겔대로 모든 기명의 은이 도합이 2,400세겔이요 또 향을 채운 금숟가락이 열둘이니 성소의 세겔대로 각각 10세겔중(重)이라. 그 숟가락의 금이 도합이 120세겔이요, 또 번제물로 수송아지가 열둘이요 숫양이 열둘이요 1년된 어린 숫양이 열둘이요, 그 소제물이며, 속죄제물로 숫염소가 열둘이며, 화목제물로 수소가 24요 숫양이 60이요 숫염소가 60이요 1년된 어린 숫양이 60이라. 이는 단에 기름 바른 후에 드린 바 단의 봉헌예물이었더라.

열두 족장들은 또 은쟁반 하나씩과 은사발 하나씩과 금숟가락(혹은 금접시[NIV]) 하나씩도 하나님께 드렸다. 그 은쟁반은 무게가 130세겔 즉 약 1.3킬로그램이었고, 은사발은 무게가 70세겔 즉 약 700그램이었고, 금숟가락은 무게가 10세겔 즉 약 100그램이었다. 성소의 세겔로 1세겔은 약 10그램이었다. 은쟁반은 모두 열두 개, 은사발도 모두 열두 개, 또 금숟가락도 모두 열두 개이었다.

또 이스라엘의 족장들은 소제물과 번제물과 속죄제물과 화목제물도 하나님께 드렸다. 그들은 소제물로 은쟁반과 은사발에 기름 섞은 고운 가루를, 금숟가락에 향을 채워드렸고, 번제물로 수송아지 한 마리, 숫양 한 마리, 1년된 어린 숫양 한 마리를 드렸다. 그들은 속죄제물로 숫염소 한 마리를 드렸고, 화목제물로 소 두 마리, 숫양 다섯 마리, 숫염소 다섯 마리, 1년된 어린 숫양 다섯 마리를 드렸다. 구약시대에, 번제물은 속죄의 뜻과 함께 온전한 헌신의 마음을 상징하고, 소제물은 속죄의 뜻과 함께 온전한 순종의 마음을 상징하고, 또 속죄제물은 속죄를 상징하고, 화목제물은 속죄의 뜻과 함께 화목 곧 하나님과의 교제의 회복을 상징하였다고 본다.

이스라엘 족장들이 하나님께 드린 봉헌예물은 각 지파의 족장들이 똑같이 드렸다는 특징이 있었다. 그들은 두 명이 수레 한 대씩, 또 각 사람이 소 한 마리씩을 드렸다. 또 그들은 매일 한 명씩 12일 동안 똑같은 소제물, 번제물, 속죄제물, 화목제물을 드렸다. 본장은 똑같은 내용을 열두 번이나 반복하여 기록했다. 이스라엘 열두 지파의 족장들은 하나님 앞에서 똑같은 봉헌예물을 드렸다.

그것은 이스라엘 열두 지파의 족장들과 족속들이 하나님 앞에서 똑같은 지위와 특권을 가지고 있고 똑같은 봉사에 참여함을 나타낸다고 본다. 하나님께서는 그들을 동등하게 여기셨고 동등하게 받으셨다. 하나님께서는 우리 모든 성도들이 똑같은 지위와 특권을 가지고 하나님을 섬기기를 원하시고 또 명하신다.

〔89절〕모세가 회막에 들어가서 여호와께 말씀하려 할 때에 증거궤 위 속죄소 위의 두 그룹 사이에서 자기에게 말씀하시는 목소리를 들었으니 여호와께서 그에게 말씀하심이었더라.

이스라엘 족장들이 하나님께 봉헌예물들을 드렸을 때, 하나님께서는 응답하셨다. 모세가 회막에 들어가 여호와께 말씀하려 할 때 증거궤 위 속죄소 위 두 그룹 사이에서 그에게 말씀하시는 목소리를 들었다. 하나님께서는 족장들의 봉헌예물을 기쁘게 받으신 것이다.

본장의 교훈을 정리해보자. 이스라엘의 족장들은 귀한 예물을 하나님께 드렸다. 우리는 우리의 귀한 것들을 하나님의 일을 위해 드려야 한다. 하나님께서는 우리의 가장 귀한 것을 받기에 합당하시며 하나님의 일은 세상에서 가장 귀하고 가치 있는 일이다. 하나님의 일은 전도하는 일, 참 교회를 세우는 일, 바른 신앙서적을 만들어 배포하며 바른 신학교를 세워 복음의 일꾼들을 훈련시키는 일을 포함한다. 예수께서는 너희를 위해 보물을 땅에 쌓아 두지 말고 하늘에 쌓아두라고 말씀하셨다(마 6:19-21). 그것은 우리의 물질을 전도와 구제를 위해 쓰는 것을 말한다. 사도 바울은 우리가 믿음과 말과 지식과 모든 간절함과 전도자 사랑하는 일에 풍성한 것같이 헌금에도 풍성하라고 교훈했다(고후 8:7). 하나님의 일을 위한 우리의 헌금과 수고와 봉사는 헛되지 않을 것이다.

8장: 레위인의 성별

〔1-4절〕 여호와께서 또 모세에게 일러 가라사대 아론에게 고하여 이르라. 등을 켤 때에는 일곱 등잔을 등대 앞으로 비취게 할지니라 하시매 아론이 그리하여 등불을 등대 앞으로 비취도록 켰으니 여호와께서 모세에게 명하심과 같았더라. 이 등대의 제도는 이러하니 곧 금을 쳐서 만든 것인데 밑판에서 그 꽃까지 쳐서 만든 것이라. 모세가 여호와께서 자기에게 보이신 식양을 따라 이 등대를 만들었더라.

아론은 여호와께서 모세에게 명령하신 대로 등불을 등대 앞으로 비취도록 켰다. 성소 안의 일곱 등잔을 가진 등대는 하나님의 완전한 빛을 나타낸다. 빛은 지식과 의와 기쁨의 상징이라고 본다. 일곱 등잔은 완전한 지식, 완전한 의, 완전한 기쁨을 가리킨다고 본다. 등대는 예수 그리스도를 예표하였다. 예수께서는 참빛으로 세상에 오셨다 (요 1:9). 그는 친히 "나는 세상의 빛이니 나를 따르는 자는 어두움에 다니지 아니하고 생명의 빛을 얻으리라"고 말씀하셨다(요 8:12). 하나님의 말씀 곧 성경말씀도 우리에게 빛이 된다(시 119:105; 잠 6:23). 우리는 예수 그리스도 안에 거하고 성경말씀 안에 거해야 한다.

〔5-13절〕 여호와께서 모세에게 일러 가라사대 이스라엘 자손 중에서 레위인을 취하여 정결케 하라. 너는 이같이 하여 그들을 정결케 하되 곧 속죄의 물로 그들에게 뿌리고 그들로 그 전신을 삭도[칼]로 밀게 하고 그 의복을 빨게 하여 몸을 정결케 하고 또 그들로 수송아지 하나를 번제물로, 기름 섞은 고운 가루를 그 소제물로 취하게 하고 그 외에 너는 또 수송아지 하나를 속죄제물로 취하고 레위인을 회막 앞에 나오게 하고 이스라엘 자손의 온 회중을 모으고 레위인을 여호와 앞에 나오게 하고 이스라엘 자손으로 그들에게 안수케 한 후에 아론이 이스라엘 자손을 위하여[자손으로부터] 레위인을 요제(搖祭)[흔드는 제물]로 여호와 앞에 드릴지니 이는 그들로 여호와를 봉사케 하기 위함이라. 레위인으로 수송아지들의 머리에 안수케 하고 네가 그 하나는 속죄제물로, 하나는 번제물로 여호와께 드려 레위인을 속죄하고 레

위인을 아론과 그 아들들 앞에 세워 여호와께 요제(搖祭)로 드릴지니라.

이것은 레위인을 정결케 하는 규례이다. 레위인들에게 속죄의 물을 뿌리고 온 몸의 털을 칼로 밀고 옷을 빨고 몸을 정결케 하고 이스라엘 자손들이 그들에게 안수하고 수송아지 하나를 번제물로, 또 소제물과, 수송아지 하나를 속죄제물로 준비해 레위인들이 그것들에게 안수한 후 요제로 드려야 하였다. 안수는 위탁의 뜻이 있다. 요제(a wave offering)[흔드는 제사]는 제물을 전후로 흔드는 방식의 제사를 가리킨다. 그것은 제물을 하나님께 드리고 하나님께서 그것을 제사 드리는 자에게 돌려주시는 뜻이 있다고 본다. 즉 요제는 제물을 하나님과 제사 드리는 자가 함께 나누는 뜻이 있다고 본다.

〔14-19절〕너는 이같이 이스라엘 자손 중에서 레위인을 구별하라. 그리하면 그들이 내게 속할 것이라. 네가 그들을 정결케 하여 요제로 드린 후에 그들이 회막에 들어가서 봉사할 것이니라. 그들은 이스라엘 자손 중에서 내게 온전히 드린 바된 자라. 이스라엘 자손 중 일절[모든] 초태생 곧 모든 처음 난 자의 대신으로 내가 그들을 취하였나니 이스라엘 자손 중에 처음 난 것은 사람이든지 짐승이든지 다 내게 속하였음은 내가 애굽 땅에서 그 모든 처음 난 자를 치던 날에 내가 그들을 내게 구별하였음이라. 이러므로 내가 이스라엘 자손 중 모든 처음 난 자의 대신으로 레위인을 취하였느니라. 내가 이스라엘 자손 중에서 레위인을 취하여 그들을 아론과 그 아들들에게 선물로 주어서 그들로 회막에서 이스라엘 자손을 대신하여 봉사하게 하며 또 이스라엘 자손을 위하여 속죄하게 하였나니 이는 이스라엘 자손이 성소에 가까이할 때에 그들 중에 재앙이 없게 하려 하였음이니라.

하나님께서는 레위인들을 하나님께 속한 하나님의 것으로 구별하라고 말씀하셨고 그들을 정결케 하여 요제로 하나님께 드린 후 회막 봉사의 일을 하게 하라고 하셨다. 또 레위인들은 하나님께 온전히 드린 자, 곧 하나님께 온전히 드린 바된 자라고 불리었다.

〔20-22절〕모세와 아론과 이스라엘 자손의 온 회중이 여호와께서 레위인에게 대하여 모세에게 명하신 것을 다 좇아 레위인에게 행하였으되 곧 이

스라엘 자손이 그와 같이 그들에게 행하였더라. 레위인이 이에 죄에서 스스로 깨끗케 하고 그 옷을 빨매 아론이 그들을 여호와 앞에 요제로 드리고 그가 또 그들을 위하여 속죄하여 정결케 한 후에 레위인이 회막에 들어가서 아론과 그 아들들의 앞에서 봉사하니라. 여호와께서 레위인의 일에 대하여 모세에게 명하신 것을 좇아 그와 같이 그들에게 행하였더라.

모세와 아론과 이스라엘 자손의 온 회중은 여호와께서 명하신 대로 레위인들에게 다 행했다. 레위인들은 죄에서 스스로 깨끗케 하고 그들의 옷을 빨았고 속죄제물로 자신을 정결케 한 후에 회막에 들어가서 아론과 그 아들들의 앞에서 봉사하였다.

〔23-26절〕여호와께서 또 모세에게 일러 가라사대 레위인은 이같이 할지니 곧 25세 이상으로는 회막에 들어와서 봉사하여 일할 것이요 50세부터는 그 일을 쉬어 봉사하지 아니할 것이나 그 형제와 함께 회막에서 모시는 직무를 지킬 것[그 형제들이 회막에서 그 직임을 지키도록 도울 것]이요 일하지 아니할 것이라. 너는 레위인의 직무에 대하여 이같이 할지니라.

민수기 4:3은 레위인들이 30세부터 50세까지 일하라고 규정하였다. 그러면 여기에 "25세 이상으로는 회막에 들어와서 봉사하여 일할 것이요"라는 말씀은 아마 견습생으로서 봉사하라는 뜻일 것이다. 또 50세 이후에는 그들이 레위인의 일상 업무에서는 제외되지만, 그 형제들에게 조언하거나 그들의 일에 협조하는 일을 해야 했다고 보인다.

본장의 교훈을 정리해보자. 첫째로, 아론은 성소에 있는 일곱 등잔을 가진 등대를 항상 켜야 했다. 그것은 예수 그리스도와 성경말씀의 완전한 빛을 예표하였다고 본다. 우리에게는 참 지식과 의와 기쁨이 없지만, 우리는 예수 그리스도 안에서 또 성경말씀을 통해 참된 지식과 완전한 의와 참되고 영속적인 기쁨을 얻는다. 우리는 늘 예수 그리스도를 믿는 믿음 안에서 성경을 읽으면서 그 지식과 의와 기쁨 안에 살아야 한다.

둘째로, 구약시대의 레위인들은 성막 봉사자들로 하나님 앞에 거룩하게 드려졌다. 성막 봉사자들에게 요구되는 덕은 거룩함이었다. 구약시대의 레위인들은 신약교회의 직분자들을 예표하는 뜻이 있어 보인다. 신약교회의 직분자들은 죄로부터 정결함을 얻어야 하고 세속적 생활로부터도 구별되어야 한다. 그러므로 사도 바울은 디모데전서 3:2-12에서 말했다. "감독은 책망할 것이 없으며 한 아내의 남편이 되며 절제하며 근신하며 아담하며 나그네를 대접하며 가르치기를 잘하며 술을 즐기지 아니하며 구타하지 아니하며 오직 관용하며 다투지 아니하며 돈을 사랑치 아니하며 자기 집을 잘 다스려 자녀들로 모든 단정함으로 복종케 하는 자라야 할지며 (사람이 자기 집을 다스릴 줄 알지 못하면 어찌 하나님의 교회를 돌아보리요) . . . . 이와 같이 집사들도 단정하고 일구이 언(一口二言)을 하지 아니하고 술에 인박이지 아니하고 더러운 이를 탐하지 아니하고 깨끗한 양심에 믿음의 비밀을 가진 자라야 할지니 이에 이 사람들을 먼저 시험하여 보고 그 후에 책망할 것이 없으면 집사의 직분을 하게 할 것이요 여자들[장로와 집사의 아내들]도 이와 같이 단정하고 참소하지 말며 절제하며 모든 일에 충성된 자라야 할지니라. 집사들은 한 아내의 남편이 되어 자녀와 자기 집을 잘 다스리는 자일지니."

구약시대의 레위인들은 신약 성도들을 예표하는 뜻도 있어 보인다. 신약교회의 모든 성도들은 거룩한 삶을 살아야 한다. 사도 바울은, "그러므로 형제들아, 내가 하나님의 모든 자비하심으로 너희를 권하노니 너희 몸을 하나님께서 기뻐하시는 거룩한 산 제사로 드리라. 이는 너희의 드릴 영적 예배니라"(롬 12:1), "밤이 깊고 낮이 가까왔으니 그러므로 우리가 어두움의 일을 벗고 빛의 갑옷을 입자. 낮에와 같이 단정히 행하고 방탕과 술취하지 말며 음란과 호색하지 말며 쟁투와 시기하지 말고 오직 주 예수 그리스도로 옷입고 정욕을 위하여 육신의 일을 도모하지 말라"(롬 13:12-14), "사랑하는 자들아, 이 약속을 가진 우리가 하나님을 두려워하는 가운데서 거룩함을 온전히 이루어 육과 영의 온갖 더러운 것에서 자신을 깨끗케 하자"(고후 7:1)라고 말했다. 사도 베드로도 성도들에게 "너희도 모든 행실에 거룩한 자가 되라"고 했다(벧전 1:15).

9장: 불기둥과 구름기둥

민수기 9장은 두 가지 내용을 기록한다. 하나는 애굽에서 나온 후 제2년 정월에 유월절을 지킨 것과, 다른 하나는 광야를 지내는 동안 불기둥과 구름기둥의 인도를 받았다는 것이다.

〔1-8절〕 애굽 땅에서 나온 다음 해 정월에 여호와께서 시내 광야에서 모세에게 일러 가라사대 이스라엘 자손으로 유월절을 그 정기(定期)[정한 시기]에 지키게 하라. 그 정기 곧 이달 14일 해질 때에 너희는 그것을 지키되 그 모든 율례와 그 모든 규례대로 지킬지니라. 모세가 이스라엘 자손에게 명하여 유월절을 지키라 하매 그들이 정월 14일 해 질 때에 시내 광야에서 유월절을 지켰으되 이스라엘 자손이 여호와께서 모세에게 명하신 것을 다 좇아 행하였더라. 때에 사람의 시체로 인하여 부정케 되어서 유월절을 지킬 수 없는 사람들이 있었는데 그들이 당일에 모세와 아론 앞에 이르러 그에게 이르되 우리가 사람의 시체로 인하여 부정케 되었거니와 우리를 금지하여 이스라엘 자손과 함께 정기에 여호와께 예물을 드리지 못하게 하심은 어찜이니이까? 모세가 그들에게 이르되 기다리라. 여호와께서 너희에게 대하여 어떻게 명하시는지 내가 들으리라.

애굽 땅에서 나온 다음 해 곧 제2년 정월 여호와께서는 시내 광야에서 모세에게 말씀하셨고 모세는 이스라엘 자손에게 명하여 유월절을 지키게 하였다. 그들은 정월 14일 해 질 때에 시내 광야에서 유월절을 지켰는데, 이스라엘 자손이 여호와께서 모세에게 명하신 것을 다 좇아 행하였다. 그러나 그때에 사람의 시체로 인하여 부정케 되어서 유월절을 지킬 수 없는 사람들이 있었다. 그들은 유월절을 지키기를 원하였고 모세는 그 문제에 대해 하나님께 질문하였다.

〔9-14절〕 여호와께서 모세에게 일러 가라사대 이스라엘 자손에게 고하여 이르라. 너희나 너희 후손 중에 시체로 인하여 부정케 되든지 먼 여행 중에 있든지 할지라도 다 여호와 앞에 마땅히 유월절을 지키되 2월 14일 해 질 때에 그것을 지켜서 어린양에 무교병[누룩 넣지 않고 만든 떡]과 쓴

나물을 아울러 먹을 것이요 아침까지 그것을 조금도 남겨 두지 말며 그 뼈를 하나도 꺾지 말아서 유월절 모든 율례대로 지킬 것이니라. 그러나 사람이 정결도 하고 여행 중에도 있지 아니하면서 유월절을 지키지 아니하는 자는 그 백성 중에서 끊쳐지리니 이런 사람은 그 정기에 여호와께 예물을 드리지 아니하였은즉 그 죄를 당할지며 만일 타국인이 너희 중에 우거하여 여호와 앞에 유월절을 지키고자 하면 유월절 율례대로 그 규례를 따라서 행할지니 우거한 자에게나 본토인에게나 그 율례는 동일할 것이니라.

여호와께서는 모세에게 명하시기를, 시체로 인해 부정케 되든지 면 여행 중에 있었던 자는 2월 14일 해 질 때에 유월절을 지키게 하였다. 그러나 사람이 정결도 하고 여행 중에도 있지 아니하면서 유월절을 지키지 아니하는 자는 죄를 짓는 자이며 그 백성 중에서 끊어질 것이라고 말씀하셨다. '끊어진다'는 말은 사형이나 출교를 의미할 것이다. 또 타국인도 유월절 지키기를 원하면 지킬 수 있도록 허용했다.

이스라엘 백성이 성막을 세운 것은 애굽에서 나온 후 제2년 1월 1일이었고(출 40:17), 시내 광야에서 인구 조사를 시작한 것은 제2년 2월 1일이었다(민 1:1). 이스라엘 백성이 광야에서 처음으로 유월절을 지킨 것은 인구 조사를 시작하기 전이었으나 특별한 사정상 유월절에 참석지 못한 자들을 위한 추가적 유월절은 그 후인 2월 14일이었다. 연중 3대 절기 중 특히 유월절은 반드시 지켜야 하였다.

유월절은 이스라엘 백성이 애굽에서의 노예생활로부터 해방된 것을 기념하는 절기였다. 하나님께서 애굽에 내리신 열 재앙 중 마지막 것인 장자 재앙을 피하는 길은 어린양의 피를 집의 좌우 문설주와 문상하 인방에 바르는 것이었다. 유월절은 예수 그리스도의 대속 사역을 예표하였다. 예수께서는 유월절 어린양으로 죽으셨다. 고린도전서 5:7, "우리의 유월절 양 곧 그리스도께서 희생이 되셨느니라."

구약시대의 유월절은 신약시대의 성찬식과 의미가 같았다. 예수께서는 유월절에 성찬식을 제정하셨다(눅 22:7-20). 성찬식은 주 예수 그리스도의 속죄사역을 기념하는 예식이다. 주께서는 우리에게 그를 기억하며 성찬식을 행하라고 명하셨다. 고린도전서 11:23-26, "내가 너희에게 전한 것은 주께 받은 것이니 곧 주 예수께서 잡히시던 밤에 떡을 가지사 축사하시고 떼어 가라사대 이것은 너희를 위하는 내 몸 이니 이것을 행하여 나를 기념하라 하시고 식후에 또한 이와 같이 잔을 가지시고 가라사대 이 잔은 내 피로 세운 새 언약이니 이것을 행하여 마실 때마다 나를 기념하라 하셨으니 너희가 이 떡을 먹으며 이 잔을 마실 때마다 주의 죽으심을 오실 때까지 전하는 것이니라."

〔15-23절〕 성막을 세운 날에 구름이 성막 곧 증거막을 덮었고 저녁이 되면 성막 위에 불 모양 같은 것이 나타나서 아침까지 이르렀으되 항상 그 러하여 낮에는 구름이 그것을 덮었고 밤이면 불 모양이 있었는데 구름이 성 막에서 떠오르는 때에는 이스라엘 자손이 곧 진행하였고 구름이 머무는 곳 에 이스라엘 자손이 진을 쳤으니 이스라엘 자손이 여호와의 명(페 הפ)을 좇 아 진행하였고 여호와의 명(페 הפ)을 좇아 진을 쳤으며 구름이 성막 위에 머 무는 동안에는 그들이 유진(留陣)하였고[진에 머물었고] 구름이 장막 위에 머무는 날이 오랠 때에는 이스라엘 자손이 여호와의 명(미쉬메렛 מִשְׁמֶרֶת) [명령]을 지켜 진행치 아니하였으며 혹시 구름이 장막 위에 머무는 날이 적을 때에도 그들이 다만 여호와의 명(페 הפ)을 좇아 유진(留陣)하고 여호와의 명(페 הפ)을 좇아 진행하였으며 혹시 구름이 저녁부터 아침까지 있다가 아침에 그 구름이 떠오를 때에는 그들이 진행하였고 구름이 밤낮 있다가(요맘 와라이엘라 יוֹמָם וָלַיְלָה)[낮에와 밤에 있다가(NASB), 낮에나 밤에 있다가 (KJV, NIV] 떠오르면 곧 진행하였으며 이틀이든지 한 달이든지 1년이든지 구름이 성막 위에 머물러 있을 동안에는 이스라엘 자손이 유진하고 진행치 아니하다가 떠오르면 진행하였으니 곧 그들이 여호와의 명(페 הפ)을 좇아 진을 치며 여호와의 명(페 הפ)을 좇아 진행하고 또 모세로 전하신 여호와의 명(페 הפ)을 따라 여호와의 직임(미쉬메렛 מִשְׁמֶרֶת)[명령]을 지켰더라.

성막을 세운 날에, 곧 애굽에서 나온 후 제2년 1월 1일에 구름이 성막 곧 증거막을 덮었고 저녁이 되면 성막 위에 불 모양 같은 것이 나타나서 아침까지 이르렀다. 항상 그러하여 낮에는 구름이 그것을 덮었고 밤이면 불 모양이 있었다(출 13:22; 40:38).

불기둥과 구름기둥은 하나님께서 그들과 함께하신다는 표시이었다. 민수기 14:14는 다음과 같이 기록하였다. "주 여호와께서 이 백성 중에 계심을 그들도 들었으니 곧 주 여호와께서 대면하여 보이시며 주의 구름이 그들 위에 섰으며 주께서 낮에는 구름기둥 가운데서, 밤에는 불기둥 가운데서 그들 앞에서 행하시는 것이니이다."

또 그것은 하나님께서 그들을 보호하신다는 표시이었다. 사실, 이 구름기둥은 성막을 짓기 전부터 이스라엘 회중과 함께하였다. 그들이 애굽에서 나와 홍해에 도달하고 뒤에 애굽 군대가 쫓아오고 있었을 때 하나님의 구름기둥은 그들을 보호하였다. 출애굽기 14:19-20은 다음과 같이 증거한다. "이스라엘 진 앞에 행하던 하나님의 사자가 옮겨 그 뒤로 행하매 구름기둥도 앞에서 그 뒤로 옮겨 애굽 진과 이스라엘 진 사이에 이르러 서니 저편은 구름과 흑암이 있고 이편은 밤이 광명하므로 밤새도록 저편이 이편에 가까이 못하였더라."

이스라엘 백성이 광야를 행진할 때 낮에는 여호와의 구름이 그들 위에 덮여 뜨거운 햇볕을 가리었고(민 10:34) 밤에는 불기둥이 그들 곁에 있어 흑암의 불편을 감하여 주었다.

특히, 불기둥과 구름기둥은 광야에서 하나님의 인도하심을 나타내었다. 모세는 출애굽기 13:21에서 "여호와께서 그들 앞에 행하사 낮에는 구름기둥으로 그들의 길을 인도하시고 밤에는 불기둥으로 그들에게 비취사 주야로 진행하게 하시니"라고 말하고, 신명기 1:33에서도, "그는 너희 앞서 행하시며 장막 칠 곳을 찾으시고 밤에는 불로, 낮에는 구름으로 너희의 행할 길을 지시하신 자니라"고 하였다. 이스라엘 백성은 하나님의 그 인도하심에 순종하기만 하면 되었다. 민수기 9:15-23은 이 사실을 보다 자세하게 증거하였다.

본장의 교훈을 정리해보자. 첫째로, 구약 성도들은 유월절을 반드시

지켜야 했고 그 절기를 지키지 않는 자는 이스라엘 총회에서 제명 출교
되든지 사형에 처해져야 했다. 이와 같이, 신약 성도들은 예수 그리스도
께서 친히 제정하시고 명하신 성찬식에 반드시 참여해야 한다. 성찬은
예수 그리스도의 고난과 속죄의 진리를 나타낸다. 성찬식은 우리 주 예
수 그리스도의 명령이다. 그러므로 이 의식을 소홀히 하는 것은 죄가
된다. 우리는 주의 명령대로 성찬식을 시행해야 하고 모든 신자들은 그
의식에 반드시 참여해야 한다. 부득이한 이유가 없이 교회의 성찬식에
빠지는 자는 믿는 자가 아니며 교인 자격이 없는 자이다. 예수 그리스
도를 믿는 자들은 주의 명하신 성찬식을 가장 귀하게 여겨야 한다.

둘째로, 구약 성도들은 불기둥과 구름기둥의 인도하심을 받았고, 불
기둥과 구름기둥은 하나님의 임재와 보호와 인도하심을 나타내었다.
불기둥과 구름기둥은 오늘날 성령께서 우리 개인과 교회 가운데 영원
히 계시고 감화 감동하시고 성경말씀의 교훈 안에서 우리를 인도하시
는 것을 예표하였다고 본다. 우리는 우리 가운데 계신 성령님을 믿고
그의 인도하심을 따라 행해야 한다. 시편 1:1-2, "복 있는 사람은 . . .
오직 여호와의 율법을 즐거워하여 그 율법을 주야로 묵상하는 자로다."
시편 119:105, "주의 말씀은 내 발에 등이요 내 길에 빛이니이다." 디모
데후서 3:16-17, "모든 성경은 하나님의 감동으로 된 것으로 교훈과 책
망과 바르게 함과 의로 교육하기에 유익하니 이는 하나님의 사람으로
온전케 하며 모든 선한 일을 행하기에 온전케 하려 함이니라." 로마서
8:13-14, "너희가 육신대로 살면 반드시 죽을 것이로되 영[성령]으로써
몸의 행실을 죽이면 살리니 무릇 하나님의 영으로 인도함을 받는 그들
은 곧 하나님의 아들이라." 요한계시록 14:4, "이 사람들은 여자로 더불
어 더럽히지 아니하고 정절이 있는 자라. 어린양이 어디로 인도하든지
따라가는 자며 사람 가운데서 구속(救贖)을 받아 처음 익은 열매로 하
나님과 어린양에게 속한 자들이니." 우리는 성경말씀 안에서 우리를 인
도하시는 성령의 인도하심대로 그 인도하심을 순종하며 살아야 한다.

10장: 은나팔

〔1-10절〕 여호와께서 모세에게 일러 가라사대 은나팔 둘을 만들되 쳐서 만들어서 그것으로 회중을 소집하며 진을 진행케 할 것이라. 두 나팔을 불 때에는 온 회중이 회막 문 앞에 모여서 네게로 나아올 것이요 하나만 불 때에는 이스라엘 천부장된 족장들이 모여서 네게로 나아올 것이며 너희가 그 것을 울려 불 때에는 동편 진들이 진행할 것이고 제2차로 울려 불 때에는 남편 진들이 진행할 것이라. 무릇 진행하려 할 때에는 나팔소리를 울려 불 것이며 또 회중을 모을 때에도 나팔을 불 것이나 소리를 울려 불지 말 것이며 그 나팔은 아론의 자손인 제사장들이 불지니 이는 너희 대대에 영원한 율례니라. 또 너희 땅에서 너희가 자기를 압박하는 대적을 치러 나갈 때에는 나팔을 울려 불지니 그리하면 너희 하나님 여호와가 너희를 기억하고 너희를 너희 대적에게서 구원하리라. 또 너희 희락의 날과 너희 정한 절기와 월삭에는 번제물의 위에와 화목제물의 위에 나팔을 불라. 그로 말미암아 너희 하나님이 너희를 기억하리라. 나는 너희 하나님 여호와니라.

하나님께서는 은나팔을 두 개 만들게 하셨다. '나팔'이라는 원어(카 초체라 חֲצֹצְרָה)는 '클라리언'(clarion, 나팔)을 가리킨다. 클라리언은 길고 곧고 가느다랗고 끝이 나팔꽃 모양인 금속관 나팔을 가리킨다. 그것은 숫양의 뿔로 만든 나팔(쇼파르 שׁוֹפָר)과 구별된다.

왜 금나팔이 아니고 은나팔을 만들라고 하셨을까? 금은 하나님의 영광과 왕권을 상징하는 색깔이고, 은은 거룩과 순결을 상징하는 것 같다. 시편 12:6은, "여호와의 말씀은 순결함이여, 흙 도가니에 일곱 번 단련한 은 같도다"라고 말한다. 그러므로 은나팔은 하나님의 거룩하신 명령과 그것을 전하는 자의 순결한 의무를 보이는 것 같다.

은나팔의 용도는 첫째로 회중을 소집하기 위한 것이었다. 두 나팔을 불면 온 회중을 소집하는 것이요, 한 나팔을 불면 족장들만 소집하는 것이다. 둘째로, 진을 진행하기 위한 것이었다. 셋째로, 전쟁 때에 나아갈 때 불렀고, 넷째로, 절기 때에 불렀다. 전쟁 때나 절기 때의 셋째와 넷째의 경우는 다 하나님께서 이스라엘을 기억하고 도우시며 구원하시고 은혜 주시기를 구하는 뜻이 있었다.

은나팔을 부는 일은 제사장들에게 맡겨진 직무이었다(8절). 물론 나팔을 불게 지시하는 자는 모세이었을 것이다. 불기둥, 구름기둥이 이스라엘 자손들을 인도하였지만, 그것을 보고 지도자 모세는 제사장들에게 나팔을 불도록 지시했고 회중들 혹은 족장들은 그 지시대로 모이기도 하고 진행하기도 했을 것이다.

〔11-28절〕 제2년 2월 20일에 구름이 증거막에서 떠오르매 이스라엘 자손이 시내 광야에서 출발하여 자기 길을 행하더니 바란 광야에 구름이 머무니라. 이와 같이 그들이 여호와께서 모세로 명하신 것을 좇아 진행하기를 시작하였는데 수두(首頭)[선두]로 유다 자손 진기(陣旗)에 속한 자들이 그 군대대로 진행하였으니 유다 군대는 암미나답의 아들 나손이 영솔하였고 잇사갈 자손 지파의 군대는 수알의 아들 느다넬이 영솔하였고 스불론 자손 지파의 군대는 헬론의 아들 엘리압이 영솔하였더라. 이에 성막을 걷으매 게르손 자손과 므라리 자손이 성막을 메고 발행[출발]하였으며, 다음으로 르우벤 진기(陣旗)에 속한 자들이 그 군대대로 발행하였으니 르우벤의 군대는 스데울의 아들 엘리술이 영솔하였고 시므온 자손 지파의 군대는 수리삿대의 아들 슬루미엘이 영솔하였고 갓 자손 지파의 군대는 드우엘의 아들 엘리아삽이 영솔하였더라. 고핫인은 성물을 메고 진행하였고 그들이 이르기 전에 성막을 세웠으며, 다음으로 에브라임 자손 진기(陣旗)에 속한 자들이 그 군대대로 진행하였으니 에브라임 군대는 암미훗의 아들 엘리사마가 영솔하였고 므낫세 자손 지파의 군대는 브다술의 아들 가말리엘이 영솔하였고 베냐민 자손 지파의 군대는 기드오니의 아들 아비단이 영솔하였더라. 다음으로 단 자손 진기(陣旗)에 속한 자들이 그 군대대로 진행하였으니 이 군대는 모든 진의 후진이었더라. 단 군대는 암미삿대의 아들 아히에셀이 영솔하였고 아셀 자손 지파의 군대는 오그란의 아들 바기엘이 영솔하였고 납달리 자손 지파의 군대는 에난의 아들 아히라가 영솔하였더라. 이스라엘 자손이 진행할 때에 이와 같이 그 군대를 따라 나아갔더라.

제2년 2월 20일에 구름이 떠올랐다. 성막을 짓고 유월절을 지키고 인구 조사를 마친 후에 처음 떠오른 때이었다. 그것은 2월 14일 추가적 유월절을 지킨 지 몇 일 후의 일이었다. 이스라엘 회중은 하나님께서 지시하신 규례대로 질서 있게 행진하였다.

〔29-32절〕모세가 그 장인 미디안 사람 르우엘의 아들 호밥에게 이르되 여호와께서 주마 하신 곳으로 우리가 진행하나니 우리와 동행하자. 그리하면 선대하리라. 여호와께서 이스라엘에게 복을 내리리라 하셨느니라. 호밥이 그에게 이르되 나는 가지 아니하고 내 고향 내 친족에게로 가리라. 모세가 가로되 청컨대 우리를 떠나지 마소서. 당신은 우리가 광야에서 어떻게 진 칠 것을 아나니 우리의 눈이 되리이다. 우리와 동행하면 여호와께서 우리에게 복을 내리시는 대로 우리도 당신에게 행하리이다.

모세는 그 장인 미디안 사람 르우엘의 아들 호밥에게 말했다. 후에 그 후손이 유다 땅에 거한 것을 보면(삿 1:16), 호밥은 모세의 청을 받아들였던 것 같다. 모세가 그에게 함께 가기를 요청한 것은 하나님의 섭리가 항상 기적적으로 이루어지는 것이 아님을 보인다. 미디안 사람 르우엘의 아들 호밥은 시내 광야와 바란 광야의 지리나 광야의 생태에 대해 많은 경험과 지식이 있었을 것이다. 하나님께서는 사람의 이성적 판단과 경험적 지식도 사용하신다. 하나님께서 큰 틀에서 인도하시지만, 구체적인 일들에 있어서 그는 사람들의 지혜와 경험과 이성적 판단을 무시하지 않으시고 오히려 사용하신다.

그것은 사도행전 27:31, 34에서도 증거된다. 사도 바울은 죄수의 몸으로 배를 타고 로마로 이송되는 중에 유라굴로라는 큰 광풍을 만났다. 바울과 함께 배에 탔던 276명의 사람들은 14일 동안 큰 고난을 당했다. 그러나 하나님께서는 사도 바울에게 그들이 구원을 얻을 것이라고 말씀해주셨다. 그러나 사공들이 작은 배를 타고 도망치려 할 때 바울은 그를 지키던 백부장과 군사들에게 이 사람들이 배에 있지 않으면 우리가 구원을 얻지 못하리라고 말하였다.

하나님의 섭리는 항상 기적으로 이루어지는 것이 아니다. 기적은 특별한 경우에 주신 일이었다. 우리의 삶의 대부분은 하나님의 일반적 섭리 아래 있다. 그러므로 우리가 아플 때 우리는 먼저 하나님께 기도해야 하고 또 병 낫기를 위해 기도하지만, 병원에도 가고 약도 감사히 사용한다. 물론 우리는 하나님을 모르는 자처럼 이성과 경험만 의지해서는 안 된다. 우리는 범사에 하나님을 인정하고 의지하고 의탁해야 한다. 그러나 우리는 하나님을 의지하는 믿음 안에서 하나님께서 주시는 선한 분별력과 판단력을 사용해야 하는 것이다.

〔33-36절〕 **그들이 여호와의 산에서 떠나 3일 길을 행할 때에 여호와의 언약궤가 그 3일 길에 앞서 행하며 그들의 쉴 곳을 찾았고 그들이 행진할 때에 낮에는 여호와의 구름이 그 위에 덮였었더라. 궤가 떠날 때에는 모세가 가로되 여호와여, 일어나사 주의 대적들을 흩으시고 주를 미워하는 자로 주의 앞에서 도망하게 하소서 하였고 궤가 쉴 때에는 가로되 여호와여, 이스라엘 천만인에게로 돌아오소서 하였더라.**

그들이 여호와의 산, 곧 호렙 산(시내 산)에서 떠나 3일 길을 행할 때 여호와의 언약궤가 그 3일 길에 앞서 행했고 하나님께서는 불기둥과 구름기둥으로 그들을 인도하셨고 보호하셨고 임재하셨다. 그는 그 광야에서 이스라엘 백성과 함께하셨다.

본장의 교훈을 정리해보자. 첫째로, 은나팔은 인도자의 의무를 보인다. 불기둥과 구름기둥이 있었지만, 모세는 항상 그것을 주시하고 제사장들을 통해 나팔을 불게 함으로써 온 이스라엘 회중에게 알리는 의무가 있었다. 인도자가 가진 의무는 두 가지이었다. 하나는 회중이나 족장들을 소집하는 것이고, 다른 하나는 행진을 지시하는 것이었다. 모세는 시기와 경우에 맞게 은나팔을 다르게 불도록 해야 하였다.

나팔소리는 신약교회의 교훈과 행정의 일에 적용될 것이다. 주께서는 그의 제자들을 창고에서 충성되이 양식을 내어오는 자로 비유하셨다. 마태복음 13:52, "그러므로 천국의 제자된 서기관마다 마치 새것과 옛것을 그 곳간에서 내어오는 집주인과 같으니라." 그것은 신약교회의 목사들이 구약성경과 신약성경에서 영의 양식인 하나님의 말씀을 잘 준비하여 하나님의 백성에게 교훈해야 할 것을 보인다. 또 마태복음 24:45에서 예수께서는 "충성되고 지혜 있는 종이 되어 주인에게 그 집 사람들을 맡아 때를 따라 양식을 나눠 줄 자가 누구뇨?"라고 말씀하셨는데, 이 말씀도 신약교회의 설교자들의 직무를 보인다.

성경을 읽는 모든 성도들이 하나님의 뜻을 이해하지만, 하나님께서는 교회의 강단을 통해 그의 뜻을 밝히 선포하고 증거하기를 원하신다. 특히 오늘날처럼 영적으로 혼란 때에는 더욱 그렇다. 고린도전서 14:8은, "만일 나팔이 분명치 못한 소리를 내면 누가 전쟁을 예비하리요"라고 말한다. 죄와 세상의 악의 풍조와 마귀의 시험과의 전쟁에서 성경적 설교는 분명한 나팔소리이다. 그러나 성경적이지 않은 설교는 분명치 못한 나팔소리다. 또 교회의 바른 행정은 바른 교훈의 적용과 실천이다.

둘째로, 은나팔은 회중의 의무도 보인다. 회중은 그 나팔소리를 듣고 따라야 했다. 그들은 모이라는 나팔소리를 들으면 모여야 했다. 성경은 주의 재림의 때가 가까움을 볼수록 더욱 모이기에 힘쓰라고 교훈한다(히 10:25). 초대 예루살렘 교회는 날마다 마음을 같이하여 성전에 모이기를 힘썼다(행 2:46). 우리는 교회로 모이기를 힘써야 한다. 또 회중은 행진하라는 나팔소리를 들으면 행진해야 했다. 교인들의 의무는 성경적 설교와 지도에 순종하는 것이다. 히브리서 13:17은 "너희를 인도하는 자들에게 순종하고 복종하라"고 말한다. 우리는 성경적 설교를 열심히 듣고 배우며 마음에 새기고 그 교훈과 지도에 순종해야 한다.

셋째로, 우리는 하나님의 섭리를 믿되 기적주의로가 아니고 하나님께서 주신 선한 이성적, 경험적 분별력과 판단력을 감사히 사용할 수 있다. 모세는 하나님의 인도하심을 확신했지만, 미디안 사람 호밥에게 함께 가기를 요청했다. 우리는 범사에 하나님을 인정하고 그의 섭리를 믿어야 하지만, 하나님께서 주시는 환경적 인도하심을 살피면서 우리의 이성적, 경험적 분별력과 판단력을 감사히 사용할 수 있다고 본다.

11장: 백성의 불평과 메추라기

〔1-3절〕백성이 여호와의 들으시기에 악한 말로 원망[불평]하매 여호와께서 들으시고 진노하사 여호와의 불로 그들 중에 붙어서 진 끝을 사르게 하시매 백성이 모세에게 부르짖으므로 모세가 여호와께 기도하니 불이 꺼졌더라. 그 곳 이름을 다베라(타브에라 תַּבְעֵרָה)[불사름]라 칭하였으니 이는 여호와의 불이 그들 중에 붙은 연고였더라.

이스라엘 백성이 다베라에서 여호와의 들으시기에 악한 말로 불평하였는데 여호와께서 들으시고 진노하셔서 여호와의 불로 그들 중에 붙어서 이스라엘의 진영 끝을 사르게 하셨다. 그때 백성이 모세에게 부르짖으므로 모세가 여호와께 기도하였고 그 불이 꺼졌다.

우리는 무슨 일에나 하나님을 인정하고 가급적 긍정적으로 생각하며 감사하며 그 일을 하고 하나님 앞에 충성해야 한다. 무슨 일이든지 신중한 것은 좋으나 부정적인 생각을 가지고 불평하고 투덜거리면서 하는 것은 좋지 않다. 그것은 섭리자 하나님을 믿는 태도가 아니다. 또 불평하면서 하는 일은 능률도 오르지 않는다. 우리는 우리의 현실을 믿음으로 받아들이고 고난을 각오하며 살아야 한다.

〔4-9절〕이스라엘 중에 섞여 사는 무리가 탐욕을 품으매 이스라엘 자손도 다시 울며 가로되 누가 우리에게 고기를 주어 먹게 할꼬. 우리가 애굽에 있을 때에는 값없이 생선과 외[오이]와 수박[참외]과 부추와 파[양파]와 마늘들을 먹은 것이 생각나거늘 이제는 우리 정력이 쇠약하되 이 만나 외에는 보이는 것이 아무것도 없도다 하니 만나는 깟씨와 같고 모양은 진주와 같은 것이라. 백성이 두루 다니며 그것을 거두어 맷돌에 갈기도 하며 절구에 찧기도 하고 가마에 삶기도 하여 과자를 만들었으니 그 맛이 기름 섞은 과자 맛 같았더라. 밤에 이슬이 진에 내릴 때에 만나도 같이 내렸더라.

이스라엘 백성 중에 섞여 사는 무리가 탐욕을 품음으로써 이스라엘 백성은 다시 울며 고기를 먹고싶어 했다. '섞여 사는 무리'(아삽숩

אֲסַפְסֻף)는 순수한 이스라엘 사람이 아니고 그들과 섞여 사는 이방인들을 가리킨 것 같다. 악은 누룩처럼 퍼진다. 이스라엘 백성은 그들의 탐욕과 불평에 나쁜 영향을 받아 음식 문제로 불평하였다. 그들은 만나로 만족지 않고 만나만 먹는 것에 싫증을 느꼈고, 애굽에서 먹던 생선과 오이와 참외와 부추와 양파와 마늘 등을 기억하며 불평했다. 불평은 탐욕에서 나오는 경우가 많다. , 1

그러나 만나는 하나님께서 광야의 이스라엘 백성에게 주신 놀라운 양식이었다. 하나님께서는 장정만 60만명을 그 광야에서 기적의 떡으로 먹이셨다. 만나는 깟(갓 גַד)[고수풀](coriander)의 씨와 같았고 그 모양은 진주(베돌라크 בְּדֹלַח)와 같았다. 사람들은 두루 다니며 그것을 거두어 맷돌에 갈기도 하며 절구에 찧기도 하고 가마에 삶기도 하여 과자를 만들었다. 그 맛은 기름 섞은 과자맛 같았다. 날마다 밤에 이슬이 진에 내릴 때에 만나도 같이 내렸다. 그러나 이스라엘 백성은 그 놀라운 양식으로 만족하지 못하였다.

〔10-15절〕백성의 온 가족들이 각기 장막 문에서 우는 것을 모세가 들으니라. 이러므로 여호와의 진노가 심히 크고 모세도 기뻐하지 아니하여 여호와께 여짜오되 주께서 어찌하여 종을 괴롭게 하시나이까? 어찌하여 나로 주의 목전에 은혜를 입게 아니하시고 이 모든 백성을 내게 맡기사 나로 그 짐을 지게 하시나이까? 이 모든 백성을 내가 잉태하였나이까? 내가 어찌 그들을 생산하였기에 주께서 나더러 양육하는 아비가 젖 먹는 아이를 품듯 그들을 품에 품고 주께서 그들의 열조에게 맹세하신 땅으로 가라 하시나이까? 이 모든 백성에게 줄 고기를 내가 어디서 얻으리이까? 그들이 나를 향하여 울며 가로되 우리에게 고기를 주어 먹게 하라 하온즉 책임이 심히 중하여 나 혼자는 이 모든 백성을 질 수 없나이다. 주께서 내게 이같이 행하실진대 구하옵나니 내게 은혜를 베푸사 즉시 나를 죽여 나로 나의 곤고함을 보지 않게 하옵소서.

백성의 온 가족들이 각기 장막 문에서 우는 것을 모세가 들었다. 이러므로 여호와의 진노가 심히 크고 모세도 기뻐하지 아니하였다.

모세는 하나님께 자기가 이 백성을 잉태하여 낳았는가고 말하면서 고기를 달라고 울며 말하는 그들 때문에 책임이 심히 중하고 고통스러워 차라리 자신에게 은혜를 베푸셔서 즉시 죽게 해달라고 말했다.

〔16-23절〕 여호와께서 모세에게 이르시되 이스라엘 노인 중 백성의 장로와 유사(有司) 되는 줄을 네가 아는 자 70인을 모아 데리고 회막 내 앞에 이르러 거기서 너와 함께 서게 하라. 내가 강림하여 거기서 너와 말하고 네게 임한 신[영]을 그들에게도 임하게 하리니 그들이 너와 함께 백성의 짐을 담당하고 너 혼자 지지 아니하리라. 또 백성에게 이르기를 너희 몸을 거룩히 하여 내일 고기 먹기를 기다리라. 너희가 울며 이르기를 누가 우리에게 고기를 주어 먹게 할꼬. 애굽에 있을 때가 우리에게 재미있었다 하는 말이 여호와께 들렸으므로 여호와께서 너희에게 고기를 주어 먹게 하실 것이라. 하루나 이틀이나 닷새나 열흘이나 20일만 먹을 뿐 아니라 코에서 넘쳐서 싫어하기까지 1개월 간을 먹게 하시리니 이는 너희가 너희 중에 거하시는 여호와를 멸시하고 그 앞에서 울며 이르기를 우리가 어찌하여 애굽에서 나왔던고 함이라 하라. 모세가 가로되 나와 함께 있는 이 백성의 보행자가 60만명이온데 주의 말씀이 1개월 간 고기를 주어 먹게 하겠다 하시오니 그들을 위하여 양떼와 소떼를 잡은들 족하오며 바다의 모든 고기를 모은들 족하오리이까? 여호와께서 모세에게 이르시되 여호와의 손이 짧아졌느냐? 네가 이제 내 말이 네게 응하는 여부를 보리라.

여호와께서는 모세에게 이스라엘 노인들 중 백성의 장로와 지도자 되는 자 70인을 모아 회막 앞에 서게 하면 그들에게 성령을 임하게 하심으로 백성의 짐을 너와 함께 나누게 하겠다고 말씀하셨다. 또 그는 내일부터 1개월 간 그들이 그것을 싫어하기까지 고기를 주어 먹게 하겠다고 말씀하셨다. 그것은 그들이 그들 중에 거하시는 여호와를 멸시하고 울며 애굽에서 나온 것을 후회하였기 때문이다.

모세는 말했다. "나와 함께 있는 이 백성의 보행자가 60만명이온데 주의 말씀이 1개월간 고기를 주어 먹게 하겠다 하시오니 그들을 위하여 양떼와 소떼를 잡은들 족하오며 바다의 모든 고기를 모은들 족하오리이까?" 여호와께서는 그에게 말씀하셨다. "여호와의 손이 짧아

졌느냐? 네가 이제 내 말이 네게 응하는 여부를 보리라." 하나님의 사람 모세라도 하나님의 능력을 금방 믿지 못하였다. 사람은 참으로 믿음 없는 연약한 존재이다. 그러나 하나님께서는 전능자이시다.

〔24-30절〕 모세가 나가서 여호와의 말씀을 백성에게 고하고 백성의 장로 70인을 모아 장막에 둘러 세우매 여호와께서 구름 가운데 강림하사 모세에게 말씀하시고 그에게 임한 신[영]을 70장로에게도 임하게 하시니 신이 임하신 때에 그들이 예언을 하다가 다시는 아니하였더라. 그 녹명된 자 중 엘닷이라 하는 자와 메닷이라 하는 자 두 사람이 진에 머물고 회막에 나아가지 아니하였으나 그들에게도 신이 임하였으므로 진에서 예언한지라. 한 소년이 달려와서 모세에게 고하여 가로되 엘닷과 메닷이 진중에서 예언하더이다 하매 택한 자 중 한 사람 곧 모세를 섬기는 눈의 아들 여호수아가 말하여 가로되 내 주 모세여, 금하소서. 모세가 그에게 이르되 네가 나를 위하여 시기하느냐? 여호와께서 그 신을 그 모든 백성에게 주사 다 선지자 되게 하시기를 원하노라. 모세와 이스라엘 장로들이 진중으로 돌아왔더라.

하나님의 말씀대로 하나님의 영께서 70인 장로들에게 임하셨다. 그들 중 두 사람이 진에 머물고 회막에 나가지 않았으나 그들에게도 성령이 임하셔서 진에서 예언하였다. 모세를 섬기는 여호수아가 "내 주 모세여, 금하소서"라고 말하자, 모세는 그에게 "네가 나를 위하여 시기하느냐? 여호와께서 그 영을 그 모든 백성에게 주사 다 선지자 되게 하시기를 원하노라"고 말했다. 모세는 겸손한 지도자이었다.

〔31-35절〕 바람이 여호와에게로서 나와 바다에서부터 메추라기를 몰아 진 곁 이편저편 곧 진 사방으로 각기 하룻길 되는 지면(地面) 위 두 규빗쯤에 내리게 한지라. 백성이 일어나 종일 종야와 그 이튿날 종일토록 메추라기를 모으니 적게 모은 자도 10호멜이라. 그들이 자기를 위하여 진 사면에 펴 두었더라. 고기가 아직 잇사이에 있어 씹히기 전에 여호와께서 백성에게 대하여 진노하사 심히 큰 재앙으로 치셨으므로 그 곳 이름을 기브롯 핫다아와[탐욕의 무덤]라 칭하였으니 탐욕을 낸 백성을 거기 장사(葬事)함이었더라. 백성이 기브롯 핫다아와에서 진행하여 하세롯에 이르러 거기 거하니라.

하나님의 바람이 바다에서부터 메추라기를 몰아 진 곁 이편저편 곧 진 사방으로 각기 하룻길 되는 지면 위에 두 규빗쯤, 즉 약 90센티미터 높이로 쌓이게 하였다. 그것은 우연하게 일어난 자연현상이 아니고, 분명히 살아계신 하나님의 기이한 능력의 손길이었다. 백성은 일어나 하루 밤낮과 이튿날 종일토록 메추라기를 모았다. 적게 모은 자도 10호멜, 즉 약 2,200리터이었다. 그들은 자기들을 위해 진 사면에 펴 두었다. 그러나 고기가 아직 이 사이에 있어 씹히기 전에 여호와께서 백성에게 대하여 진노하셔서 심히 큰 재앙으로 치셨다. 그래서 그 곳 이름을 기브롯 핫다아와 곧 '탐욕의 무덤'이라 불렀다.

본장의 교훈을 정리해보자. 첫째로, 본장의 두 사건은 불평의 사건이며 그것은 불신앙과 탐욕에서 나온 것이다. 우리는 범사에 불평하지 말고 주권적 섭리자 하나님을 인정하고 의지하고 감사하며 살아야 하고(잠 3:6; 살전 5:18) 또 탐심을 버리고 자족하며 살아야 한다(딤전 6:7-8).

둘째로, 하나님께서는 장정 60만명, 여자들과 어린아이들을 포함하면 200만명 내지 300만명이 될 이스라엘 백성을 그 광야에서 40년간 먹이셨다. 만나는 그들을 위해 날마다 하늘에서 내려주신 기이한 양식이었다. 또 그들이 고기 먹기를 원했을 때 그는 그들에게 고기를 풍족히 내려주셨다. 우리는 하나님의 손이 짧아지지 않으셨고 우리의 필요한 것을 주실 수 있는 전능하신 하나님이심을 믿어야 한다(마 6:26-32).

셋째로, 하나님께서는 마음의 고통이 컸던 모세에게 70인의 장로들을 주셔서 그 짐을 나누어지게 하셨다. 그는 우리에게 협력자를 주신다. 좋은 동역자는 없는 것보다 있는 것이 낫다. 왜냐하면 한 사람이 연약할 때 붙들어주기 때문이다. 삼겹줄은 쉽게 끊어지지 않는다(전 4:9-12).

넷째로, 이스라엘 백성이 기브롯 핫다아와에서 탐욕을 부렸을 때에 하나님께서는 그들에게 진노하셔서 심히 큰 재앙으로 치셨다. 그 곳은 기브롯 핫다아와 곧 탐욕의 무덤이라는 명칭을 얻게 되었다. 하나님의 진노는 두렵다. 우리는 하나님의 공의의 징벌을 두려워해야 한다.

12장: 미리암의 비방

〔1절〕 **모세가 구스 여자를 취하였더니 그 구스 여자를 취하였으므로 미리암과 아론이 모세를 비방하니라**[미리암과 아론이 모세가 결혼한 구스 여자 때문에 그를 비난하였으니 이는 그가 구스 여자와 결혼하였음이라].

여기의 구스 여자는 모세의 아내 십보라[칩포라](출 2:16)를 가리켰다고 본다. 구스는 홍해 서쪽, 애굽 남쪽이지만, 창세기 10장에 보면 구스의 자손들은 홍해 동쪽과 바벨론과 앗수르 지역까지 퍼져 있었다. 미리암과 아론은 모세가 아브라함의 자손이 아닌 이방의 구스 여자와 결혼한 것을 비방한 것 같다. 미리암의 이름이 앞에 나온 것을 보면, 미리암이 먼저 모세를 비방한 것 같다. 그러나 요셉이 애굽에서 애굽 여인을 아내로 취했듯이, 모세는 미디안 광야에서 40년간 도피생활을 하면서 부득이 아마 구스 여자인 미디안 여자를 아내로 얻은 것이다. 그것은 하나님의 섭리 가운데서 그의 허락하심으로 되어진 일이었다. 그것은 함부로 비난되어서는 안 될 일이었다.

〔2절〕 **그들이 이르되 여호와께서 모세와만 말씀하셨느냐? 우리와도 말씀하지 아니하셨느냐 하매 여호와께서 이 말을 들으셨더라.**

미리암과 아론은 불평스럽게 말하며 모세의 독특한 권위에 도전하였다. 미리암과 아론 속에 모세를 업신여기고 자신들을 크게 여기는 마음이 생겼다. 이것은 죄인들의 마음 속에 뿌리깊은 교만이다. 남을 비방하는 것, 그것도 정당치 않게 비방하는 것은 교만에서 나온다.

하나님께서는 미리암과 아론의 비방의 말을 들으셨다. 하나님께서는 사람들의 모든 말들을 들으신다. 시편 139:1-4는, "여호와여, 주께서 나를 감찰하시고 아셨나이다. 주께서 나의 앉고 일어섬을 아시며 멀리서도 나의 생각을 통촉하시오며 나의 길과 눕는 것을 감찰하시며 나의 모든 행위를 익히 아시오니 여호와여, 내 혀의 말을 알지 못하시는 것이 하나도 없으시니이다"라고 말한다. 이 사실은 의인들에게는 위로가 되지만, 악인들에게는 두려움이 될 것이다. 하나님께서는 사람의 모든 말들을 들으시고 판단하시고 선악간에 보응하신다. 예수께서는 "내가 너희에게 이르노니 사람이 무슨 무익한 말을 하든지 심판날에 이에 대하여 심문을 받으리라"고 말씀하셨다(마 12:36).

〔3절〕 **이 사람 모세는 온유함**(아나우 עָנָו)[고난을 받음, 겸비함, 온유함] **(BDB)이 지면의 모든 사람보다 승하더라.**

모세는 하나님의 영감 가운데 자신에 대해 객관적 사실을 썼다고 본다. 성경은 개인의 간증적 기록이 아니고 하나님의 계시적 기록이므로 이런 진술이 가능하다. 모세는 온유하고 겸손했다. 사람의 비방은 우리의 온유함을 시험하는 일이 된다. 온유하고 겸손한 사람은 자기를 비방하는 자와 맞대어 싸우지 않는다. 그는 묵묵히 그 현실을 이겨나간다. 자신의 잘못 때문에 오는 비방이라면 당연히 받을 것이므로 화내지 말고 자신을 고쳐야 할 것이고, 까닭 없는 비방이라면 비록 그것이 고통스럽긴 하지만 낙심하거나 마음의 평안을 잃지 말고, 모든 일을 판단하시고 보응하시는 하나님께 맡기고, 도리어 자신의 온유와 겸손을 증거할 기회로 삼아야 할 것이다.

〔4-5절〕 **여호와께서 갑자기 모세와 아론과 미리암에게 이르시되 너희 3인은 회막으로 나아오라 하시니 그 3인이 나아가매 여호와께서 구름기둥 가운데로서 강림하사 장막[회막] 문에 서시고 아론과 미리암을 부르시는지라. 그 두 사람이 나아가매.**

여호와께서는 갑자기 모세와 아론과 미리암에게 회막으로 나아오라고 말씀하셨다. 하나님께서는 안 들으시는 듯하지만 다 들으시고 잠잠하시는 듯하지만 갑자기, 즉각적으로 개입하신다. 하나님께서는 결코 악한 말과 행위를 묵과하지 않으시고 보응하신다. 그는 살아계신 하나님이시요 공의로 행하시는 자이시다. 모세와 아론과 미리암, 이 세 사람이 회막으로 나아가자 여호와께서는 구름기둥 안에서 가운데 내려오셔서 회막문에 서시고 아론과 미리암을 부르셨다. 그 두 사람은 하나님 앞으로 나아갔다.

〔6-7절〕이르시되 내 말을 들으라. 너희 중에 선지자가 있으면 나 여호와가 이상(異像)으로 나를 그에게 알리기도 하고 꿈으로 그와 말하기도 하거니와 내 종 모세는 그렇지 아니하니 그는 나의 온 집에 충성됨이라.

하나님께서는 옛 시대에 이상과 꿈 등으로 말씀하셨다. 신약성경 히브리서 1:1은, 하나님께서 "옛적에 선지자들로 여러 부분과 여러 모양으로 우리 조상들에게 말씀하셨다"고 말했다. 선지자들은 많은 경우 이상과 꿈 등으로 하나님의 음성을 들었고 하나님과 교통하였다. 이사야 1:1, "... 아모스의 아들 이사야가 유다와 예루살렘에 대하여 본 이상(異像)이라." 다니엘 7:1, "바벨론 왕 벨사살 원년에 다니엘이 그 침상에서 꿈을 꾸며 뇌 속으로 이상(異像)을 받고."

그러나 하나님께서 모세에게 주신 계시의 방법은 특별하였다. 그는 모세를 특별한 계시의 도구로 사용하셨다. 그러므로 모세는 구약성경의 기초가 되는 다섯 권의 책을 성령의 감동으로 기록하였다. 그것은 하나님의 종 모세가 하나님의 온 집에서 충성되었기 때문이다. 충성은 변함이 없고 순전하고 믿을 만한 성품이다. 그것은 변화무쌍하고 간교하고 믿을 수 없고 이중적인 성품과 반대된다. 성령의 열매 아홉 가지 중에 '충성'이 포함된다(갈 5:22-23). 사도 바울은 직분자에게 요구되는 덕은 충성이라고 말했다(고전 4:2). 사람도 충성된 사람을 좋아하고 그에게 일을 맡기거나 그와 함께 일하려고 하듯이, 하나님께서도 충성된 인물을 기뻐하시고 사용하신다.

〔8절〕그와는 내가 대면하여 명백히 말하고 은밀한 말로 아니하며 그는 또 여호와의 형상을 보겠거늘 너희가 어찌하여 내 종 모세 비방하기를 두려워 아니하느냐?

하나님께서는 모세에게 주신 계시와 그의 직분의 독특함을 친히 증거하셨다. 그는 모세에게 대면하여 명백히 말씀하셨고 은밀한 말로 아니하셨다. 모세는 과연 하나님의 음성을 밝히 들은 하나님의 종이었다. 신명기 34:10, "그 후에는 이스라엘에 모세와 같은 선지자가 일어나지 못하였나니 모세는 여호와께서 대면하여 아시던 자요." 그러므로 모세를 비방하는 것은 하나님께서 그에게 주신 독특한 권위를 손상시키는 일이었다. 그러나 그들이 모세를 비방한 사건을 통해 오히려 모세의 특별한 역할과 권위가 하나님 자신에 의해 밝히 증거되었다. 하나님께서는 악한 일을 가지고서도 선한 결과를 만드신다.

〔9-10절〕여호와께서 그들을 향하여 진노하시고 떠나시매 구름이 장막 위에서 떠나갔고 미리암은 문둥병[나병]이 들려 눈과 같더라. 아론이 미리암을 본즉 문둥병[나병]이 들었는지라.

여호와께서는 그들을 향해 진노하셨다. 그는 인격적 하나님이시므로 기뻐하는 감정도 있으시고 노하는 감정도 있으시다. 그는 때때로 진노하신다. 그가 진노하시는 까닭은 사람의 범죄 때문이다. 사람이 생각과 말과 행위에 있어서 범죄할 때 그는 근심하시고 진노하신다.

하나님께서는 즉시 미리암을 나병으로 치셨다. 그가 그들을 향해 진노하시고 떠나시자 구름이 장막 위에서 떠나갔고 미리암은 나병이 걸려 눈과 같이 되었다. 그것은 하나님의 종 모세에 대한 옹호이었다. 하나님께서 그의 종을 옹호하신 것은 그의 인격에 대한 옹호일 뿐 아니라, 그에게 주신 말씀 선포와 교훈의 역할과 권위에 대한 옹호이었다. 사탄의 공격은 단지 지도자 한 사람의 인격에 대해서가 아니라 그가 선포하고 가르치고 증거할 하나님의 말씀에 대한 것이다. 사탄은 그가 넘어짐으로 그의 말씀사역이 좌절되고 중단되기를 원했지만, 하나님께서는 직접 개입하심으로 그의 종을 옹호하신 것이었다.

〔11-12절〕아론이 이에 모세에게 이르되 슬프다, 내 주여, 우리가 우매한 일을 하여 죄를 얻었으나 청컨대 그 허물을 우리에게 돌리지 마소서. 그로 살이 반이나 썩고 죽어서 모태에서 나온 자같이 되게 마옵소서.

아론은 즉시 자신들이 우매한 일을 하여 죄를 얻었음을 인정하고 회개하였다. 범죄는 어리석은 일이다. 왜냐하면 그것은 결국 자신을 망하게 만드는 일이기 때문이다. 지혜자라면 누가 망하는 일을 스스로 행하려 하겠는가! 그러나 사람은 무지하고 어리석어서 죄를 짓곤 한다. "살이 반이나 썩고 죽어서 모태에서 나온 자같이 된다"는 말은 "모태에서 나올 때 살이 반이나 썩어서 죽은 자 같다"는 뜻이다. 그것은 미리암이 나병으로 이미 살이 썩어 들어감을 보인다.

[13절] 모세가 여호와께 부르짖어 가로되 하나님이여, 원컨대 그를 고쳐 주옵소서.

모세는 참으로 온유하고 겸손한 자이었다. 온유와 겸손은 자기에 대해 잘못을 범한 자에 대해서도 긍휼과 너그러움을 품게 한다. 여기에 모범적 지도자상이 있다. 영적인 지도자는 다른 이들의 흠을 불쌍히 여기고 그것을 위해 기도할 수 있어야 한다. 영적인 어린아이는 그것 때문에 다투겠지만, 성숙한 자는 그런 자를 위해 기도할 것이다.

[14-16절] 여호와께서 모세에게 이르시되 그의 아비가 그의 얼굴에 침을 뱉었을지라도 그가 7일간 부끄러워하지 않겠느냐? 그런즉 그를 진 밖에 7일을 가두고 그 후에 들어오게 할지니라 하시니 이에 미리암이 진 밖에 7일 동안 갇혔고 백성은 그를 다시 들어오게 하기까지 진행치 아니하다가 그 후에 백성이 하세롯에서 진행하여 바란 광야에 진을 치니라.

미리암은 진 밖에 7일 동안 감금되었고 이스라엘 백성은 그를 다시 들어오게 하기까지 진행치 아니하다가 그 후에 백성이 하세롯에서 진행하여 바란 광야에 진을 쳤다. 긍휼이 많으신 하나님께서는 미리암의 실수에 대하여 단지 7일 동안의 징계로 징계하신 후 그를 용납하셨다. 아론과 미리암은 다시는 모세를 비방하지 못했을 것이다. 이 잠시간의 고통의 일을 통해, 모세의 권위는 더욱 확증되었다.

본장의 교훈을 정리해보자. 첫째로, 하나님께서는 모세와 대면하여 말씀하셨다. 7-8절, "내 종 모세와는 그렇지 아니하니 그는 나의 온 집

민수기 12장: 미리암의 비방

에 충성됨이라. 그와는 내가 대면하여 명백히 말하고 은밀한 말로 아니하며 그는 또 여호와의 형상을 보겠거늘 너희가 어찌하여 내 종 모세 비방하기를 두려워 아니하느냐?" 모세의 권위는 모세 오경의 권위이다. 이와 같이, 선지자들의 책들 곧 구약성경은 하나님의 권위로 인쳐진 책들이다. 디모데후서 3:16, "모든 성경은 하나님의 감동으로 된 것으로 교훈과 책망과 바르게 함과 의로 교육하기에 유익하니." 우리는 성경의 신적 권위성을 깨닫고 또 그 책을 읽고 듣고 믿고 행하는 것이 복됨을 알고 성경책을 가장 사랑하고 열심히 읽고 듣고 믿고 행해야 한다.

둘째로, 미리암과 아론은 모세를 비방했고 하나님께서는 악한 비방에 대해 나병으로 엄하게 징벌하셨다. 주께서는 "비판을 받지 아니하려거든 비판하지 말라" "어찌하여 형제의 눈속에 있는 티는 보고 네 눈속에 있는 들보는 깨닫지 못하느냐?"고 말씀하셨다(마 7:1, 3). 사도 베드로는 "모든 악독과 모든 궤휼과 외식과 시기와 모든 비방하는 말을 버리라"고 말했고(벧전 2:1), 사도 바울은 "[너희는 모든] 떠드는 것과 훼방하는 것을 모든 악의와 함께 버리라"고 했고(엡 4:31), 야고보도 "피차에 비방하지 말라"고 했다(약 4:11). 우리는 서로 비방하지 말고, 특히 말씀의 권위가 손상되지 않도록 말씀의 사역자들을 비방하지 말아야 한다.

셋째로, 모세는 온유했고 충성되었다. 3절은 그의 온유함을 증거했다. 그것은 그를 비방하는 말을 참고 그를 비방한 자에게 내린 징벌을 거두기를 기도한 데서 나타났다. 우리는 예수님의 온유와 겸손을 배워야 한다(마 11:29). 성령의 열매는 온유함이다. 위로부터 난 지혜는 관용[온유]하다(약 3:17). 장로는 관용하며 다투지 않아야 한다(딤전 3:3). 주의 종은 마땅히 다투지 않고 모든 사람에 대해 온유하며 참으며 거역하는 자를 온유함으로 징계해야 한다(딤후 2:24-25). 또 본문 7절은 모세의 충성됨을 증거한다. 우리는 하나님 앞에서 충성되어야 한다. 충성은 믿음에 굳게 서서 맡겨진 일을 다하는 것이다. 맡은 자에게 필요한 것은 충성이다(고전 4:2). 우리는 주 앞에 죽도록 충성해야 한다(계 2:10).

13장: 가나안 정탐

〔1-3절〕여호와께서 모세에게 일러 가라사대 사람을 보내어 내가 이스라엘 자손에게 주는 가나안 땅을 탐지하게 하되 그 종족의 각 지파 중에서 족장된 자 한 사람씩 보내라. 모세가 여호와의 명을 좇아 바란 광야에서 그들을 보내었으니 그들은 다 이스라엘 자손의 두령된 사람이라.

하나님께서는 이스라엘 백성에게 무조건적인 복종보다 먼저 그들이 가나안 땅을 탐지하고 믿음과 자발적 순종으로 진행하기를 원하셨다. 그는 우리에게 인격적 순종을 원하신다. 우리는 무슨 일이든지 살피고 판단하고 믿고 자발적으로 순종하는 것이 좋다.

〔4-16절〕그들의 이름은 이러하니라. 르우벤 지파에서는 삭굴의 아들 삼무아요, 시므온 지파에서는 호리의 아들 사밧이요, 유다 지파에서는 여분네의 아들 갈렙이요, 잇사갈 지파에서는 요셉의 아들 이갈이요, 에브라임 지파에서는 눈의 아들 호세아요, 베냐민 지파에서는 라부의 아들 발디요, 스불론 지파에서는 소디의 아들 갓디엘이요, 요셉 지파 곧 므낫세 지파에서는 수시의 아들 갓디요, 단 지파에서는 그말리의 아들 암미엘이요, 아셀 지파에서는 미가엘의 아들 스둘이요, 납달리 지파에서는 웜시의 아들 나비요, 갓 지파에서는 마기의 아들 그우엘이니, 이는 모세가 땅을 탐지하러 보낸 자들의 이름이라. 모세가 눈의 아들 호세아를 여호수아라 칭하였더라.

본문은 각 지파에서 파송된 열두 정탐꾼의 이름을 기록한다.

〔17-20절〕모세가 가나안 땅을 탐지하러 그들을 보내며 이르되 너희는 남방 길로 행하여 산지로 올라가서 그 땅의 어떠함을 탐지하라. 곧 그 땅 거민의 강약과 다소[많고 적음]와 그들의 거하는 땅의 호 불호[좋고 나쁨]와 거하는 성읍이 진영[성벽 없이 천막들로 된 촌]인지 산성[성벽 있는 성]인지와 토지의 후박[비옥한 여부]과 수목[나무]의 유무(有無)니라. 담대하라. 또 그 땅 실과를 가져오라 하니 그때는 포도가 처음 익을 즈음이었더라.

모세는 그 정탐꾼들에게 가나안 땅과 그 거주민들의 형편을 자세히 살피고 돌아오라고 지시하였다.

〔21-24절〕이에 그들이 올라가서 땅을 탐지하되 신 광야에서부터 하맛 어귀 르홉에 이르렀고 또 남방으로 올라가서 헤브론에 이르렀으니 헤브론 은 애굽 소안보다 7년 전에 세운 곳이라. 그 곳에 아낙 자손 아히만과 세새 와 달매가 있었더라. 또 에스골 골짜기에 이르러 거기서 포도 한 송이 달린 가지를 베어 둘이 막대기에 꿰어 메고 또 석류와 무화과를 취하니라. 이스라 엘 자손이 거기서 포도송이를 벤 고로 그 곳을 에스골 골짜기라 칭하였더라.

소안은 애굽의 고대 수도이었다. 아낙 자손은 거인들이었다. '에스 골'이라는 말(에쉬콜 אֶשְׁכּוֹל)은 '(포도) 송이'라는 뜻이다. 포도송이 가 꽤 컸던 것 같다. 그것은 그 땅이 매우 비옥하였음을 증거한다.

〔25-29절〕40일 동안에 땅을 탐지하기를 마치고 돌아와 바란 광야 가 데스에 이르러 모세와 아론과 이스라엘 자손의 온 회중에게 나아와 그들에 게 회보하고 그 땅 실과를 보이고 모세에게 보고하여 가로되 당신이 우리를 보낸 땅에 간즉 과연 젖과 꿀이 그 땅에 흐르고 이것은 그 땅의 실과니이다. 그러나 그 땅 거민은 강하고 성읍은 견고하고 심히 클 뿐 아니라 거기서 아 낙 자손을 보았으며 아말렉인은 남방 땅에 거하고 헷인과 여부스인과 아모 리인은 산지에 거하고 가나안인은 해변과 요단 가에 거하더이다.

정탐꾼들은 가나안 땅이 과연 젖과 꿀이 흐르는 비옥한 땅이지만, 그 땅 거민이 강하고 성읍이 견고하고 심히 크다고 보고하였다.

〔30-33절〕갈렙이 모세 앞에서 백성을 안돈시켜[조용히 시켜] 가로되 우리가 곧 올라가서 그 땅을 취하자. 능히 이기리라 하나 그와 함께 올라갔 던 사람들은 가로되 우리는 능히 올라가서 그 백성을 치지 못하리라. 그들 은 우리보다 강하니라 하고 이스라엘 자손 앞에서 그 탐지한 땅을 악평하여 가로되 우리가 두루 다니며 탐지한 땅은 그 거민을 삼키는 땅이요 거기서 본 모든 백성은 신장이 장대한 자들이며 거기서 또 네피림[거인들](LXX, Syr, Vg, BDB) 후손 아낙 자손 대장부들[거인들]을 보았나니 우리는 스스로 보기 에도 메뚜기 같으니 그들의 보기에도 그와 같았을 것이니라.

정탐꾼들의 보고는 둘로 나뉘었다. 다수파의 보고는 부정적이었다. 그들은 육신의 눈으로만 그 땅을 보고 그 땅을 악평하였다. 그들은 그 땅을 정복하는 것이 불가능하다고 결론을 내렸다. 그러나 갈렙의 판단은 달랐다. 그는 믿음의 눈으로 그 땅을 보며 하나님의 약속을 믿는 믿음에 근거하여 그 땅을 정복하는 것이 가능하다고 보았다.

본장의 교훈을 정리해보자. 첫째로, 가나안 땅은 하나님께서 아브라함과 이삭과 야곱, 그리고 이스라엘 백성에게 약속하신 땅이었다. 창세기 12:7, "여호와께서 아브람에게 나타나 가라사대 내가 이 땅을 네 자손에게 주리라 하신지라." 13:14-15, "여호와께서 아브람에게 이르시되 너는 눈을 들어 너 있는 곳에서 동서남북을 바라보라. 보이는 땅을 내가 너와 네 자손에게 주리니 영원히 이르리라." 15:7, 18, "또 그에게 이르시되 나는 이 땅을 네게 주어 업을 삼게 하려고 너를 갈대아 우르에서 이끌어 낸 여호와로라," "그 날에 여호와께서 아브람으로 더불어 언약을 세워 가라사대 내가 이 땅을 애굽 강에서부터 그 큰 강 유브라데까지 네 자손에게 주노니." 17:8, "내가 너와 네 후손에게 너의 우거하는 이 땅 곧 가나안 일경으로 주어 영원한 기업이 되게 하고." 26:3, "이 땅에 유하면 내가 너와 함께 있어 네게 복을 주고 내가 이 모든 땅을 너와 네 자손에게 주리라." 28:13, "너 누운 땅을 내가 너와 네 자손에게 주리니." 35:12, "내가 아브라함과 이삭에게 준 땅을 네게 주고 내가 네 후손에게도 그 땅을 주리라." 50:24, "요셉이 그 형제에게 이르되 나는 죽으나 하나님이[하나님께서] 너희를 권고하시고 너희를 이 땅에서 인도하여 내사 아브라함과 이삭과 야곱에게 맹세하신 땅에 이르게 하시리라."

출애굽기 13:5, "여호와께서 너를 인도하여 가나안 사람과 헷 사람과 아모리 사람과 히위 사람과 여부스 사람의 땅 곧 네게 주시려고 네 조상들에게 맹세하신 바 젖과 꿀이 흐르는 땅에 이르게 하시거든." 32:13, "주께서 주를 가리켜 그들에게 맹세하여 이르시기를 내가 너희 자손을 하늘의 별처럼 많게 하고 나의 허락한 이 온 땅을 너희의 자손에게 주어 영영한 기업이 되게 하리라 하셨나이다." 33:1, "여호와께서 모세에게 이르시되 너는 네가 애굽 땅에서 인도하여 낸 백성과 함께 여기서 떠나서 내가 아브라함과 이삭과 야곱에게 맹세하기를 네 자손에게 주마 한 그 땅으로 올라가라." 레위기 20:24, "내가 전에 너희에게 이르기를 너희가 그들의 땅을 기업으로 얻을 것이라. 내가 그 땅 곧 젖과 꿀이 흐르는 땅으로 너희에게 주어 유업을 삼게 하리라 하였노라."

가나안 땅은 오늘날 온 세상에 예수 그리스도의 구원의 복음을 전하여 택자들을 하나도 남김 없이 다 구원하며 그 구원 얻은 자들로 세울 참된 교회를 가리키며 또 장차 올 영광의 천국을 가리킨다. 전도와 참 교회 건립, 또한 세상에서 믿음을 지키다가 영광의 천국에 들어가는 것은 하나님의 뜻이며 우리 모두가 힘써야 할 매우 중요한 일이다. 천국은 과연 젖과 꿀이 흐르는 복된 세계이다. 천국에는 의와 평강과 희락이 넘치며(롬 14:17) 또 영광이 있을 것이다(롬 8:18; 계 21:10-11).

둘째로, 가나안 땅의 원주민들의 키는 컸고 성읍들은 견고하였다. 그들 중에는 거인들도 있었다. 이스라엘 백성이 가나안 땅을 정복하려면 외적 조건만 보아서는 안 된다. 오늘날 우리가 세상에서 복음을 전하며 참 교회를 세우고자 할 때, 우리는 세상에 사탄과 악령들과 악한 자들의 세력이 강하고 사람들의 심령이 어둡고 완고하고 완악함 때문에, 또 우리 자신의 부족과 연약, 무능력과 자격 없음, 뿌리깊은 죄성 때문에, 또 환경적인 어려움 때문에 낙망하기 쉽다. 그러나 우리는 전도와 영혼 구원과 참된 교회의 건립을 위해 외적 조건만 보아서는 안 된다.

셋째로, 이스라엘 자손들은 하나님의 약속과 능력을 믿고 행해야 했다. 우리는 예수 그리스도의 대속과 그의 의(義)를 믿고 또 그의 약속과 도우심을 믿고 살아야 한다. 하나님께서는 주 예수님을 믿은 자들에게 하나님의 자녀의 특권을 주셨고(요 1:12) 영생을 얻게 하셨고(요 3:16) 또 의롭다 하심을 주셨고(롬 3:22, 24) 구원을 주셨다(행 16:31; 엡 2:8). 마태복음 16:18, "내가 이 반석 위에 내 교회를 세우리니 음부의 권세가 이기지 못하리라." 요한복음 10:28, "내가 저희에게 영생을 주노니 영원히 멸망치 아니할 터이요 또 저희를 내 손에서 빼앗을 자가 없느니라." 우리는 믿음으로 전도해 영혼들을 구원하고 참 교회들을 세워야 한다.

14장: 불평과 징벌

〔1-5절〕온 회중이 소리를 높여 부르짖으며 밤새도록 백성이 곡하였더라. 이스라엘 자손이 다 모세와 아론을 원망[불평]하며 온 회중이 그들에게 이르되 우리가 애굽 땅에서 죽었거나 이 광야에서 죽었더면 좋았을 것을 어찌하여 여호와가 우리를 그 땅으로 인도하여 칼에 망하게 하려 하는고. 우리 처자가 사로잡히리니 애굽으로 돌아가는 것이 낫지 아니하랴. 이에 서로 말하되 우리가 한 장관을 세우고 애굽으로 돌아가자 하매 모세와 아론이 이스라엘 자손의 온 회중(콜 케할 아닷 עֲדַת כָּל־קְהַל)[회중의 모든 총회] 앞에서 엎드린지라.

바란 광야 가데스에서 불신앙적 열 정탐꾼의 나쁜 보고를 받은 온 이스라엘 회중은 소리를 높여 부르짖으며 밤새도록 애곡하였고 모세와 아론에게 불평하며 여호와께서 우리를 그 땅으로 인도하여 칼에 망하게 하려 하신다고 말했고 한 장관을 세워 애굽으로 돌아가자고 제안했다. 이 말을 들은 모세와 아론은 이스라엘 자손들의 온 회중의 모든 총회 앞에서 엎드려 하나님께 기도하였다.

〔6-10절〕그 땅을 탐지한 자 중 눈의 아들 여호수아와 여분네의 아들 갈렙이 그 옷을 찢고 이스라엘 자손의 온 회중에게 일러 가로되 우리가 두루 다니며 탐지한 땅은 심히 아름다운 땅이라. 여호와께서 우리를 기뻐하시면 우리를 그 땅으로 인도하여 들이시고 그 땅을 우리에게 주시리라. 이는 과연 젖과 꿀이 흐르는 땅이니라. 오직 여호와를 거역하지 말라. 또 그 땅 백성을 두려워하지 말라. 그들은 우리 밥이라. 그들의 보호자는 그들에게서 떠났고 여호와는[께서는] 우리와 함께하시느니라. 그들을 두려워 말라 하나 온 회중이 그들을 돌로 치려 하는[돌들로 치자고 말하는](원문, KJV, NASB) 동시에 여호와의 영광이 회막에서 이스라엘 모든 자손에게 나타나시니라.

여호수아와 갈렙은 자기들의 옷을 찢고 이스라엘 자손의 온 회중에게 말했다. (1) 우리가 두루 다니며 탐지한 땅은 심히 아름다운 땅이며 과연 젖과 꿀이 흐르는 땅이다. (2) 여호와께서 우리를 기뻐하시면 우리를 그 땅으로 인도하여 들이시고 그 땅을 우리에게 주실 것이다. (3) 그 땅 백성을 두려워하지 말라. 여호와께서는 우리와 함께하신다. 여호수아와 갈렙은 참으로 하나님을 의지하며 그를 경외하고 순종하려 하였다. 그러나 온 회중은 그들을 돌로 치자고 말했고 바로 그때에 여호와의 영광이 회막에서 이스라엘 모든 자손에게 나타났다. 하나님께서는 비상한 때에 때때로 직접 개입하신다.

〔11-12절〕 **여호와께서 모세에게 이르시되 이 백성이 어느 때까지 나를 멸시하겠느냐? 내가 그들 중에 모든 이적을 행한 것도** 생각하지 아니하고 **어느 때까지 나를 믿지 않겠느냐? 내가 전염병으로 그들을 쳐서 멸하고 너로 그들보다 크고 강한 나라를 이루게 하리라.**

이스라엘 백성의 문제는 그들이 하나님의 행하신 모든 기적들을 생각하지 않고 그를 믿지 않고 멸시한 것이었다. 하나님께서는 그들을 전염병으로 쳐 멸하시고 모세를 통하여 그들보다 크고 강한 나라를 세우겠다고 말씀하셨다. '멸하다'는 원어(야라쉬 יָרַשׁ의 사역형)는 '소유권을 빼앗다'(BDB, KJV, NASB)는 뜻인데, 그것은 그가 그들에게 주겠다고 약속하신 가나안 땅의 소유권을 거두시겠다는 뜻이다.

〔13-19절〕 **모세가 여호와께 여짜오되 애굽인 중에서 주의 능력으로 이 백성을 인도하여 내셨거늘** 그리하시면 **그들이 듣고 이 땅 거민에게 고하리이다. 주 여호와께서 이 백성 중에 계심을 그들도 들었으니 곧 주 여호와께서 대면하여 보이시며 주의 구름이 그들 위에 섰으며 주께서 낮에는 구름기둥 가운데서, 밤에는 불기둥 가운데서 그들 앞에서 행하시는 것이니이다. 이제 주께서 이 백성을 한 사람같이 죽이시면 주의 명성을 들은 열국이 말하여 이르기를 여호와가 이 백성에게 주기로 맹세한 땅에 인도할 능이 없는 고로 광야에서 죽였다 하리이다. 이제 구하옵나니 이미 말씀하신 대로 주의 큰 권능을 나타내옵소서. 이르시기를 여호와는 노하기를 더디하고 인자(仁慈)가 많아 죄악과 과실을 사하나 형벌 받을 자는 결단코 사하지 아니하고 아비의 죄악을 자식에게 갚아 3, 4대까지 이르게 하리라 하셨나이다. 구하옵나니 주의 인자(仁慈)의 광대하심을 따라 이 백성의 죄악을 사하시되 애굽에서부터 지금까지 이 백성을 사하신 것같이 사하옵소서.**

모세는 이방 나라들이 여호와가 이 백성에게 주기로 맹세한 땅에 인도할 능력이 없는 고로 그들을 광야에서 죽였다고 하나님의 이름을 비방하고 그의 영광을 더럽히지 않게 해달라고 간구하였다. 또 그는 하나님께서 그의 구원의 능력을 보여주시고 노하기를 더디하시고 인자(仁慈)가 많으심을 따라 그들의 죄를 사해 주시기를 간구했다.

〔20-25절〕여호와께서 가라사대 내가 네 말대로 사하노라. 그러나 진실로 나의 사는 것과 여호와의 영광이 온 세계에 충만할 것으로 맹세하노니 나의 영광과 애굽과 광야에서 행한 나의 이적을 보고도 이같이 열 번이나 나를 시험하고 내 목소리를 청종치 아니한 그 사람들은 내가 그 조상들에게 맹세한 땅을 결단코 보지 못할 것이요 또 나를 멸시하는 사람은 하나라도 그것을 보지 못하리라. 오직 내 종 갈렙은 그 마음이 그들과 달라서 나를 온전히 좇았은즉 그의 갔던 땅으로 내가 그를 인도하여 들이리니 그 자손이 그 땅을 차지하리라. 아말렉인과 가나안인이 골짜기에 거하나니 너희는 내일 돌이켜 홍해 길로 하여 광야로 들어갈지니라.

하나님께서는 모세의 기도를 들으시고 이스라엘 백성의 죄를 용서하셨으나, 그들이 그가 약속한 땅에 하나도 들어가지 못하게 하겠다고 말씀하셨다. 오직 하나님의 종 갈렙은 그 마음이 그들과 달라서 그를 온전히 좇았기 때문에 그 약속의 땅에 들어갈 것을 말씀하셨다.

〔26-35절〕여호와께서 모세와 아론에게 일러 가라사대 나를 원망[불평]하는 이 악한 회중을 내가 어느 때까지 참으랴. 이스라엘 자손이 나를 향하여 원망[불평]하는 바 그 원망[불평]하는 말을 내가 들었노라. 그들에게 이르기를 여호와의 말씀에 나의 삶을 가리켜 맹세하노라. 너희 말이 내 귀에 들린 대로 내가 너희에게 행하리니 너희 시체가 이 광야에 엎드러질 것이라. 너희 20세 이상으로 계수함을 받은 자 곧 나를 원망[불평]한 자의 전부가 여분네의 아들 갈렙과 눈의 아들 여호수아 외에는 내가 맹세하여 너희로 거하게 하리라 한 땅에 결단코 들어가지 못하리라. 너희가 사로잡히겠다고 말하던 너희의 유아들은 내가 인도하여 들이리니 그들은 너희가 싫어하던[거절하던] 땅을 보려니와 너희 시체는 이 광야에 엎드러질 것이요 너희 자녀들은 너희의 패역한 죄(제누세켐 וּנְתֵיכֶם)[너희의 불신실함]를 지고 너희의

시체가 광야에서 소멸되기까지 40년을 광야에서 유리하는 자가 되리라. 너희가 그 땅을 탐지한 날수 40일의 하루를 1년으로 환산하여 그 40년간 너희가 너희의 죄악을 질지니 너희가 나의 싫어버림을 알리라 하셨다 하라. 나 여호와가 말하였거니와 모여 나를 거역하는 이 악한 온 회중에게 내가 단정코 이같이 행하리니 그들이 이 광야에서 소멸되어 거기서 죽으리라.

여호와께서는 모세와 아론에게, 그들이 하나님께 불평하는 소리를 들었다고 말씀하셨다. 이스라엘 회중의 문제는 하나님과 모세를 향해 불평한 것이었다. 또 그는 20세 이상의 이스라엘 백성이 이 광야에 엎드러질 것이며 갈렙과 여호수아 외에는 결코 아무도 약속의 땅에 들어가지 못할 것이라고 말씀하셨다. 또 그는 그들이 사로잡히겠다고 말하던 그들의 유아들은 그 땅으로 인도하여 들일 것이다. 그렇지만 그 20세 미만의 자녀들은 그들의 그 땅을 탐지한 날 수 40일의 하루를 1년으로 환산해 40년간 그 부모들의 죄악을 담당할 것이다. 또 하나님께서는 불평하는 자들이 하나님을 거역하는 것임을 분명히 하시면서 그들이 이 광야에서 반드시 다 죽을 것이라고 말씀하셨다.

〔36-38절〕 모세의 보냄을 받고 땅을 탐지하고 돌아와서 그 땅을 악평하여 온 회중으로 모세를 [향해] 원망[불평]케 한 사람 곧 그 땅에 대하여 악평한 자들은 여호와 앞에서 재앙으로 죽었고 그 땅을 탐지하러 갔던 사람들 중에 오직 눈의 아들 여호수아와 여분네의 아들 갈렙은 생존하니라.

열두 정탐꾼들 중에 여호수아와 갈렙 외에 열 명은 그 땅을 악평하며 온 회중으로 모세에게 불평케 하였다. 그들은 여호와 앞에서 재앙으로 죽었다. 그들은 하나님의 즉각적 징벌을 받은 것 같다.

〔39-45절〕 모세가 이 말로 이스라엘 모든 자손에게 고하매 백성이 크게 슬퍼하여 아침에 일찌기[일찍이] 일어나 산꼭대기로 올라가며 가로되 보소서, 우리가 여기 있나이다. 우리가 여호와의 허락하신 곳으로 올라가리니 우리가 범죄하였음이니이다. 모세가 가로되 너희가 어찌하여 이제 여호와의 명령을 범하느냐? 이 일이 형통치 못하리라. 여호와께서 너희 중에 계시지 아니하니 올라가지 말라. 너희 대적 앞에서 패할까 하노라. 아말렉인과

가나안인이 너희 앞에 있으니 너희가 그 칼에 망하리라. 너희가 여호와를 배반하였으니 여호와께서 너희와 함께하지 아니하시리라 하나 그들이 그래도 산꼭대기로 올라갔고 여호와의 언약궤와 모세는 진을 떠나지 아니하였더라. 아말렉인과 산지에 거하는 가나안인이 내려와 쳐서 파하고 호르마까지 이르렀더라.

모세가 이 말로 백성에게 알리자 백성은 크게 슬퍼했으나 하나님의 말씀을 거역하고 아침에 일찍이 일어나 산꼭대기로 올라갔다. 그때 아말렉 사람과 가나안 사람이 내려와 이스라엘 자손을 쳤다.

본장의 교훈을 정리해보자. 첫째로, 이스라엘 자손들은 어려운 일을 당할 때 하나님을 믿지 않고 멸시하고 지도자 모세를 향하여 불평하며 하나님의 뜻을 거역했다. 그들은 하나님께서 주겠다고 약속하신 복된 가나안 땅을 악평했고 심지어 여호수아와 갈렙 같은 충성된 정탐꾼들을 돌로 치자고 말하였다. 우리는 하나님의 일을 하다가 어려운 문제를 만날 때 하나님을 믿지 않고 그를 멸시하거나 거역하지 말고 하나님께 불평하지 말아야 하고 또 하나님의 종들에게 불평하지 말아야 한다.

둘째로, 여호수아와 갈렙은 그 두려운 상황 속에서 다른 정탐꾼들과 달리 하나님을 인정하고 그를 경외하였고 그를 의지하고 그의 약속을 확신했고 그의 뜻에 순종하려 했다. 우리는 여호수아와 갈렙처럼 범사에 하나님을 인정하고 그의 주권적 섭리를 인정하고 감사하며 오직 그의 뜻을 온전히 따르며 그의 명령과 교훈에 온전히 순종해야 한다.

셋째로, 하나님께서는 하나님과 모세를 향해 불평하며 원망한 이스라엘 백성에게 진노하셨고 전염병으로 쳐서 죽이려 하셨다. 그러나 모세의 간구로 그렇게 하지는 않으셨으나 20세 이상의 모든 백성을 여호수아와 갈렙 외에는 다 광야에서 죽게 하시겠다고 말씀하셨다. 또 그들의 자녀들은 그들 때문에 40년 동안 광야에서 유리하다가 가나안 땅에 들어갈 것이다. 그 땅을 악평했던 정탐꾼들은 하나님 앞에서 재앙으로 죽었다. 우리는 하나님의 엄위하신 공의와 진노를 두려워해야 한다.

15장: 여러 법들

〔1-12절〕여호와께서 모세에게 일러 가라사대 이스라엘 자손에게 고하여 그들에게 이르라. 너희가 내가 주어 거하게 할 땅에 들어가서 여호와께 **화제나**[화제로] 번제나 서원을 갚는 제나 낙헌제나 정한 절기제에 소나 양으로[소떼에나 양떼에서] **여호와께 향기롭게**[유화(宥和)의 향기로] **드릴 때에는**[드릴지니라. 번제나 다른 제사로 드리는 제물이 어린양이면] **그 예물을 드리는 자는 고운 가루** 에바 **10분지 1에 기름 한 힌의 4분지 1을 섞어 여호와께 소제로 드릴 것이며** [번제나 다른 제사로 드리는 제물이 어린양이면] **전제(奠祭,** drink offering, libation)로 포도주 한 힌의 4분 1을 예비할 것이요, **수양**[숫양]이면 소제로 고운 가루 한 에바 **10분지 2에 기름 한 힌의 3분지 1을 섞어 예비하고 전제로 포도주 한 힌의 3분지 1을 드려 여호와 앞에 향기롭게 할**[유화(宥和)의 향기로 드릴] **것이요, 번제로나 서원을 갚는 제로나 화목제로 수송아지를 예비하여 여호와께 드릴 때에는 소제로 고운 가루 한** 에바 **10분지 3에 기름 반 힌을 섞어 그 수송아지와 함께 드리고 전제로 포도주 반 힌을 드려 여호와 앞에 향기로운 화제를 삼을지니라. 수송아지나 수양**[숫양]**이나 어린 수양**[숫양]**이나 어린 염소에는 그 마리 수마다 이 위와 같이 행하되 너희 예비하는 수효를 따라 각기 수효에 맞게 하라.**

본문은 이스라엘 자손이 가나안 땅에 들어가서 여호와께 화제(火祭), 즉 번제나, 서원을 갚는 제나 낙헌제 등 화목제나, 정한 절기들에 소나 양으로 여호와께 유화(宥和)의 향기를 드릴 때의 규례이다.

그들이 **어린양**을 제물로 드릴 경우에는, 고운 가루 에바 10분지 1 (약 2.2리터)에 기름 한 힌의 4분지 1(약 1리터)을 섞어 여호와께 소제로 드릴 것이며, 전제(奠祭)로 포도주 한 힌의 4분 1(약 1리터)을 예비해야 하였다. 한 에바는 약 22리터이며, 한 힌은 약 4리터이다.

그들이 **숫양**을 제물로 드릴 경우에는, 소제로 고운 가루 한 에바 10분지 2에 기름 한 힌의 3분지 1을 섞어 예비하고, 전제로 포도주 한 힌의 3분지 1을 드려 여호와 앞에 속죄의 향기를 드려야 했다.

  그들이 **수송아지**를 제물로 드릴 경우에는, 소제로 고운 가루 한 에바 10분지 3에 기름 반 힌을 섞어 함께 드리고, 전제로 포도주 반 힌을 드려 여호와 앞에 유화(宥和)의 향기를 드려야 했다.

  수송아지나 숫양이나 어린 숫양이나 어린 염소를 여러 마리 드릴 때는 그 마리 수마다 이 규례로 행하되 그들이 예비하는 수를 따라 각기 수효에 맞게 해야 하였다.

  구약의 짐승 제사의 규례는 일차적으로 예수 그리스도의 대속(代贖)의 죽음을 예표하였다. 즉 구약 제사의 일차적 의미는 속죄이다. 또 부수적으로 **번제**는 온전한 헌신을, **화목제**는 교제의 회복을 상징하는 뜻이 있다고 본다. 짐승 제물을 드릴 때에 소제 곧 곡물제사와 전제 곧 붓는 제사를 함께 드리게 규정하였다.

  소제 곧 곡물제사도 일차적으로는 속죄의 뜻이 있고 부수적으로 온전한 순종과 감사의 뜻이 있다고 본다. 곡물은 곱게 가루로 만들어 드려졌다. 우리는 날마다 곡식을 먹으며 하나님께 감사를 드린다.

  전제(奠祭)(붓는 제사, drink offering)는 포도주를 붓는 제사이다. 포도주는 피를 상징한다. 그것은 제사의 속죄적 의미를 보인다.

  〔13-16절〕 무릇 본토 소생이 여호와께 향기로운[유화(宥和)의 향기의] 화제를 드릴 때에는 이 법대로 할 것이요 너희 중에 우거하는 타국인이나 너희 중에 대대로 있는 자가 누구든지 여호와께 향기로운[유화(宥和)의 향기의] 화제를 드릴 때에는 너희 하는 대로 그도 그리할 것이라. 회중 곧 너희나 우거하는 타국인이나 한 율례니 너희의 대대로 영원한 율례라. 너희의 어떠한 대로 타국인도 여호와 앞에 그러하리라. 너희나 너희 중에 우거하는 타국인이나 한 법도, 한 규례니라.

  여호와께 드리는 화제(火祭)의 규례는 모든 이스라엘 사람들에게나 그들 중에 우거하는 타국인들에게나 동일하게 적용되는 규례이었다. 이 말씀은 구약의 제사 제도에 담긴 진리가 유대인들에게만 아니고 모든 이방인들에게도 똑같이 의미가 있는 것임을 보인다. 성경은 세상의 모든 사람을 위해 주신 하나님의 말씀이다. 구약은 하나님의 진리를 예표적 방식 곧 상징적 방식으로 증거하였고 신약은 그것이 예수 그리스도 안에서 성취되었음을 밝히 증거하였다(골 2:16-17).

〔17-21절〕여호와께서 모세에게 일러 가라사대 이스라엘 자손에게 고하여 이르라. 너희가 나의 인도하는 땅에 들어가거든 그 땅의 양식을 먹을 때에 여호와께 거제(擧祭)를 드리되 너희의 처음 익은 곡식 가루 떡을 거제로 타작 마당의 거제같이 들어 드리라. 너희의 처음 익은 곡식 가루 떡을 대대에 여호와께 거제로 드릴지니라.

그들이 가나안 땅에 들어가면 그 땅의 양식을 먹을 때에 처음 익은 곡식 가루 떡을 타작마당의 곡물처럼 하나님께 거제로 드리라고 명하셨다. '거제'(擧祭)라는 말은 제물을 올려드린다는 뜻이다(NASB).

〔22-31절〕너희가 그릇 범죄하여 여호와가 모세에게 말한 이 모든 명령을 지키지 못하되 곧 여호와가 모세로 너희에게 명한 모든 것을 여호와가 명한 날부터 이후 너희의 대대에 지키지 못하여 회중이 부지 중에 그릇 범죄하였거든(쇠가 שְׁגָגָה)[무지(無知)의 죄를 범하였거든](BDB) 온 회중은 수송아지 하나를 여호와께 향기로운[유화(宥和)의 향기의] 화제로[번제로](원문, 영어성경들) 드리고 규례대로 그 소제와 전제를 드리고 수염소[숫염소] 하나를 속죄제로 드릴 것이라. 제사장이 이스라엘 자손의 온 회중을 위하여 속죄하면 그들이 사함을 얻으리니 이는 그릇 범죄함이며 또 그 그릇 범죄함을 인하여 예물 곧 화제와 속죄제를 여호와께 드렸음이라. 이스라엘 자손의 온 회중과 그들 중에 우거하는 타국인도 사함을 얻을 것은 온 백성이 그릇 범죄하였음이니라. 만일 한 사람이 그릇 범죄하거든 1년된 암염소로 속죄제를 드릴 것이요 제사장은 그 그릇 범죄한 사람이 그릇하여 여호와 앞에 얻은 죄를 위하여 속죄하여 그 죄를 속할지니 그리하면 사함을 얻으리라. 이스라엘 자손 중 본토 소생이든지 그들 중에 우거하는 타국인이든지 무릇 그릇 범죄한 자에게 대한 법이 동일하거니와 본토 소생이든지 타국인이든지 무릇 짐짓(베야드 라마 בְּיָד רָמָה)[고의적으로, 건방지게, 도전적으로](BDB, KJV, NASB) 무엇을 행하면 여호와를 훼방하는 자니 그 백성 중에서 끊쳐질 것이라. 그런 사람은 여호와의 말씀을 멸시하고 그 명령을 파괴하였은즉 그 죄악이 자기에게로 돌아가서 온전히 끊쳐지리라.

하나님께서는 두 종류의 죄에 대해 증거하셨다. 하나는 '**그릇 범죄하는**' 것이다. 본문에 아홉 번 나오는 '그릇'이라는 말(쉐가가 שְׁגָגָה)은 '무지, 실수'라는 뜻이다.

회중이 부지중에, 실수로 범죄하면 그들은 수송아지 하나를 여호와께 유화(宥和)의 향기의 번제로(원문, KJV, NASB) 드리고 규례대로 그 소제와 전제를 드리고 숫염소 하나를 속죄제로 드려야 했다. 제사장이 이스라엘 자손의 온 회중을 위하여 속죄하면 그들이 사함을 얻을 것이다. 왜냐하면 그는 실수로 범죄한 것이고 또 그 때문에 화제와 속죄제를 하나님께 드렸기 때문이다. 이것은 온 회중과 그들 중에 우거하는 타국인에게 똑같이 적용되었다.

회중이 아니고 **한 사람**이 부지중에, 실수로 범죄하면 그들은 1년된 암염소를 속죄제로 드리고 제사장은 그 그릇 범죄한 사람이 여호와 앞에서 얻은 죄를 위해 속죄하여 그 죄를 속해야 했고 그리하면 그가 사함을 얻을 것이다. 이스라엘 자손들에게든지 그들 중에 우거하는 타국인에게든지 그릇 범죄한 자에게 대한 법이 동일하였다.

두 번째 종류의 죄는 '**짐짓 범죄하는**' 것, 즉 고의적으로 범죄하는 것이다. 이스라엘 자손들이든지 타국인이든지 짐짓 무엇을 행하면 여호와를 훼방하는 자이며 그는 그 백성 중에서 끊어져야 할 것이라고 규정되었다. 끊어진다는 말은 중한 질병으로 죽거나 사형을 의미한다고 본다. 그런 사람은 여호와의 말씀을 멸시하고 그 명령을 파괴하였으므로 그 죄악이 자신에게로 돌아가서 온전히 끊어질 것이다.

〔32-36절〕 이스라엘 자손이 광야에 거할 때에 안식일에 어떤 사람이 나무하는 것을 발견한지라. 그 나무하는 자를 발견한 자들이 그를 모세와 아론과 온 회중의 앞으로 끌어왔으나 어떻게 처치할는지 지시하심을 받지 못한 고로 가두었더니 여호와께서 모세에게 이르시되 그 사람을 반드시 죽일지니 온 회중이 진 밖에서 돌로 그를 칠지니라. 온 회중이 곧 그를 진 밖으로 끌어내고 돌로 그를 쳐죽여서 여호와께서 모세에게 명하신 대로 하니라.

두 번째 종류의 죄에 해당하는 한 예를 기록하였다. 그것은 안식일을 범한 죄이었다. 이스라엘 자손이 광야에 거할 때에 안식일에 어떤 사람이 나무하는 것을 발견하였다. 그 나무하는 자를 발견한 자들이 그를 모세와 아론과 온 회중 앞으로 끌어왔다. 여호와께서 모세에게 "그 사람을 반드시 죽일지니 온 회중이 진 밖에서 돌로 그를 칠지니라"고 명하셨다. 그래서 온 회중은 곧 그를 진 밖으로 끌어내고 돌로 그를 쳐죽여서 여호와께서 모세에게 명하신 대로 행하였다. 안식일을 거룩히 지키는 것은 모든 사람이 다 아는 바이었고 그것을 범하는 것은 부지중에 범한 죄가 아니고 고의적으로 범한 죄로 간주되었다.

[37-41절] 여호와께서 모세에게 일러 가라사대 이스라엘 자손에게 명하여 그들의 대대로 그 옷단 귀에 술을 만들고 청색(테켈렛 תְּכֵלֶת)[보라색(BDB) 혹은 자주색(KB)] 끈을 그 귀의 술에 더하라. 이 술은 너희로 보고 여호와의 모든 계명을 기억하여 준행하고 너희로 방종케[음행케](KJV, NASB, NIV) 하는 자기의 마음과 눈의 욕심을 좇지 않게 하기 위함이라. 그리하면 너희가 나의 모든 계명을 기억하고 준행하여 너희의 하나님 앞에 거룩하리라. 나는 너희의 하나님이 되려 하여 너희를 애굽 땅에서 인도하여 낸 여호와 너희 하나님이니라. 나는 여호와 너희 하나님이니라.

본문은 옷단 귀에 옷술을 만들고 보라색 혹은 자주색 끈을 달라는 규례이다. 보라색 혹은 자주색은 피를 상징한다. 피는 곧 생명이며(레 17:11, 14) 피흘림은 죽음을 가리키며(롬 6:23) 구약 제도에서 짐승 제물의 피흘림은 장차 오실 그리스도의 대속사역을 예표했다(레 17:11). 이스라엘 사람들이 옷단 귀에 술을 만들고 거기에 보라색 혹은 자주색 끈을 다는 것은 하나님의 계명을 어기면 죽을 것과 예수 그리스도의 대속(代贖)으로 죄사함을 얻을 것을 암시하였다고 보인다.

본장의 교훈을 정리해보자. 첫째로, 구약시대의 제사는 일차적으로 주 예수 그리스도의 속죄사역을 예표하였고 부수적으로 온전한 헌신, 온전한 순종과 감사, 하나님과의 교제의 회복 등을 상징하였다. 이 규례는 이스라엘 백성에게나 이방인들에게나 동일했다. 우리는 예수 그리스도의 대속(代贖)을 믿는 믿음 안에 거하며 온전한 헌신, 온전한 순종과 감사, 그리고 하나님과의 교제를 힘써야 한다. 모든 신약 성도들은 구주 예수 그리스도의 의만 의지하고 하나님께 온전히 헌신하고 순종하며 감사하고 성경 읽기와 기도로 하나님과 교제하며 생활해야 한다.

둘째로, 죄는 두 종류가 있다. 하나는 부지 중에 혹은 실수로 범하는 죄이며 다른 하나는 고의적으로 범하는 죄이다. 실수로 범하는 죄는 제사로 죄의 용서함을 얻을 수 있었다. 그러나 고의적인 죄는 사형으로 엄하게 다스려야 하였다. 죄는 씻음 받아야 한다. 사람의 모든 죄들은 예수 그리스도의 보배로운 피가 아니고서는 깨끗하게 씻음 받을 수가 없다. 그러므로 히브리서 9:22는 "피흘림이 없은즉 사함이 없느니라"고 말한다. 모든 죄는 씻음 받아야 하고, 죄를 씻는 길은 구주 예수 그리스도의 피밖에 없다. "나의 죄를 씻기는 예수님의 피밖에 없다."

셋째로, 이스라엘 백성은 안식일에 나무한 사람을 하나님의 명하신 대로 돌로 쳐서 죽였다. 안식일을 어기는 고의적인 죄를 사형으로 다스렸다. 안식일을 거룩히 구별되어야 했다. 사실, 사람이 안식일을 지키지 않으면 하나님을 잊어버리고 믿음을 잃어버리고 구원을 잃어버리고 죄 가운데 살다가 영원한 멸망을 피할 수 없다. 안식일은 중요하였다. 신약 시대에는 주일이 그리스도인의 안식일이다. 우리는 주일을 거룩하게 구별하여 지켜야 한다. 오늘날 주일을 성별하여 지키는 자는 복되다.

넷째로, 이스라엘 자손들은 옷단 귀에 술을 만들고 보라색 끈을 그 귀의 술에 더해야 했고 그것은 하나님의 계명을 늘 기억하게 하는 뜻이 있었다고 본다. 보라색 끈은 피를 상징하였다고 본다. 우리는 하나님의 계명을 늘 기억하며 지켜야 한다. 우리는 하나님의 계명을 늘 지키고 행하여야 하며, 만일 우리가 하나님의 계명을 지키지 못하고 죄 가운데 살면 죽어야 마땅한 자들임을 기억해야 한다. 우리는 예수 그리스도를 믿고 의롭다 하심을 받은 그 의(義) 안에서 의와 선을 실천해야 한다.

16장: 고라 일당의 반역

〔1-3절〕 레위의 증손 고핫의 손자 이스할의 아들 고라와 르우벤 자손[자손들] 엘리압의 아들[아들들] 다단과 아비람과 벨렛의 아들 온이 당을 짓고 이스라엘 자손 총회에 택함을 받은 자 곧 회중에 유명한 어떤 족장 250인과 함께 일어나서 모세를 거스리니라[모세 앞에서(대적하여) 일어나니라]. 그들이 모여서 모세와 아론을 거스려[대적하여] 그들에게 이르되 너희가 분수에 지나도다. 회중이 다 각각 거룩하고 여호와께서도 그들 중에 계시거늘 너희가 어찌하여 여호와의 총회 위에 스스로 높이느뇨?

민수기 16장은 고라 일당의 반역을 자세히 기록한다. 고라는 레위의 증손이었다. 또 그와 함께 르우벤 자손들 다단과 아비람과 온이 당을 짓고 이스라엘 회중의 유명한 족장 250명과 함께 일어나서 모세를 대적하였다. 고라의 이름이 1, 5, 6, 19, 24, 27, 40절에 맨 먼저 나오는 것을 보면, 고라는 반역의 무리들의 주동자이었고 다단과 아비람과 온은 중심적 인물들이었고 250명의 유명한 족장들의 동조를 얻어 당을 이루어 모세와 아론을 대적한 것이었다.

그들은 모여 모세와 아론을 대적하여 말했다. "너희가 분수에 지나도다. 회중이 다 각각 거룩하고 여호와께서도 그들 중에 계시거늘 너희가 어찌하여 여호와의 총회 위에 스스로 높이느뇨?" 모세와 아론이 분수에 지나쳤는가? 그들이 여호와의 총회 위에 자신을 높였는가? 모세와 아론이 한 일들이 무엇이었는가?

그들은 하나님의 명을 따라 애굽에서 자기 목숨의 위험을 무릅쓰고 바로에게 나아가 이스라엘 백성을 내어보내줄 것을 요청하였다. 그들은 하나님의 은혜로 그 백성을 애굽에서 인도하여 내어 홍해를 건넜고 만나와 메추라기를 먹였고 반석에서 물을 내어 마시게 하였고 아말렉 전쟁을 승리로 인도하였고 천부장 백부장 등을 세웠다. 그들은 십계명과 율법들을 받았고 성막을 건립했고 제사장을 세웠고 제사, 절기 등 각종 규례를 정했다. 그들은 인구 조사를 했고 진영과 행진 대열을 지정하였고 은나팔을 만들었고 가나안 정탐을 시켰고 하나님의 징벌을 선언했고 안식일을 범한 자를 처단하였다.

이런 일들은 얼른 보기에는 모세가 왕노릇한 것처럼 보이지만, 그가 임의로 한 것은 아무것도 없었다. 오직 하나님의 지시와 허락을 받아 행한 것들이었다. 모세는 결코 독재자이거나 자신을 높인 교만한 사람이 아니었다. 성경은 그를 온유한 자라고 증거하였고(민 12:3) 하나님께서는 그를 충성된 자라고 인정하셨다(민 12:7-8).

〔4-11절〕 모세가 듣고 엎드렸다가 고라와 그 모든 무리에게 말하여 가로되 아침에 여호와께서 자기에게 속한 자가 누구인지, 거룩한 자가 누구인지 보이시고 그 자를 자기에게 가까이 나아오게 하시되 곧 그가 택하신 자를 자기에게 가까이 나아오게 하시리니 이렇게 하라. 너 고라와 너의 모든 무리는 향로를 취하고 내일 여호와 앞에서 그 향로에 불을 담고 그 위에 향을 두라. 그때에 여호와의 택하신 자는 거룩하게 되리라. 레위 자손들아, 너희가 너무 분수에 지나치느니라. 모세가 또 고라에게 이르되 너희 레위 자손들아, 들으라. 이스라엘의 하나님이[께서] 이스라엘 회중에서 너희를 구별하여 자기에게 가까이 하게 하사 여호와의 성막에서 봉사하게 하시며 회중 앞에 서서 그들을 대신하여 섬기게 하심이 너희에게 작은 일이겠느냐? 하나님이[께서] 너와 네 모든 형제 레위 자손으로 너와 함께 가까이 오게 하신 것이 작은 일이 아니어늘 너희가 오히려 제사장의 직분을 구하느냐? 이를 위하여 너와 너의 무리가 다 모여서 여호와를 거스리는[대적하는]도다. 아론은 어떠한 사람이관대 너희가 그를 원망하느냐[대적해 불평하느냐]?

고라의 대적하는 말을 들은 모세는 하나님 앞에 엎드렸다. 모세는 어려운 문제가 있을 때마다 하나님 앞에 엎드려 기도했다. 레위 자손 고라만 모세와 아론을 대적하는 마음을 가진 것이 아니었다. 고라는 반역적인 레위 자손들의 대표였다. 그러나 그들의 불평과 대적은 단지 인간 모세나 아론에게 한 것이 아니었고, 그들을 세우신 하나님께 한 것이었다. 그들은 하나님을 대적하고 있었다.

〔12-14절〕모세가 엘리압의 아들 다단과 아비람을 부르러 보내었더니 그들이 가로되 우리는 올라가지 않겠노라. 네가 우리를 젖과 꿀이 흐르는 땅에서 이끌어 내어 광야에서 죽이려 함이 어찌 작은 일이기에 오히려 스스로 우리 위에 왕이 되려 하느냐? 이뿐 아니라 네가 우리를 젖과 꿀이 흐르는 땅으로 인도하여 들이지도 아니하고 밭도 포도원도 우리에게 기업으로 주지 아니하니 네가 이 사람들의 눈을 빼려느냐? 우리는 올라가지 아니하겠노라.

다단과 아비람의 생각은 너무 달랐다. 그들은 애굽 땅을 젖과 꿀이 흐르는 땅이라고 말하며 모세와 아론이 그들을 광야에서 죽게 하려고 애굽에서 인도하여 내었다고 말하며 모세와 아론이 그들 위에 왕이 되려 한다고 말했다. 그것은 심한 불신앙과 사실 왜곡이었다. 그들은 실상 애굽에서 심한 학대를 당하고 고생을 하고 있었을 때 하나님께 탄식하며 부르짖었고(출 2:23) 하나님께서 모세를 보내어 그들을 애굽에서 이끌어내시게 된 것이었다. 모세는 그들의 왕이 되려 하지 않았고 더욱이 그들의 눈을 빼려 한 악한 종이 아니었다.

〔15-19절〕모세가 심히 노하여 여호와께 여짜오되 주는 그들의 예물을 돌아보지 마옵소서. 나는 그들의 한 나귀도 취하지 아니하였고 그들의 한 사람도 해하지 아니하였나이다 하고 이에 고라에게 이르되 너와 너의 온 무리는 아론과 함께 내일 여호와 앞으로 나아오되 너희는 각기 향로를 잡고 그 위에 향을 두고 각 사람이 그 향로를 여호와 앞으로 가져오라. 향로는 모두 250이라. 너와 아론도 각각 향로를 가지고 올지니라. 그들이 각기 향로를 취하여 불을 담고 향을 그 위에 두고 모세와 아론으로 더불어 회막문에 서니라. 고라가 온 회중을 회막문에 모아 놓고 그 두 사람을 대적하려 하매 여호와의 영광이 온 회중에게 나타나시니라.

모세는 심히 노하여 여호와께 말하였다. "나는 그들의 한 나귀도 취하지 아니하였고 그들의 한 사람도 해하지 아니하였나이다." 모세는 물질적인 것을 구하기 위해 이스라엘의 지도자가 된 것이 아니었다. 고라는 온 회중을 회막문에 모아 놓고 그 두 사람을 대적하려 하였으나, 그때 여호와의 영광이 온 회중에게 나타났다.

〔20-35절〕 여호와께서 모세와 아론에게 일러 가라사대 너희는 이 회중에게서 떠나라, 내가 순식간에 그들을 멸하려 하노라. 그 두 사람이 엎드려 가로되 하나님이여, 모든 육체의 생명(루코스 רוּחָת)[영들]의 하나님이여, 한 사람이 범죄하였거늘 온 회중에게 진노하시나이까? 여호와께서 모세에게 일러 가라사대 회중에게 명하여 이르기를 너희는 고라와 다단과 아비람의 장막 사면에서 떠나라 하라. 모세가 일어나 다단과 아비람에게로 가니 이스라엘 장로들이 좇았더라. 모세가 회중에게 일러 가로되 이 악인들의 장막에서 떠나고 그들의 물건은 아무것도 만지지 말라. 그들의 모든 죄 중에서 너희도 멸망할까 두려워 하노라 하매 무리가 고라와 다단과 아비람의 장막 사면을 떠나고 다단과 아비람은 그 처자와 유아들과 함께 나와서 자기 장막문에 선지라. 모세가 가로되 여호와께서 나를 보내사 이 모든 일을 행케 하신 것이요 나의 임의로 함이 아닌 줄을 이 일로 인하여 알리라. 곧 이 사람들의 죽음이 모든 사람과 일반이요 그들의 당하는 벌이 모든 사람의 당하는 벌과 일반이면 여호와께서 나를 보내심이 아니어니와 만일 여호와께서 새 일을 행하사 땅으로 입을 열어 이 사람들과 그들의 모든 소속을 삼켜 산 채로 음부[무덤, 구덩이(KJV)]에 빠지게 하시면 이 사람들이 과연 여호와를 멸시한 것인 줄을 너희가 알리라. 이 모든 말을 마치는 동시에 그들의 밑의 땅이 갈라지니라. 땅이 그 입을 열어 그들과 그 가족과 고라에게 속한 모든 사람과 그 물건을 삼키매 그들과 그 모든 소속이 산 채로 음부[무덤, 구덩이]에 빠지며 땅이 그 위에 합하니 그들이 총회 중에서 망하니라. 그 주위에 있는 온 이스라엘이 그들의 부르짖음을 듣고 도망하며 가로되 땅이 우리도 삼킬까 두렵다 하였고 여호와께로서 불이 나와서 분향하는 250인을 소멸하였더라.

여호와께서는 모세와 아론에게 "너희는 이 회중에게서 떠나라. 내가 순식간에 그들을 멸하려 하노라"고 말씀하셨으나, 그 두 사람은 엎드려 말씀드렸다. "한 사람이 범죄하였거늘 온 회중에게 진노하시나이까?" 모세는 일어나 다단과 아비람에게 갔고 이스라엘 장로들이 그를 따랐다. 모세는 하나님의 뜻을 전했고 그가 말을 마치는 동시에 그들의 밑의 땅이 갈라졌다. 땅은 입을 열어 그들과 그 가족과 고라에게 속한 모든 사람과 그 물건을 삼켰다. 또 여호와께로서 불이 나와서 분향하는 250인을 태웠다.

〔36-40절〕 여호와께서 모세에게 일러 가라사대 너는 제사장 아론의 아들 엘르아살을 명하여 붙는 불 가운데서 향로를 취하여다가 그 불을 타처에 쏟으라. 그 향로는 거룩함이니라. 사람들은 범죄하여 그 생명을 스스로 해하였거니와 그들이 향로를 여호와 앞에 드렸으므로 그 향로가 거룩하게 되었나니 그 향로를 쳐서 제단을 싸는 편철[철판]을 만들라. 이스라엘 자손에게 표가 되리라 하신지라. 제사장 엘르아살이 불탄 자들의 드렸던 놋 향로를 취하여 쳐서 제단을 싸서 이스라엘 자손의 기념물이 되게 하였으니 이는 아론 자손이 아닌 외인은 여호와 앞에 분향하러 가까이 오지 못하게 함이며 또 고라와 그 무리와 같이 되지 않게 하기 위함이라. 여호와께서 모세로 그에게 명하신 대로 하였더라.

하나님께서는 250인의 향로를 쳐서 번제단을 싸는 철판을 만들게 하셨다. 제사장 엘르아살은 불탄 자들의 드렸던 놋향로를 취해 쳐서 제단을 싸서 이스라엘 자손의 기념물이 되게 했다. 이것은 아론 자손이 아닌 외인은 여호와 앞에 분향하러 가까이 오지 못하게 하며 또 고라와 그 무리와 같이 되지 않게 하기 위함이었다.

〔41-50절〕 이튿날 이스라엘 자손의 온 회중이 모세와 아론을 원망하여 [아론에게 불평하며] 가로되 너희가 여호와의 백성을 죽였도다 하고 회중이 모여 모세와 아론을 칠 때에[대적할 때에] 회막을 바라본즉 구름이 회막을 덮었고 여호와의 영광이 나타났더라. 모세와 아론이 회막 앞에 이르매 여호와께서 모세에게 일러 가라사대 너희는 이 회중에게서 떠나라. 내가 순식간에 그들을 멸하려 하노라 하시매 그 두 사람이 엎드리니라. 이에 모세가 아론에게 이르되 너는 향로를 취하고 단의 불을 그것에 담고 그 위에 향을 두어가지고 급히 회중에게로 가서 그들을 위하여 속죄하라. 여호와께서 진노하셨으므로 염병[전염병]이 시작되었음이니라. 아론이 모세의 명을 좇아 향로를 가지고 회중에게로 달려간즉 백성 중에 염병[전염병]이 시작되었는지라. 이에 백성을 위하여 속죄하고 죽은 자와 산 자 사이에 섰을 때에 염병[전염병]이 그치니라. 고라의 일로 죽은 자 외에 염병에 죽은 자가 14,700

명이었더라. 염병이 그치매 아론이 회막문 모세에게로 돌아오니라.

이스라엘 백성들도 모세와 아론에게 불평하며 "너희가 여호와의 백성을 죽였도다"라고 말했다. 향로로 향을 사르게 한 것은 일차적으로 속죄의 뜻이 있고 또한 간절한 기도를 상징하는 것 같다. 고라의 일로 죽은 자들 외에, 전염병에 죽은 자가 14,700명이었다.

본장의 교훈을 정리해보자. 첫째로, 고라와 그 동료들은 교만하였다. 그들은 모세와 아론을 대적하며 그들이 분수에 지나며 여호와의 총회 위에 스스로를 높인다고 말하였다. 그들은 이스라엘 백성을 애굽에서 이끌어내셔서 가나안 땅으로 인도하시는 하나님의 뜻을 알지 못했다. 실상, 그들은 분수에 지나쳤고(7절) 하나님을 대항하였다(11절). 우리는 우리 자신의 분수를 지키고 교만한 반역자가 되지 말아야 한다.

둘째로, 고라 일당의 반역이 있을 때 하나님께서는 이스라엘 백성을 간섭하셨다. 하나님께서는 비상한 때에 비상하게 간섭하신다. 여호와의 영광이 온 회중에게 나타났다(19, 42절). 하나님께서는 다단과 아비람의 장막 앞에서 땅이 갈라져 그들과 그 처자들과 유아들이 산 채로 땅 속에 삼키게 하셨다(31-34절). 또 여호와께로서 불이 나와서 분향하는 250인은 타죽었다(35절). 또 모세와 아론을 대적하며 불평하던 자들 가운데 14,700명이 전염병으로 죽었다(46-49절). 여호와 하나님께서는 살아계신다. 우리는 우리의 삶 속에서 하나님의 간섭하심을 믿어야 한다.

셋째로, 모세는 어려운 일을 당할 때마다 엎드려 기도했다. 고라가 다단과 아비람과 온과 유명한 족장 250명과 함께 모세와 아론을 대적했을 때 모세는 그 말을 듣고 엎드렸다(4절). 하나님께서 순식간에 그들을 멸하겠다고 두 번 말씀하셨을 때도 모세와 아론은 하나님 앞에 엎드렸다(22, 45절). 모세는 바른 판단력이 있었고(7, 11, 26절) 자신이 그들의 한 나귀도 취하지 않았다고 말했고(15절) 하나님께서 온 회중을 멸하시는 것을 막았다(22절). 기도는 어려운 문제들에 대한 최선의 대책이다.

17장: 아론의 싹난 지팡이

〔1-7절〕 여호와께서 모세에게 일러 가라사대 너는 이스라엘 자손에게 고하여 그들 중에서 각 종족을 따라 지팡이 하나씩 취하되 곧 그들의 종족대로 그 모든 족장에게서 지팡이 열둘을 취하고 그 사람들의 이름을 각각 그 지팡이에 쓰되 레위의 지팡이에는 아론의 이름을 쓰라. 이는 그들의 종족의 각 두령이 지팡이 하나씩 있어야 할 것임이니라. 그 지팡이를 회막 안에서 내가 너희와 만나는 곳인 증거궤 앞에 두라. 내가 택한 자의 지팡이에는 싹이 나리니 이것으로 이스라엘 자손이 너희를 대하여 원망[불평]하는 말을 내 앞에서 그치게 하리라. 모세가 이스라엘 자손에게 고하매 그 족장들이 각기 종족대로 지팡이 하나씩 그에게 주었으니 그 지팡이 합이 열둘이라. 그 중에 아론의 지팡이가 있었더라. 모세가 그 지팡이들을 증거의 장막 안 여호와 앞에 두었더라.

여호와께서는 모세에게 말씀하시기를, 이스라엘 모든 족장에게서 지팡이 열둘을 취하고 그 사람들의 이름을 각각 그 지팡이에 쓰되 레위의 지팡이에는 아론의 이름을 쓰게 하고, 그 지팡이를 회막 안에서 하나님께서 그들과 만나는 곳인 증거궤 앞에 두라고 하시고, 그러면 하나님께서 택하신 자의 지팡이에 싹이 날 것이며 이것으로 이스라엘 자손이 그들에 대해 불평하는 말을 하나님 앞에서 그치게 하겠다고 하셨다. 모세는 이스라엘 자손에게 말했고 그 족장들은 각기 종족대로 지팡이를 하나씩 그에게 주었다. 그 지팡이는 모두 열둘이었다. 그 중에 아론의 지팡이가 있었다. 요셉의 두 아들 므낫세와 에브라임은 한 족속과 지파로 간주되었다(아마 므낫세 지파가 대표). 모세는 그 열두 개의 지팡이들을 증거의 장막 곧 회막 안에 하나님께서 이스라엘 백성과 만나시는 곳인 증거궤 앞, 곧 여호와 앞에 두었다.

〔8-11절〕 이튿날 모세가 증거의 장막에 들어가 본즉 레위 집을 위하여 낸 아론의 지팡이에 움이 돋고 순이 나고 꽃이 피어서 살구 열매(almond, 편도)가 열렸더라. 모세가 그 지팡이 전부를 여호와 앞에서 이스라엘 모든

자손에게로 취하여 내매 그들이 보고 각각 자기 지팡이를 취하였더라. 여호와께서 또 모세에게 이르시되 아론의 지팡이는 증거궤 앞으로 도로 가져다가 거기 간직하여 패역한 자에 대한 표징이 되게 하여 그들로 내게 대한 원망[불평]을 그치고 죽지 않게 할지니라. 모세가 곧 그 같이 하되 여호와께서 자기에게 명하신 대로 하였더라.

이튿날 모세가 증거막에 들어가 보니 놀랍게도 레위 집을 위하여 낸 아론의 지팡이에 움이 돋고 순이 나고 꽃이 피어서 살구 열매(편도)가 열렸다. 하룻밤 사이에 일어난 기적이었다. 그것은 이성과 상식을 넘어선 일이었다. 모세는 그 지팡이들 전부를 여호와 앞에서 이스라엘 모든 자손에게로 취하여 내었다. 이스라엘 모든 자손들은 그것들을 보았고 각 지파 대표들은 각각 자기 지팡이를 취하였다. 이스라엘 모든 자손들과 각 지파 대표들은 이 기적에 대한 증인들이었다.

여호와께서는 또 모세에게 "아론의 지팡이는 증거궤 앞으로 도로 가져다가 거기 간직하여 패역한 자들에 대한 표징이 되게 하여 그들로 내게 대한 불평을 그치고 죽지 않게 할지니라"고 말씀하셨다. 백성의 지도자에 대한 불평은 하나님께 대한 불평으로 간주되었다.

〔12-13절〕이스라엘 자손이 모세에게 말하여 가로되 보소서, 우리는 죽게 되었나이다. 망하게 되었나이다. 다 망하게 되었나이다. 가까이 나아가는 자 곧 여호와의 성막에 가까이 나아가는 자마다 다 죽사오니 우리가 다 망하여야 하리이까?

이스라엘 자손은 모세에게 자기들이 다 죽게 되었다고 말했다.

본장의 교훈을 정리해보자. 첫째로, 하나님께서는 증거궤 앞 속죄소에서 이스라엘 백성과 만나셨다(4절). 출애굽기 25:22, "거기서 내가 너와 만나고 속죄소 위 곧 증거궤 위에 있는 두 그룹 사이에서 내가 이스라엘 자손을 위하여 네게 명할 모든 일을 네게 이르리라." 구약시대의 성막과 성전에서 속죄소는 예수 그리스도의 십자가 대속 사역을 상징했다. 예수 그리스도께서는 하나님과 사람 사이에 유일한 중보자이시다. 오늘날 우리는 예수 그리스도 안에서 하나님을 만나며 구원의 은혜를 받고 하나님과 교제하며 동행하고 그의 도우심과 돌보심을 얻는다.

둘째로, 아론의 지팡이는 움이 돋고 순이 나고 꽃이 피어 살구 열매(아몬드 almond, 편도)가 열렸다. 그것은 사람의 이성으로는 이해할 수 없는 일이다. 그것은 기적이었다. 하룻밤 사이에 기적이 일어났다. 그것은 자연법칙과 사람의 이성과 상식으로는 불가능한 일이었다. 그러나 하나님께는 모든 일이 가능하다. 하나님의 기적들이 다 그러했다. 기적은 하나님의 능력의 일이다. 하나님께서는 전능하신 하나님이시며 그가 행하신 기적들은 그가 살아계신 하나님이심을 증거하였다. 우리는 성경에 기록된 기적들을 다 믿고 하나님의 살아계심을 믿어야 한다.

셋째로, 하나님께서 이스라엘의 열두 지파의 족장들의 지팡이들 중에 오직 아론의 지팡이에서만 싹이 나게 하시고 꽃이 피고 열매가 맺히게 하신 것은 이스라엘 백성들로 하여금 하나님께서 세우신 인도자들인 모세와 아론에게 불평하거나 그들을 대적지 말게 하려 하심이었다. 모든 권세는 하나님께서 주신 것이며 교회의 모든 직분과 권위도 하나님께서 주신 것이다. 하나님께서 세우신 지도자 모세를 향해 불평한 것은 하나님께 불평한 것이었다(10절). 민수기 14:11, "여호와께서 모세에게 이르시되 이 백성이 어느 때까지 나를 멸시하겠느냐? 내가 그들 중에 모든 이적을 행한 것도 생각하지 아니하고 어느 때까지 나를 믿지 않겠느냐?" 우리는 신약교회 안에서도 그러해야 한다. 히브리서 13:17은 "너희를 인도하는 자들에게 순종하고 복종하라. 저희는 너희 영혼을 위하여 경성하기를 자기가 회계할 자인 것같이 하느니라. 저희로 하여금 즐거움으로 이것을 하게 하고 근심으로 하게 말라. 그렇지 않으면 너희에게 유익이 없느니라"고 말하였다. 우리는 교회에서 무슨 일이든지 목사나 장로들에게 정당하게 질문하고 건의할 수 있으나, 사사건건 불평하지 말아야 하고 특히 무질서와 혼란을 가져오는 자가 되지 말아야 하고 하나님께서 세우신 인도자들에게 겸손히 복종해야 한다.

18장: 레위 지파의 직무와 보수

〔1-7절〕 여호와께서 아론에게 이르시되 너와 [너와 함께](이타크 אִתְּךָ) (KJV, NASB) 네 아들들과 네 종족은 성소에 대한 죄를 함께 담당할 것이요 너와 [너와 함께] 네 아들들은 너희가 그 제사장 직분에 대한 죄를 함께 담당할 것이니라. 너는 네 형제 레위 지파 곧 네 조상의 지파를 데려다가 너와 합동시켜 너를 섬기게 하고 너와 [너와 함께] 네 아들들은 증거의 장막 앞에 있을 것이니라. 레위인은 네 직무와 장막의 모든 직무를 지키려니와 성소의 기구와 단에는 가까이 못하리니 두렵건대 그들과 너희가 죽을까 하노라. 레위인은 너와 합동하여 장막의 모든 일과 회막의 직무를 지킬 것이요 외인은 너희에게 가까이 못할 것이니라. 이와 같이 너희는 성소의 직무와 단의 직무를 지키라. 그리하면 여호와의 진노가 다시는 이스라엘 자손에게 미치지 아니하리라. 보라, 내가 이스라엘 자손 중에서 너희 형제 레위인을 취하여 내게 돌리고 너희에게 선물로 주어 회막의 일을 하게 하였나니 너와 [너와 함께] 네 아들들은 단(壇)[번제단]과 장(帳)[휘장] 안의 모든 일에 대하여 제사장의 직분을 지켜 섬기라. 내가 제사장의 직분을 너희에게 선물로 주었은즉 거기 가까이 하는 외인은 죽이울지니라.

1절에 '성소에 대한 죄'란 이스라엘 백성이 성소에 대해 범하는 죄를 뜻하며 제사장들은 그 죄에 대해 책임이 있다. '제사장 직분에 대한 죄'란 제사장이 그 직무를 수행하다가 실수로 범한 죄를 가리킨다.

하나님께서는 레위인들을 제사장들에게 주셔서 그들을 섬기게 하셨다. 그러나 그들의 직무에는 제한이 있었다. 그들이 성소의 기구들과 단에는 가까이 못하였다. 이와 같이, 제사장들과 레위인들은 성막 봉사의 일들을 행하였고 외인들이 가까이 못하였다.

하나님께서는 제사장들이 성소의 직무와 단의 직무를 지키게 하심으로써 하나님의 진노가 백성에게 미치지 않게 하셨다. 제사장들은 레위인들을 수종자로 삼아 하나님의 일들을 행할 것이다. 레위인들 외에는 아무도 성소에 가까이 하지 못하게 하셨다. 이와 같이, 거룩하신 하나님께서는 하나님과 이스라엘 백성 사이에 제사장들을 중보자로 세우셨고 이스라엘 백성이 제사장들을 통해 하나님께 나아가고 하나님을 섬길 수 있게 하셨다. 제사장은 예수 그리스도를 예표했다.

〔8-20절〕 여호와께서 또 아론에게 이르시되 보라, 내가 내 거제물(擧祭物, 테루못 הרוּמֹת)['드는 제물들 heave offerings'(KJV) 혹은 '제물들'(NASB)] 곧 이스라엘 자손의 거룩하게 한 모든 예물을 너로 주관하게 하고 네가 기름 부음을 받았음을 인하여 그것을 너와 네 아들들에게 영영한 응식(應食)[몫]으로 주노라. 지성물(至聖物) 중에 불사르지 않은 것은 네 것이라. 그들이 내게 드리는 모든 예물의 모든 소제[곡식제물]와 속죄제와 속건제물은 다 지극히 거룩한즉 너와 네 아들들에게 돌리리니 지극히 거룩하게 여김으로 먹으라. 이는 네게 성물(聖物)인즉 남자들이 다 먹을지니라. 내게 돌릴 것이 이것이니 곧 이스라엘 자손의 드리는 거제물(擧祭物)과 모든 요제물(테누폿 הנוּפֹת)[흔드는 제물 wave offerings]이라. 내가 그것을 너와 [너와 함께] 네 자녀에게 영영한 응식(應食)[몫]으로 주었은즉 네 집의 정결한 자마다 먹을 것이니라. 그들이 여호와께 드리는 첫 소산 곧 제일 좋은(켈렙 חֵלֶב) 기름과 제일 좋은 포도주와 곡식을 네게 주었은즉 그들이 여호와께 드리는 그 땅 처음 익은 모든 열매는 네 것이니 네 집에 정결한 자마다 먹을 것이라. 이스라엘 중에서 특별히 드린(케렘 חֵרֶם)[devoted] 모든 것은 네 것이 되리라. 여호와께 드리는 모든 생물의 처음 나는 것은 사람이나 짐승이나 다 네 것이로되 사람의 처음 난 것은 반드시 대속(代贖)할 것이요 부정한 짐승의 처음 난 것도 대속할 것이며 그 사람을 속(贖)할 때에는 난지 1개월 이후에 네가 정한 대로 성소의 세겔을 따라 은 다섯 세겔로 속(贖)하라. 한 세겔은 20게라니라. 오직 소의 처음 난 것이나 양의 처음 난 것이나 염소의 처음 난 것은 속하지 말지니 그것들은 거룩한즉 그 피는 단에 뿌리고 그 기름은 불살라 여호와께 향기로운(레레아크 니코아크 לְרֵיחַ נִיחֹחַ) [유화(宥和)의 향기를 위해] 화제로 드릴 것이며 그 고기는 네게 돌릴지니 흔든 가슴과 우편 [앞]넓적다리같이 네게 돌릴 것이니라. 이스라엘 자손이 여호와께 거제(擧祭)로 드리는 모든 성물(聖物)은 내가 영영한 응식(應食)[몫]으로 너와 [너와 함께] 네 자녀에게 주노니 이는 여호와 앞에 너와 [너와 함께] 네 후손에게 변하지 않는 소금 언약이니라. 여호와께서 또 아론에게 이

르시되 너는 이스라엘 자손의 땅의 기업도 없겠고 그들 중에 아무 분깃도
없을 것이나 나는 이스라엘 자손 중에 네 분깃이요 네 기업이니라.

하나님께서는 제사장들에게 이스라엘 백성이 하나님께 드린 모든
제물들과 예물들을 관할하게 하셨고 그것들을 그들에게 영원한 응식
(應食)[몫]으로 주셨다. 그러므로 제사장들은 이스라엘 백성이 하나
님께 바친 모든 곡식제물, 속죄제물, 속건제물, 또 모든 소산들의 첫
열매들, 즉 가장 좋은 기름과 가장 좋은 포도주와 가장 좋은 곡식을
자신들의 소유로 얻었고 그 거룩한 제물을 먹기에 합당치 않은 죄를
범하지 않은 모든 제사장들의 가족들이 그것들을 먹었다.

제사장들은 또 이스라엘 백성이 하나님께 드린 가축의 첫 새끼들
도 취할 것이다. 사람의 맏아들이나 부정한 짐승의 첫 새끼는 값을
쳐서 돈으로 대속(代贖)할 것이며, 정결한 짐승은 제물로 드려 그 피
를 단에 뿌리고 그 기름을 불사르고 그 고기는 제사장들이 먹을 것이
다. 이스라엘 백성이 하나님께 바친 모든 성물은 제사장들의 소유가
될 것이다. 그것은 그들이 땅에서 분깃이나 기업이 없고 하나님께서
그들의 분깃과 기업이 되시기 때문에 주신 것이었다.

**〔21-24절〕내가 이스라엘의 십일조(마아세르 מַעֲשֵׂר)[10분의 1]를 레위
자손에게 기업으로 다 주어서 그들의 하는 일 곧 회막에서 하는 일을 갚나
니 이 후로는 이스라엘 자손이 회막에 가까이 말 것이라. 죄를 당하여 죽을
까 하노라. 오직 레위인은 회막에서 봉사하며 자기들의 죄를 담당할 것이요
이스라엘 자손 중에는 기업이 없을 것이니 이는 너희의 대대에 영원한 율례
라. 이스라엘 자손이 여호와께 거제(擧祭)로 드리는 십일조를 레위인에게
기업으로 준 고로 내가 그들에 대하여 말하기를 이스라엘 자손 중에 기업이
없을 것이라 하였노라.**

하나님께서는 레위인들에 대해서도 말씀하셨다. 그들은 제사장들
을 도와 회막 일을 하는 자들이었고 땅에서 기업을 얻지 못하는 자들
이기 때문에, 하나님께서는 이스라엘 백성의 십일조를 그들에게 기업
으로 주셨다. 그것은 그들의 회막 봉사의 일에 대한 보수(報酬)이었

다. 그 대신, 그들은 세속적인 일을 하지 않았고 오직 성막 봉사의 일에만 전념하여야 했다. 일반 사람들이 회막에 가까이 하면 죄가 되어 죽을 것이었으므로, 오직 레위인들이 회막의 일을 해야 하였다.

〔25-32절〕여호와께서 모세에게 일러 가라사대 너는 레위인에게 고하여 그에게 이르라. 내가 이스라엘 자손에게 취하여 너희에게 기업으로 준 **십일조를 너희가 그들에게서 취할 때에 그 십일조의 십일조를 거제(擧祭)로 여호와께 드릴 것이라.** 내가 너희의 거제물을 타작 마당에서 받드는 곡물과 포도즙 틀에서 받드는 즙같이 여기리니 너희는 이스라엘 자손에게서 받는 모든 것의 십일조 중에서 여호와께 거제(擧祭)로 드리고 여호와께 드린 그 거제물은 제사장 아론에게로 돌리되 너희의 받은 모든 예물 중에서 너희는 그 아름다운 것(켈렙 בֶ֫לֶח)[가장 좋은 것](KJV, NASB) 곧 거룩하게 한 부분(the sanctified part)을 취하여 여호와께 거제로 드릴지니라. 이러므로 너는 그들에게 이르라. 너희가 그 중에서 아름다운 것[가장 좋은 것]을 취하여 드리고 남은 것은 너희 레위인에게는 타작 마당의 소출과 포도즙 틀의 소출같이 되리니 너희와 너희 권속이 어디서든지 이것을 먹을 수 있음은 이는 회막에서 일한 너희의 보수(報酬)임이니라. 너희가 그 중 아름다운 것[가장 좋은 것]을 받들어 드린즉 이로 인하여 죄를 지지 아니할 것이라. 너희는 이스라엘 자손의 성물을 더럽히지 말라. 그리하면 죽지 아니하리라.

레위인들은 이스라엘 백성이 하나님께서 드린 십일조를 취하되 그 중에서 십일조, 즉 십일조의 십일조를 구별하여 하나님께 드리며 그것을 제사장들에게 줄 것이다. 그들이 구별할 십일조는 모든 예물 중에서 '그 아름다운 것' 곧 '가장 좋은 것'이다. 왜냐하면 그것은 하나님께 바쳐지는 것이기 때문이다. 이스라엘 백성이 하나님께 십일조를 드릴 때도 가장 좋은 것을 구별하여야 하겠지만, 그 중에서도 가장 좋은 것을 구별하여 하나님께 드리며 그 가장 좋은 것을 제사장들에게 드려야 하였다. 이것이 하나님의 규례이었다.

본장의 교훈을 정리해보자. 첫째로, 아론은 예수 그리스도의 예표이었다. 예수 그리스도께서는 우리의 대제사장으로 오셨다. 그는 거룩하신 하나님과 죄인들 사이에 유일한 중보자가 되셨다(딤전 2:5). 히브리서 4:14, 16, "그러므로 우리에게 큰 대제사장이 있으니 승천하신 자 곧 하나님 아들 예수시라," "그러므로 우리가 긍휼하심을 받고 때를 따라 돕는 은혜를 얻기 위하여 은혜의 보좌 앞에 담대히 나아갈 것이니라." 히브리서 10:19, "우리가 예수님의 피를 힘입어 성소에 들어갈 담력을 얻었나니." 신약성도들은 왕 같은 제사장들이며(벧전 2:9) 예수 그리스도의 이름으로 찬송하고 기도하며 선을 행한다(히 13:15-16).

둘째로, 이스라엘 백성은 그들의 소득의 십일조를 레위 자손들에게 주었고 레위 자손들은 그들이 받은 십일조의 십일조, 즉 '그 가장 좋은 것'을 하나님께 드리며 그것을 아론에게 주었다. 아론은 예수 그리스도를 예표했다. 우리는 하나님께 가장 귀한 것을 드려야 한다. 신명기 6:5, "너는 마음을 다하고 성품을 다하고 힘을 다하여 네 하나님 여호와를 사랑하라." 로마서 12:1, "너희 몸을 하나님께서 기뻐하시는 거룩한 산 제사로 드리라." 고린도후서 5:15, "저가 모든 사람을 대신하여 죽으심은 산 자들로 하여금 다시는 저희 자신을 위하여 살지 않고 오직 저희를 대신하여 죽었다가 다시 사신 자를 위하여 살게 하려 함이니라." 우리는 하나님께 우리의 가장 좋은 것, 가장 귀한 것을 드려야 한다.

셋째로, 구약시대에 레위 자손들과 아론의 아들들 제사장들은 하나님께서 성막 봉사를 위해 구별하신 자들이었다. 그들은 세상에 기업이 없었고 오직 하나님께서 그들의 기업이셨다. 그러므로 주의 백성들이 십일조로 그들을 섬기는 것은 하나님의 뜻이었다. 주께서는 일꾼이 저 먹을것 받는 것이 마땅하다고 말씀하셨고(마 10:10) "너희를 영접하는 자는 나를 영접하는 것"이며(마 10:40) 또 "내 형제 중에 지극히 작은 자 하나에게 한 것이 곧 내게 한 것"이라고 하셨다(마 25:40). 사도 바울은 "가르침을 받는 자는 말씀을 가르치는 자와 모든 좋은 것을 함께 하라"고 말했다(갈 6:6). 성도들은 하나님의 종들 곧 교회의 복음 사역자들을 귀히 여기며 사랑으로 섬기며 그들의 물질적 필요를 공급해야 한다.

19장: 부정(不淨) 제거의 물

〔1-6절〕여호와께서 모세와 아론에게 일러 가라사대 여호와의 명하는 법의 율례를 이제 이르노니 이스라엘 자손에게 일러서 온전하여 흠이 없고 아직 멍에 메지 아니한 붉은 암송아지를 네게로 끌어오게 하고 너는 그것을 제사장 엘르아살에게 줄 것이요 그는 그것을 진 밖으로 끌어내어서 자기 목전에서 잡게[죽이게] 할 것이며 제사장 엘르아살은 손가락에 그 피를 찍고 그 피를 회막 앞을 향하여 일곱 번 뿌리고 그 암소를 자기 목전에서 불사르게 하되 그 가죽과 고기와 피와 똥을 불사르게 하고 동시에 제사장은 백향목과 우슬초와 홍색실을 취하여 암송아지를 사르는 불 가운데 던질 것이며.

본장은 부정(不淨)을 제거하는 물에 대한 규례이다. 여호와께서는 모세와 아론에게 부정을 제거하는 물을 만드는 데 쓰일 암송아지를 준비케 하셨다. 그것은 온전하고 흠이 없으며 아직 멍에를 메어본 적이 없는 어린 붉은 암송아지이어야 하였다. 그 송아지는 죄 없으시고 순전하신 예수 그리스도를 예표하였다.

제사장 엘르아살은 그 붉은 암송아지를 진 밖으로 끌어내어 자기 앞에서 죽이게 했다. 그것은 죄의 값이 죽음임을 보인다. 엘르아살은 손가락에 그 피를 찍고 그 피를 회막 앞을 향해(NASB, NIV) 일곱 번 뿌려야 했다. 피는 생명을 상징하며 또 속죄를 상징하였다. 레위기 17:11은, "육체의 생명은 피에 있음이라. 내가 이 피를 너희에게 주어 단에 뿌려 너희의 생명을 위하여 속(贖)하게 하였나니 생명이 피에 있으므로 피가 죄를 속하느니라"고 말한다. 그 피를 회막을 향하여 일곱 번 뿌리는 것은 하나님 앞에서의 완전한 속죄를 상징하였다.

제사장 엘르아살은 그 암소의 가죽과 고기와 피와 똥까지 자기 앞에서 불사르게 해야 했다. 제물을 불사르는 것은 지옥 형벌을 상징하는 것 같다. 죄인은 죄사함을 받지 않으면 장차 영원한 지옥 형벌을 받을 것이다. 또 제사장은 그때 백향목과 우슬초와 홍색실을 취하여 암송아지를 사르는 불 가운데 던져야 했는데, 레위기 14:4에 보면, 이 세 가지는 나병을 정결케 하는 의식에 사용된 것들이다. 백향목은 썩지 않음 곧 영생을, 우슬초는 향기로운 냄새를, 홍색실은 예수 그리스도의 속죄의 피를 각각 상징한 것 같다(매튜 풀). 구약의 모든 제도는 예수 그리스도와 그의 속죄사역을 예표하였다(히 9:9-10).

〔7-10절〕제사장은 그 옷을 빨고 물로 몸을 씻은 후에 진에 들어갈 것이라. 그는 저녁까지 부정(不淨)하리라. 송아지를 불사른 자도 그 옷을 물로 빨고 물로 그 몸을 씻을 것이라. 그도 저녁까지 부정하리라. 이에 정한[깨끗한] 자가 암송아지의 재를 거두어 진 밖 정한[깨끗한] 곳에 둘지니 이것은 이스라엘 자손 회중을 위하여 간직하였다가 부정을 깨끗케 하는 물을 만드는 데 쓸 것이니 곧 속죄제[카타스 חַטָּאת][죄를 정결케 하는 것](BDB, NASB)니라. 암송아지의 재를 거둔 자도 그 옷을 빨 것이며 저녁까지 부정(不淨)하리라. 이는 이스라엘 자손과 그 중에 우거하는 외인에게 영원한 율례니라.

깨끗한 자는 암송아지의 재를 거두어 진 밖 깨끗한 곳에 두어야 하였다. 이것은 이스라엘 자손 회중을 위하여 간직하였다가 부정(不淨)을 깨끗케 하는 물을 만드는 데 쓸 것이며 곧 '죄를 정결케 하는 것'이었다. 부정 제거의 물을 위한 속죄제를 집례한 제사장이나 암송아지를 불사른 자나 그 재를 거둔 자도 다 저녁까지 부정하였다. 그것은 그 제물이 죄를 담당했기 때문일 것이다. 고린도후서 5:21은, "하나님께서 죄를 알지도 못하신 자로 우리를 대신하여 죄를 삼으신 것은 우리로 하여금 저의 안에서 하나님의 의가 되게 하려 하심이니라"고 말한다. 그들은 옷을 빨고 몸을 물로 씻어야 했다.

〔11-13절〕사람의 시체를 만진 자는 7일을 부정(不淨)하리니 그는 제3일과 제7일에 이 잿물로 스스로 정결케 할 것이라. 그리하면 정하려니와 제3일과 제7일에 스스로 정결케 아니하면 그냥 부정하니 누구든지 죽은 사람의 시체를 만지고 스스로 정결케 아니하는 자는 여호와의 성막을 더럽힘이라. 그가 이스라엘에서 끊쳐질 것은 정결케 하는 물을 그에게 뿌리지 아니하므로 깨끗케 되지 못하고 그 부정함이 그저 있음이니라.

부정(不淨) 제거의 물을 사용하는 예는 사람의 시체를 만진 경우이다. 사람의 시체를 만진 자는 7일간 부정할 것이다. 죽음은 죄의 결과이며 그것은 부정(不淨)의 대표적인 예이다. 그러므로 시체를 만진 자는 제3일과 제7일에 이 잿물로 자신을 정결케 하여야 하였다. 누구든지 죽은 사람의 시체를 만지고 자신을 정결케 아니하는 자는 여호와의 성막을 더럽히는 것이었고, 그는 이스라엘의 총회에서 끊어질 것이다. 왜냐하면 그가 정결케 하는 물을 뿌리지 아니하므로 깨끗케 되지 못하고 그 부정함이 그대로 있기 때문이다. 총회에서 끊어지는 것은 사형이나 제명 출교를 의미할 것이다.

부정 제거의 물은 예수 그리스도의 대속의 피를 상징한다. 그 피가 우리의 모든 죄와 불결을 깨끗케 할 것이다. 제3일은 예수 그리스도의 부활을 상징하는 것 같고, 제7일은 영원한 안식 곧 천국에 들어가는 날을 상징하는 것 같다(매튜 풀). 예수 그리스도의 부활로 우리의 죄씻음과 의롭다 하심은 확증되었고, 장차 죄성이 없는 완전한 인격으로 천국에서 영원히 살게 될 것이다.

이와 같이, 정결 문제는 아주 중요했다. 그것은 죄와 죽음의 문제의 해결이기 때문이다. 죄는 불결을 가져오고 죽음을 가져온다. 그러나 우리는 예수 그리스도의 피로 죄씻음을 받았고 하나님을 섬기는 자가 되었다. 히브리서 9:13-14는, "염소와 황소의 피와 및 암송아지의 재로 부정한 자에게 뿌려 그 육체를 정결케 하여 거룩케 하거든 하물며 영원하신 성령으로 말미암아 흠 없는 자기를 하나님께 드린 그리스도의 피가 어찌 너희 양심으로 죽은 행실에서 깨끗하게 하고 살아 계신 하나님을 섬기게 못하겠느뇨?"라고 말한다.

〔14-19절〕 장막에서 사람이 죽을 때의 법은 이러하니 무릇 그 장막에 들어가는 자와 무릇 그 장막에 있는 자가 7일 동안 부정(不淨)할 것이며 무릇 뚜껑을 열어 놓고 덮지 아니한 그릇도 부정하니라. 누구든지 들에서 칼에 죽이운 자나 시체나 사람의 뼈나 무덤을 만졌으면 7일 동안 부정하리

니 그 부정한 자를 위하여 죄를 깨끗하게 하려고 불사른 재를 취하여 흐르
는 물과 함께 그릇에 담고 정(淨)한[깨끗한] 자가 우슬초를 취하여 그 물을
찍어서 장막과 그 모든 기구와 거기 있는 사람들에게 뿌리고 또 뼈나 죽임
을 당한 자나 시체나 무덤을 만진 자에게 뿌리되 그 정(淨)한[깨끗한] 자가
제3일과 제7일에 그 부정한 자에게 뿌려서 제7일에 그를 정결케 할 것이며
그는 자기 옷을 빨고 물로 몸을 씻을 것이라. 저녁이면 정하리라.

　장막에서 사람이 죽었을 때의 법이다. 장막에서 사람이 죽으면, 그
장막에 들어가는 모든 사람과 그 장막에 있는 모든 사람이 7일 동안
부정할 것이며, 뚜껑을 열어 놓고 덮지 않은 모든 그릇도 부정할 것
이다. 또 누구든지 들에서 칼에 죽임 당한 자나 시체나 사람의 뼈나
무덤을 만졌으면 7일 동안 부정할 것이다. 그 부정한 자를 위해 죄를
깨끗케 하려고 불사른 재를 취해 흐르는 물과 함께 그릇에 담고 깨끗
한 자가 우슬초를 취하여 그 물을 찍어서 장막과 그 모든 기구와 거
기 있는 사람들에게 뿌리고 또 뼈나 죽임 당한 자나 시체나 무덤을
만진 자에게 뿌리되 깨끗한 자가 제3일과 제7일에 그 부정한 자에게
뿌려서 제7일에 그를 정결케 해야 하였다.

　〔20-22절〕 사람이 부정(不淨)하고도 스스로 정결케 아니하면 여호와의
성소를 더럽힘이니 그러므로 총회 중에서 끊쳐질 것이니라. 그는 정결케 하
는 물로 뿌리움을 받지 아니하였은즉 부정(不淨)하니라. 이는 그들의 영영
한 율례니라. 정결케 하는 물을 뿌린 자는 그 옷을 빨 것이며 정결케 하는
물을 만지는 자는 저녁까지 부정할 것이며 부정한 자가 만진 것은 무엇이든
지 부정할 것이며 그것을 만지는 자도 저녁까지 부정하리라.

　하나님께서는, 13절에서와 같이, 또 말씀하시기를, 사람이 부정(不
淨)하고도 스스로 정결케 하지 않으면 여호와의 성소를 더럽히는 것
이기 때문에 그는 총회 중에서 끊어질 것이라고 하셨다.

　본장의 교훈을 정리해보자. 첫째로, 부정(不淨)과 불결은 제거되어야
한다. 죄는 씻음 받아야 한다. 사람에게 있어서 가장 중요한 문제는 죄

문제이다. 죄의 결과가 죽음이며 불행이다. 천국과 세상의 근본적 차이는 천국에는 죄가 없다는 데 있다. 천국에는 죄가 없기 때문에 죽음도 없고 병과 슬픔과 고통도 없다. 죄는 내버려두면 사람을 불행에 떨어뜨린다. 그러므로 죄와 불결은 반드시 제거되어야 하고 씻음 받아야 한다.

둘째로, 부정 제거의 물을 만들기 위해 흠 없는 암송아지를 제물로 삼아 그것을 진 밖에서 죽이고 불살라 재를 만들었다. 그 재를 탄 물이 부정 제거의 물이다. 그 물을 뿌리는 것은 부정 제거를 상징하며 그것은 참으로 중요하였다. 그 암송아지는 예수 그리스도를 예표하였다. 본장은 부정을 제거하는 길은 예수 그리스도의 피밖에 없음을 보인다.

요한복음 13장에 보면, 예수께서 마지막 유월절 식사 자리에서 제자들의 발을 씻기신 사건이 나온다. 예수께서는 저녁 잡수시던 자리에서 일어나 겉옷을 벗고 수건을 허리에 두르시고 대야에 물을 담아 제자들의 발을 씻기셨다. 베드로의 발을 씻기실 차례가 되었을 때 베드로는 "내 발을 절대로 씻기지 못하시리이다"라고 말했다. 그때 주께서는 그에게 "내가 너를 씻기지 아니하면 네가 나와 상관이 없다"고 말씀하셨다. 베드로가 "주여, 내 발뿐 아니라 손과 머리도 씻겨주옵소서"라고 말하자, 그는 "이미 목욕한 자는 발밖에 씻을 필요가 없다"고 말씀하셨다. 이 사건에서 예수께서는 그가 제자들의 죄를 씻으실 것에 대해 말씀하셨다. 사도 요한은 우리가 빛 가운데 행하면 "그 아들 예수님의 피가 우리를 모든 죄에서 깨끗하게 하실 것이요"라고 말했다(요일 1:7). 우리의 죄를 씻는 길은 하나님의 아들 구주 예수 그리스도의 피밖에 없다.

셋째로, 사람이 부정(不淨)하고도 자신을 정결케 하지 않으면 여호와의 성소를 더럽히는 것이므로 이스라엘 총회에서 끊어질 것이다(13, 20절). '끊어진다'는 말은 사형이나 제명 출교를 가리켰다고 본다. 부정(不淨)을 제거하지 않은 자, 곧 죄씻음을 받지 못한 자는 하나님의 교회에 참으로 속할 수 없고 장차 영광의 천국에도 들어갈 수 없다(고전 6:9, 10). 부정(不淨)을 제거함이 없이는 아무도 천국에 들어갈 수 없다.

20장: 모세의 실수, 아론의 죽음

〔1절〕 정월에 이스라엘 자손 곧 온 회중이 신 광야에 이르러서 백성이 가데스에 거하더니 미리암이 거기서 죽으매 거기 장사하니라.

민수기 33장에 기록된 출애굽 후의 노정을 보면, 이때는 애굽에서 나온 지 제40년 정월이었다. 이스라엘 백성은 가데스 바네아에서 열 정탐꾼의 불신앙적 보고를 따르려 하였기 때문에 40년간 광야에서 방황하는 징벌을 받았었다(민 14:33). 모세는 민수기에서 이스라엘 백성이 애굽에서 나온 후 제1, 2년의 사건들(민 1:1; 9:1; 10:11)과 제40년의 사건을 기록한 것이며 그 사이의 38년간의 일은 자세히 기록하지 않았다. 이스라엘 백성은 38년 전 가나안 땅에 열두 정탐꾼을 보냈던 신 광야의 가데스 즉 가데스 바네아로 올라와 거하였다.

〔2-5절〕 회중이 물이 없으므로 모여서 모세와 아론을 공박[대적]하니라. 백성이 모세와 다투어 말하여 가로되 우리 형제들이 여호와 앞에서 죽을 때에 우리도 죽었더면 좋을 뻔하였도다. 너희가 어찌하여 여호와의 총회(카할 קָהָל)(assembly)(NASB)를 이 광야로 인도하여 올려서 우리와 우리 짐승으로 다 여기서 죽게 하느냐? 너희가 어찌하여 우리를 애굽에서 나오게 하여 이 악한 곳으로 인도하였느냐? 이 곳에는 파종할 곳이 없고 무화과도 없고 포도도 없고 석류도 없고 마실 물도 없도다.

이스라엘 백성은 물이 없으므로 모여서 모세와 아론을 대적하였다. 그들은 애굽에서 나온 후 거의 40년이 지난 지금도 여전히 하나님을 믿지 않고 불평하며 대적하였다.

〔6-8절〕 모세와 아론이 총회 앞을 떠나 회막 문에 이르러 엎드리매 여호와의 영광이 그들에게 나타나며 여호와께서 모세에게 일러 가라사대 지팡이를 가지고 네 형 아론과 함께 회중을 모으고 그들의 목전에서 너희는 반석에게 명하여 물을 내라 하라. 네가 그 반석으로 물을 내게 하여 회중과 그들의 짐승에게 마시울지니라.

모세와 아론은 어려운 일이 있을 때마다 하나님 앞에 엎드려 기도
하였다. 그때 여호와의 영광이 그들에게 나타나셨고 여호와께서는
모세에게 말씀하셨다. "지팡이를 가지고 네 형 아론과 함께 회중을
모으고 너희는 그들 앞에서 반석에게 명하여 물을 내라 하라. 네가
그 반석으로 물을 내게 하여 회중과 그들의 짐승에게 마시울지니라."
모세의 지팡이는 그가 처음 하나님께로부터 소명을 받았을 때 "너는
이 지팡이를 손에 잡고 이것으로 이적을 행하라"는 하나님의 약속의
말씀을 받았던 능력의 지팡이이었다(출 4:17).

**[9-11절] 모세가 그 명대로 여호와의 앞에서 지팡이를 취하니라. 모세
와 아론이 총회를 그 반석 앞에 모으고 모세가 그들에게 이르되 패역한 너
희여, 들으라. 우리가 너희를 위하여 이 반석에서 물을 내랴 하고 그 손을
들어 그 지팡으로 반석을 두 번 치매 물이 많이 솟아나오므로 회중과 그들
의 짐승이 마시니라.**

모세는 하나님의 명령대로 그 지팡이를 취하였다. 모세와 아론은
이스라엘 총회를 그 반석 앞에 모으고 모세가 그들에게 "패역한 너희
여, 들으라. 우리가 너희를 위하여 이 반석에서 물을 내랴" 하고 말하
며 그 손을 들어 그 지팡으로 반석을 두 번 쳤다. 그러자 물이 많이
솟아 나오므로 회중과 그들의 짐승이 마시는 놀라운 기적이 일어났
다. 이스라엘 백성은 하나님을 믿지 않고 하나님과 모세를 향해 불평
하며 대적하였지만, 하나님께서는 그의 긍휼과 능력으로 그 백성에게
마실 물을 공급해주셨던 것이다.

**[12-13절] 여호와께서 모세와 아론에게 이르시되 너희가 나를 믿지 아
니하고 이스라엘 자손의 목전에 나의 거룩함을 나타내지 아니한 고로 너희
는 이 총회를 내가 그들에게 준 땅으로 인도하여 들이지 못하리라 하시니
라. 이스라엘 자손이 여호와와 다투었으므로 이를 므리바 물이라 하니라.
여호와께서 그들 중에서 그 거룩함을 나타내셨더라.**

하나님께서는 모세와 아론에게, "너희가 나를 믿지 아니하고 이스

라엘 자손 앞에서 나의 거룩함을 나타내지 아니한 고로 너희는 이 총회를 내가 그들에게 준 땅으로 인도하여 들이지 못하리라"고 말씀하셨다. 모세와 아론은 하나님의 명령에 순종하지 못하였다. 하나님께서는 그 반석에게 명하여 물을 내라 하라고 말씀하셨으나, 모세는 이스라엘 백성 앞에서 혈기를 부렸고 그 반석에게 명하는 대신 그 반석을 두 번이나 쳤던 것이다. 하나님의 말씀을 거역했던 그 일 때문에, 모세와 아론은 그 백성과 함께 그렇게 사모했을 그 가나안 땅에 들어가지 못하고 그 광야에서 죽어야 했다.

〔14-17절〕 **모세가 가데스에서 에돔 왕에게 사자를 보내며** 이르되 **당신의 형제 이스라엘의 말에 우리의 당한 모든 고난을 당신도 아시거니와 우리 열조가 애굽으로 내려갔으므로 우리가 애굽에 오래 거하였더니 애굽인이 우리 열조와 우리를 학대하였으므로 우리가 여호와께 부르짖었더니 우리 소리를 들으시고 천사를 보내사 우리를 애굽에서 인도하여 내셨나이다. 이제 우리가 당신의 변방 모퉁이 한 성읍 가데스에 있사오니 청컨대 우리로 당신의 땅을 통과하게 하소서. 우리가 밭으로나 포도원으로나 통과하지 아니하고 우물물도** 공히[공짜로] **마시지 아니하고 우리가 왕의 대로(大路)로만 통과하고 당신의 지경에서 나가기까지 좌편으로나 우편으로나 치우치지 아니하리이다 한다 하라 하였더니.**

모세는 에돔 왕에게 사자를 보내며 이스라엘 백성이 애굽에 오랫동안 거하다가 학대를 당하여 하나님께 부르짖었더니 하나님께서 천사를 보내어 인도해내셨다고 말하면서 에돔 땅을 통과하기를 허락해 주기를 요청하였다. 그는 그들이 '왕의 대로'로만 통과하고 우물물도 공짜로 마시지 않겠다고 말했다. 가데스는 에돔의 변방이었고 '왕의 대로'는 에돔과 모압을 관통하는 당시에 중요한 도로이었다.

〔18-21절〕 **에돔** 왕이 대답하되 너는 우리 가운데로 통과하지 못하리라. 내가 나가서 칼로 너를 맞을까 염려하라. 이스라엘 자손이 이르되 우리가 대로(大路)로 통과하겠고 우리나 우리 짐승이 당신의 물을 마시면 그 값을 줄 것이라. 우리가 도보로 통과할 뿐인즉 아무 일도 없으리이다 하나 그는

가로되 너는 지나가지 못하리라 하고 에돔 왕이 많은 백성을 거느리고 나와서 강한 손으로 막으니 에돔 왕이 이같이 이스라엘의 그 경내로 통과함을 용납지 아니하므로 이스라엘이 그들에게서 돌이키니라.

　에돔 왕은 모세의 요청을 거절하며 많은 백성을 거느리고 나와서 강한 손으로 막았다. 에돔은 이스라엘의 열두 지파의 조상인 야곱의 쌍둥이 형의 자손들이었으며 이스라엘 백성과 가까운 친척인데 광야에서 힘든 길을 가고 있던 이스라엘 백성을 이렇게 박대했던 것이다. 하나님께서는 거역하는 이스라엘 백성에게 평안을 주지 않으셨다.

　[22-29절] 이스라엘 자손 곧 온 회중이 가데스에서 진행하여 호르산에 이르렀더니 여호와께서 에돔 땅 변경 호르산에서 모세와 아론에게 말씀하시니라. 가라사대 아론은 그 열조에게로 돌아가고 내가 이스라엘 자손에게 준 땅에는 들어가지 못하리니 이는 너희가 므리바 물에서 내 말을 거역한 연고니라. 너는 아론과 그 아들 엘르아살을 데리고 호르산에 올라 아론의 옷을 벗겨 그 아들 엘르아살에게 입히라. 아론은 거기서 죽어 그 열조에게로 돌아가리라. 모세가 여호와의 명을 좇아 그들과 함께 회중의 목전에서 호르산에 오르니라. 모세가 아론의 옷을 벗겨 그 아들 엘르아살에게 입히매 아론이 그 산꼭대기에서 죽으니라. 모세와 엘르아살이 산에서 내려오니 온 회중 곧 이스라엘 온 족속이 아론의 죽은 것을 보고 위하여 30일을 애곡하였더라.

　이스라엘 자손 곧 온 회중이 가데스에서 진행하여 호르산에 이르렀다. 여호와께서는 에돔 땅 변경 호르산에서 모세와 아론에게 아론의 죽음과 그 이유에 대해 말씀하셨다. 죽은 자의 영혼은 집합 장소가 있기 때문에 성경은 죽음을 "그 열조에게로 돌아간다"고 표현하였다고 본다. 모세는 여호와의 명을 좇아 아론과 그의 아들 엘르아살과 함께 회중 앞에서 호르산에 올랐다. 그는 아론의 옷을 벗겨서 그의 아들에게 입혔고 아론은 그 산꼭대기에서 죽었다. 이스라엘 온 회중은 아론의 죽은 것을 보고 위하여 30일을 애곡했다. 민수기 33:38-39는, 이스라엘 자손이 애굽에서 나온 지 40년 5월 1일에 제사장 아론이 여호와의 명으로 호르산에 올라가 거기서 죽었다고 기록했다.

민수기 20장: 모세의 실수, 아론의 죽음

본장의 교훈을 정리해보자. 첫째로, 이스라엘 백성은 어려운 문제가 있을 때마다 하나님을 믿지 않고 불평했다. 그들은 하나님의 많은 능력과 은혜의 일들을 보았고 체험했음에도 불구하고 여전히 믿음이 없었다. 사람의 회개와 믿음은 오직 하나님의 은혜로만 가능하다. 예레미야 애가 5:21, "여호와여, 우리를 주께로 돌이키소서. 그리하시면 우리가 주께로 돌아가겠사오니." 사도행전 16:14, "두아디라 성의 자주 장사로서 하나님을 공경하는 루디아라 하는 한 여자가 들었는데 주께서 그 마음을 열어 바울의 말을 청종하게 하신지라." 사도행전 11:18, "하나님께서 이방인에게도 생명 얻는 회개를 주셨도다 하니라." 우리는 하나님의 은혜로 회개하고 믿은 자들로 어려운 일이 있을 때 불평하지 말고 범사에 하나님을 인정하고(잠 3:6) 범사에 감사해야 한다(살전 5:18).

둘째로, 하나님께서는 모세의 기도에 응답하셨다. 이스라엘 백성이 가데스에서 물이 없다고 불평하였음에도 불구하고 하나님께서는 모세의 기도를 들으시고 그들에게 풍성한 물을 주셨다. 반석에서 물이 많이 솟아나와서 회중들과 그들의 짐승들이 다 마셨다. 놀라운 기적이었다. 기도는, 살아계신 하나님을 믿고 섬기며 이 세상에서 하나님과 동행하는 그의 백성의 복된 특권이다. 예수 그리스도께서는 "구하라 그러면 너희에게 주실 것이요, 찾으라 그러면 찾을 것이요, 문을 두드리라 그러면 너희에게 열릴 것이니"라고 교훈하셨다(마 7:7). 또 그는 "내 이름으로 무엇이든지 내게 구하면 내가 시행하리라"고 약속하셨다(요 14:14). 우리는 어려운 일을 만날 때마다 낙심치 말고 하나님께 기도해야 한다.

셋째로, 모세는 하나님의 명령을 어기고 혈기를 부리며 실수하였다. 하나님께서는 모세와 아론에게 반석에게 명령하여 물을 내라 하라고 말씀하셨으나 모세는 백성 앞에서 그 지팡이로 반석을 두 번 쳤다. 그 실수 때문에, 하나님께서는 모세와 아론이 이스라엘 자손들을 가나안 땅으로 인도하여 들이지 못하게 하셨다. 그것은 하나님의 징벌이었다. 우리는 모세처럼 혈기를 부리는 실수를 범치 않도록 조심해야 한다.

21장: 불뱀 사건

〔1-3절〕 남방[네게브]에 거하는 가나안 사람 곧 아랏의 왕이 이스라엘이 아다림 길로 온다 함을 듣고 이스라엘을 쳐서 그 중 몇 사람을 사로잡은지라. 이스라엘이 여호와께 서원하여 가로되 주께서 만일 이 백성을 내 손에 붙이시면 내가 그들의 성읍을 다 멸하리이다. 여호와께서 이스라엘의 소리를 들으시고 가나안 사람을 붙이시매 그들과 그 성읍을 다 멸하니라. 그러므로 그 곳 이름을 호르마(코르마 חָרְמָה)[멸망]라 하였더라.

하나님께서는 이스라엘 자손들의 서원의 기도에 응답하셨고 그의 주권적 역사로 그들로 가나안 사람 아랏의 왕의 땅을 정복케 하셨다.

〔4-9절〕 백성이 호르산에서 진행하여 홍해 길로 좇아 에돔 땅을 둘러 행하려 하였다가 길로 인하여 백성의 마음이 상하니라. 백성이 하나님과 모세를 향하여 원망[불평]하되 어찌하여 우리를 애굽에서 인도하여 올려서 이 광야에서 죽게 하는고. 이 곳에는 식물도 없고 물도 없도다. 우리 마음이 이 박한(켈로켈 קְלֹקֵל)[초라한, 보잘것없는] 식물[음식]을 싫어하노라 하매 여호와께서 불뱀들을 백성 중에 보내어 백성을 물게 하시므로 이스라엘 백성 중에 죽은 자가 많은지라. 백성이 모세에게 이르러 가로되 우리가 여호와와 당신을 향하여 원망[불평]하므로 범죄하였사오니 여호와께 기도하여 이 뱀들을 우리에게서 떠나게 하소서. 모세가 백성을 위하여 기도하매 여호와께서 모세에게 이르시되 불뱀을 만들어 장대 위에 달라. 물린 자마다 그것을 보면 살리라. 모세가 놋뱀을 만들어 장대 위에 다니 뱀에게 물린 자마다 놋뱀을 쳐다본즉 살더라.

이스라엘 백성은 에돔 땅을 둘러 행하려 하다가 길로 인해 백성의 마음이 상하였다. 그때에 그들은 하나님과 모세를 향하여 또 불평하였다. 40년의 세월이 지났고 수많은 징벌을 체험했음에도 불구하고 그들은 여전히 변한 것이 없었다. 그들은 하나님의 주신 음식을 멸시하였다. 그것은 하나님을 무시하고 멸시한 행위이었다. 그러나 하나님께서는 우리에게 가장 존중히 여김을 받으셔야 할 분이 아니신가?

그들의 불평은, 사람이 심히 부패되었음을 잘 보인다.

하나님께서는 불뱀들, 곧 무서운 독사들을 백성 중에 보내어 백성들을 물게 하시므로 이스라엘 백성 중에 죽은 자가 많았다. 그들은 회개하며 모세에게 와서 그 뱀들이 그들에게서 떠나기를 기도해줄 것을 요청했다. 모세가 그들을 위해 기도하자, 여호와께서는 그에게 응답하셔서 "불뱀을 만들어 장대 위에 달아라. 물린 자마다 그것을 보면 살리라"고 말씀하셨다. 모세는 놋뱀을 만들어 장대 위에 달았고, 뱀에게 물린 자마다 놋뱀을 쳐다보면 죽지 않고 살았다.

〔10-20절〕 이스라엘 자손이 진행하여 오봇에 진쳤고 오봇에서 진행하여 모압 앞 해 돋는 편 광야 이예아바림에 진쳤고 거기서 진행하여 세렛 골짜기에 진쳤고 거기서 진행하여 아모리인의 지경에서 흘러 나와서 광야에 이른 아르논 건너편에 진쳤으니 아르논은 모압과 아모리 사이에서 모압의 경계가 된 것이라. 이러므로 여호와의 전쟁기에 일렀으되 수바의 와헙과 아르논 골짜기와 모든 골짜기의 비탈은 아르 고을을 향하여 기울어지고 모압의 경계에 닿았도다 하였더라. 거기서 브엘에 이르니 브엘은 여호와께서 모세에게 명하시기를 백성을 모으라. 내가 그들에게 물을 주리라 하시던 우물이라. 그때에 이스라엘이 노래하여 가로되 우물물아. 솟아나라. 너희는 그것을 노래하라. 이 우물은 족장들이 팠고 백성의 귀인들이 홀과 지팡이로 판 것이로다 하였더라. 광야에서 맛다나에 이르렀고 맛다나에서 나할리엘에 이르렀고 나할리엘에서 바못에 이르렀고 바못에서 모압 들에 있는 골짜기에 이르러 광야가 내려다보이는 비스가산 꼭대기에 이르렀더라.

세렛 골짜기는 평소에는 골짜기이지만, 비가 오면 강이 되는 '와디'(wadi)이다. 아르논은 모압과 아모리 사이에서 모압의 경계가 된 곳이다. 아르논은 동쪽에서 서쪽으로 흘러 사해 중부로 들어가는 강으로 모압 북쪽 경계이었다. 이스라엘 백성은 모압 남쪽에서부터 모압을 동쪽으로 돌아서 모압의 북쪽 경계에 도달한 것이라고 본다.

모세는 여호와의 전쟁기라는 책을 인용하고 또 이스라엘 백성의 노래도 인용하였다. 본문은 모세 시대에도 책이 있었음을 보인다. 또 하나님께서 성경책을 기록하게 하실 때 인간 저자를 기계처럼 사용하신 것이 아니고 인격체로 사용하셔서 필요한 자료들을 인용하게도 하셨음을 보인다. 성경은 많은 역사적 내용을 담고 있다. 하나님께서는 역사 속에서 섭리하셨다. 성경의 많은 인명, 지명, 또 자료의 인용 등은 성경책의 역사적 성격을 잘 나타낸다. 역사적 사건들은 불변적이다. 하나님의 진리들은 그 불변적 사건들을 통해 계시되었고 증거되었고 따라서 그 내용들은 분명하고 확실하다.

〔21-32절〕 이스라엘이 아모리 왕 시혼에게 사자를 보내어 가로되 우리로 당신의 땅을 통과하게 하소서. 우리가 밭에든지 포도원에든지 들어가지 아니하며 우물물도 공히 마시지 아니하고 우리가 당신의 지경에서 다 나가기까지 왕의 대로(大路)로만 통행하리이다 하나 시혼이 자기 지경으로 이스라엘의 통과함을 용납하지 아니하고 그 백성을 다 모아 이스라엘을 치러 광야로 나와서 야하스에 이르러 이스라엘을 치므로 이스라엘이 칼날로 그들을 쳐서 파하고 그 땅을 아르논부터 얍복까지 점령하여 암몬 자손에게까지 미치니 암몬 자손의 경계는 견고하더라. 이스라엘이 이같이 그 모든 성읍을 취하고 그 아모리인의 모든 성읍 헤스본과 그 모든 촌락에 거하였으니 헤스본은 아모리인의 왕 시혼의 도성이라. 시혼이 모압 전왕(前王)을 치고 그 모든 땅을 아르논까지 그 손에서 탈취하였었더라. 그러므로 시인이 읊어 가로되 너희는 헤스본으로 올지어다. 시혼의 성을 세워 견고히 할지어다. 헤스본에서 불이 나오며 시혼의 성에서 화염이 나와서 모압의 아르를 삼키며 아르논 높은 곳의 주인을 멸하였도다. 모압아, 네가 화를 당하였도다. 그모스의 백성아, 네가 멸망하였도다. 그가 그 아들들로 도망케 하였고 그 딸들로 아모리인의 왕 시혼의 포로가 되게 하였도다. 우리가 그들을 쏘아서 헤스본을 디본까지 멸하였고 메드바에 가까운 노바까지 황폐케 하였도다 하였더라. 이스라엘이 아모리인의 땅에 거하였더니 모세가 또 보내어 야셀을 정탐케 하고 그 촌락들을 취하고 그 곳에 있던 아모리인을 몰아내었더라.

아르논 강 건너편 북쪽은 아모리 왕 시혼의 땅이었다. 이스라엘은 아모리 왕 시혼에게 사자를 보내어 "우리로 당신의 땅을 통과하게 하소서"라고 말했다. '왕의 대로'는 당시 가나안 땅의 대표적인 두 개의 대로 중 하나이었다. 그 두 개의 대로는 하나는 해변길(Via Maris)이라는 길로서 남쪽의 애굽에서부터 블레셋의 가사와 이스라엘의 므깃도를 거쳐 북쪽의 다메섹으로 이어지는 대로이었고, 다른 하나는 '왕의 대로'라는 길로서 남쪽의 홍해의 엘랏(에시온게벨)에서 에돔과 모압과 암몬을 통과하여 북쪽의 다메섹으로 이어지는 대로이었다.

시혼은 자기 지경으로 이스라엘의 통과함을 용납하지 아니하고 그 백성을 다 모아 이스라엘을 치러 광야로 나와서 야하스에 이르러 이스라엘을 쳤다. 그러므로 이스라엘은 칼날로 그들을 쳐서 파하고 그 땅을 아르논 강부터 얍복 강까지 점령했고 암몬 자손의 경계에까지 미쳤다. 신명기 2장에 보면, 모세는 하나님께서 그를 이스라엘의 손에 붙이시려고 그 성품을 완강케 하셨다고 말했고 또 하나님께서도 모세에게 말씀하시기를, "내가 비로소 시혼과 그 땅을 네게 붙이노니 너는 이제부터 그 땅을 얻어서 기업을 삼으라"고 하셨다(신 2:30-36).

본문에서 모세는 어떤 시인의 시(詩)도 상당히 길게 인용한다. 하나님께서는 모세를 기계처럼이 아니고 인격적으로 사용하셔서 어떤 시인의 글까지 인용함으로 역사적 사실들을 확증하게 하셨다.

〔33-35절〕돌이켜 바산 길로 올라가매 바산 왕 옥이 그 백성을 다 거느리고 나와서 그들을 맞아 에드레이에서 싸우려 하는지라. 여호와께서 모세에게 이르시되 그를 두려워 말라. 내가 그와 그 백성과 그 땅을 네 손에 붙였나니 너는 헤스본에 거하던 아모리인의 왕 시혼에게 행한 것같이 그에게도 행할지니라. 이에 그와 그 아들들과 그 백성을 다 쳐서 한 사람도 남기지 아니하고 그 땅을 점령하였더라.

이스라엘 자손들은 북쪽 얍복 강을 넘어 바산 길로 올라갔다. 바산 왕 옥이 그 백성을 다 거느리고 나와서 그들을 맞아 에드레이에서 싸우려 하자, 여호와께서는 모세에게 말씀하셨다. "그를 두려워 말라. 내가 그와 그 백성과 그 땅을 네 손에 붙였나니 너는 헤스본에 거하던 아모리인의 왕 시혼에게 행한 것같이 그에게도 행할지니라." 그래서 그들은 그와 그 아들들과 그 백성을 다 쳐서 한 사람도 남기지 아니하고 그 땅을 점령하였다. 이것은 다 하나님께서 뜻하신 바이었고 명하신 일이었다. 하나님께서 아모리 왕 시혼도, 바산 왕 옥도 이스라엘 백성의 손에 붙여주셨고 점령케 하셨다.

본장의 교훈을 정리해보자. 첫째로, 이스라엘 백성은 그들을 대적하는 이방인들과 싸웠을 때 하나님께 부르짖어 기도하였고 하나님께서 그들을 그 손에 붙여주시므로 다 멸하였고 그 땅을 정복하였다. 이스라엘 백성은 아랏의 왕의 땅과 아모리 왕 시혼의 땅과 바산 왕 옥의 땅을 정복하였다. 그것은 하나님의 도우심과 그의 능력의 역사하심이었다.

둘째로, 이스라엘 백성은 어려운 일을 당할 때 하나님과 지도자 모세에게 불평했다. 그것은 잘못이었다. 하나님께 불평하는 것은 하나님과 그의 주권적 섭리를 믿지 않는 것이며, 사람에게 불평하는 것은 이웃을 사랑치 않는 것이다. 우리는 형제에 대해 말로라도 악을 행해서는 안 된다. 형제에게 욕하는 자는 천국에 들어갈 수 없다(고전 6:9-10).

셋째로, 이스라엘 백성 중 많은 사람들은 불평 때문에 불뱀에 물려 죽었다. 죄에 대한 하나님의 징벌은 두려운 것이었다. 로마서 6:23은 죄의 값, 즉 죄의 보응은 죽음이라고 말했다. 주 예수께서는 만일 우리의 손이나 발이나 눈이 우리로 범죄케 한다면 찍어버리고 빼어버리라, 불구자로 영생에 들어가는 것이 온전한 몸을 가지고 지옥 꺼지지 않는 불에 들어가는 것보다 낫다고 말씀하셨다(막 9:43-48). 우리는 죄에 대한 하나님의 징벌이 얼마나 두려운 것인가를 알고 죄를 멀리해야 한다.

넷째로, 하나님께서는 불뱀에 물린 자들을 놋뱀을 쳐다보게 함으로써 고침을 받게 하셨다. 그것은 예수 그리스도의 구원 사역을 예표하였다. 주께서는 "모세가 광야에서 뱀을 든 것같이 인자도 들려야 하리니 이는 저를 믿는 자마다 영생을 얻게 하려 하심이니라"고 말씀하셨다(요 3:14-15). 죄인은 예수 그리스도를 믿을 때 죄사함과 영생을 얻는다.

22장: 모압 왕이 발람을 청함

〔1절〕 이스라엘 자손이 또 진행하여 모압 평지에 진쳤으니 요단 건너편
[이편] 곧 여리고 맞은편이더라.

'요단 건너편'이라는 원어(메에베르 레야르덴 לְיַרְדֵּן מֵעֵבֶר)는
'요단 이편' 혹은 '요단 저편'이라고 번역될 수 있고, 본절에서는 '요단
이편'이라고 번역하는 것이 옳다. 민수기 32:19, "우리는 요단 이편 곧
동편에서 산업을 얻었사오니 그들과 함께 요단 저편에서는 기업을
얻지 아니하겠나이다." 구약성경의 처음 다섯 권은 모세가 쓴 책들이
며 민수기는 그가 요단 동편 모압 광야에 있었을 때 기록한 책이다.

〔2-4절〕 십볼의 아들 발락이 이스라엘이 아모리인에게 행한 모든 일을
보았으므로 모압이 심히 두려워하였으니 이스라엘 백성의 많음을 인함이
라. 모압이 이스라엘 자손의 연고로 번민하여 미디안 장로들에게 이르되 이
제 이 무리가 소가 밭의 풀을 뜯어먹음같이 우리 사면에 있는 것을 다 뜯어
먹으리로다 하니 때에 십볼의 아들 발락이 모압 왕이었더라.

모압 왕 발락은 이스라엘 백성이 아모리인들에게 행한 모든 일들
을 들었고 소가 밭의 풀을 뜯어먹음 같다고 말하며 심히 두려워했다.

〔5-6절〕 그가 사자를 브올의 아들 발람의 본향 강변 브돌에 보내어 발람
을 부르게 하여 가로되 보라, 한 민족이 애굽에서 나왔는데 그들이 지면에
덮여서 우리 맞은편에 거하였고 우리보다 강하니 청컨대 와서 나를 위하여
이 백성을 저주하라. 내가 혹 쳐서 이기어 이 땅에서 몰아내리라. 그대가
복을 비는 자는 복을 받고 저주하는 자는 저주를 받을 줄을 내가 아노라.

모압 왕 발락은 사자를 브올의 아들 발람의 본향 강변 브돌에 보내
어 발람을 부르게 하였다. 민수기 23:7에 보면, 발람은 자신이 아람에
서, 동편 산에서 왔다고 말한다. 신명기 23:4는 발람을 '메소보다미아
의 브돌 사람'이라고 말한다. 발람은 모압 땅에서 보면 먼 북동쪽의
유브라데 강 상류의 한 강변에 살고 있었다고 보인다. 학자들은 발람

의 고향인 브돌을 유브라데 강 상류인 하란 혹은 그 부근이라고 본다.

모압은 아브라함의 조카 롯의 자손들로서 이스라엘과는 친척관계이었다. 물론, 인류는 한 부모의 자손들이다. 그러나 모압 왕 발락은 이스라엘을 두려워하여 발람을 청해 이스라엘을 저주하게 하려 했다. 이웃을 저주하는 것은 큰 죄악이다. 이웃을 자기 몸같이 사랑하는 것은 창조주 하나님의 율법의 기본 정신이다. 그러나 모압 왕 발락은 선지자 발람을 초청해 와 이스라엘을 저주하려 했다.

〔7-14절〕 모압 장로들과 미디안 장로들이 손에 복술의 예물을 가지고 떠나 발람에게 이르러 발락의 말로 그에게 고하매 발람이 그들에게 이르되 이 밤에 여기서 유숙하라. 여호와께서 내게 이르시는 대로 너희에게 대답하리라. 모압 귀족들이 발람에게서 유하니라. 하나님이[께서] 발람에게 임하여 가라사대 너와 함께한 이 사람들이 누구냐? 발람이 하나님께 고하되 모압 왕 십볼의 아들 발락이 내게 보낸 자라. 이르기를 보라, 애굽에서 나온 민족이 있어 지면에 덮였으니 이제 와서 나를 위하여 그들을 저주하라. 내가 혹 그들을 쳐서 몰아낼 수 있으리라 하나이다. 하나님이[께서] 발람에게 이르시되 너는 그들과 함께 가지도 말고 그 백성을 저주하지도 말라. 그들은 복을 받은 자니라. 발람이 아침에 일어나서 발락의 귀족들에게 이르되 너희는 너희의 땅으로 돌아가라. 내가 너희와 함께 가기를 여호와께서 허락지 아니하시느니라. 모압 귀족들이 일어나 발락에게로 가서 고하되 발람이 우리와 함께 오기를 거절하더이다.

모압 장로들과 미디안 장로들은 손에 복술(卜術)의 예물을 가지고 떠나 발람에게 이르러 발락의 말을 고하였다. 그러나 하나님께서는 그 날 밤 발람에게 임하셔서 "너는 그들과 함께 가지도 말고 그 백성을 저주하지도 말라. 그들은 복을 받은 자니라"고 말씀하셨다. 발람은 아침에 일어나 발락의 귀족들에게 거절의 뜻을 전하였다.

성경이 민수기 22장부터 24장까지 석 장에 걸쳐서 발람 선지자의 일을 자세히 기록한 것은 의미가 있어 보인다. 발람은 분명히 하나님의 참된 선지자는 아니었다. 그러나 그는 하나님의 계시를 어느 정도 받았던 인물이었다. 하나님께서는 옛날에 이방인들 중에서도 그의 계시를 주신 일이 있었다. 욥이 대표적인 예이다. 또 모세의 장인인 이드로도 이스라엘의 천부장 제도를 제안했었다(출 18장). 또 심지어 그랄 왕 아비멜렉이나 애굽 왕 바로와 바벨론 왕 느부갓네살에게도 꿈을 통한 계시를 주어졌었다(창 20:3; 41:25; 단 2:45).

발람도 하나님의 말씀을 받았다(9, 12, 20, 31, 35절). 그러나 그는 사술(邪術)을 사용하는 법도 알았다(민 24:1). 발람에게는, 선지자가 은금을 좋아해서는 안 되며 하나님께서 주시는 말씀만 전해야 한다는 바른 마음도 있었다(22:18, 38; 24:12-13). 그러나 그에게 욕심도 있었고(22:19) 또 잘못된 조언도 했다(31:16). 후에 발람이 죽임 당한 이유는 그가 이스라엘을 저주했기 때문이 아니라 모압 왕에게 이스라엘을 음행의 죄로 유혹하도록 조언했기 때문이었다(31:16).

[15-20절] 발락이 다시 그들보다 더 높은 귀족들을 더 많이 보내매 그들이 발람에게로 나아가서 그에게 이르되 십볼의 아들 발락의 말씀에 청컨대 아무것에도 거리끼지 말고 내게로 오라. 내가 그대를 높여 크게 존귀케 하고 그대가 내게 말하는 것은 무엇이든지 시행하리니 청컨대 와서 나를 위하여 이 백성을 저주하라 하시더이다. 발람이 발락의 신하들에게 대답하여 가로되 발락이 그 집에 은, 금을 가득히 채워서 내게 줄지라도 내가 능히 여호와 내 하나님의 말씀을 어기어 덜하거나 더하지 못하겠노라. 그런즉 이제 너희도 이 밤에 여기서 유하라. 여호와께서 내게 무슨 말씀을 더하실는지 알아보리라. 밤에 하나님이[께서] 발람에게 임하여 이르시되 그 사람들이 너를 부르러 왔거든 일어나 함께 가라. 그러나 내가 네게 이르는 말만 준행할지니라.

발락은 다시 더 높은 귀족들을 더 많이 보내었다. 그는 발람에게 "아무것도 거리끼지 말고 와서 이스라엘을 저주하라"고 말했다. 세상적 기준에서 보면, 발락의 제안은 발람의 관심을 끌 만하였다. 그러나 발람은 발락의 신하들에게 대답하였다. "발락이 그 집에 은금을 가득히 채워서 내게 줄지라도 내가 능히 여호와 내 하나님의 말씀을 어기어 덜하거나 더하지 못하겠노라." 그러나 발람의 마음에는 바른 생각도 있었으나 물질과 세상 권세에 대한 욕심도 있었던 것 같다. 그는 발락의 제안을 단호히 거절했어야 했다. 그런데 그 밤에 하나님께서는 발람에게 "그 사람들과 함께 가라. 그러나 내가 네게 이르는 말만 행할지니라"고 말씀하셨다. 그것은 하나님께서 즐거이 허락하신 것이 아니었다. 그것은 "네가 가보려면 가보라"는 뜻이었다고 보인다.

〔21-27절〕 발람이 아침에 일어나서 자기 나귀에 안장을 지우고 모압 귀족들과 함께 행하니 그가 행함을 인하여 하나님이[께서] 진노하심으로 여호와의 사자가[께서] 그를 막으려고[그의 대적자로] 길에 서니라[서시니라]. 발람은 자기 나귀를 타고 그 두 종은 그와 함께 있더니 나귀가 여호와의 사자가[께서] 칼을 빼어 손에 들고 길에 선[서신] 것을 보고 길에서 떠나 밭으로 들어간지라. 발람이 나귀를 길로 돌이키려고 채찍질하니 여호와의 사자는[께서는] 포도원 사이 좁은 길에 섰고[서셨고] 좌우에는 담이 있더라. 나귀가 여호와의 사자를 보고 몸을 담에 대고 발람의 발을 그 담에 비비어 상하게 하매 발람이 다시 채찍질하니 여호와의 사자가[께서] 더 나아가서 좌우로 피할 데 없는 좁은 곳에 선지라[서신지라]. 나귀가 여호와의 사자를 보고 발람의 밑에 엎드리니 발람이 노하여 자기 지팡이로 나귀를 때리는지라.

발람은 아침에 일어나 모압 귀족들과 함께 행했다. 그가 행함을 인해 하나님께서 진노하셨고 그래서 여호와의 사자께서 그의 대적자로 길에 서셨다. 나귀는 여호와의 사자께서 칼을 빼어 손에 들고 길에 서신 것을 보았고 길에서 떠나서 밭으로 들어갔고 포도원 사이 좁은 길의 좌우의 담에 발람의 발을 비비어 상하게 했고 마침내 발람 밑에 엎드렸다. 발람은 노하여 지팡이로 나귀를 때렸다.

〔28-30절〕 여호와께서 나귀 입을 여시니 발람에게 이르되 내가 네게 무엇을 하였기에 나를 이같이 세 번을 때리느뇨? 발람이 나귀에게 말하되 네가 나를 거역하는 연고니 내 손에 칼이 있었더면 곧 너를 죽였으리라. 나귀가 발람에게 이르되 나는 네가 오늘까지 네 일생에 타는 나귀가 아니냐? 내가 언제든지 네게 이같이 하는 행습이 있더냐? 가로되 없었느니라.

여호와께서는 나귀 입을 여셔서 발람에게 말하게 하셨다. 나귀가 말을 한 것은 이 경우 외에는 역사상 없었던 일이다. 그것은 선지자 발람을 깨우치시는 하나님의 특별한 계시 사건이었다. 우리는 하나님께서 하고자 하시면 불가능한 일이 없음을 믿는다.

〔31-33절〕 때에 여호와께서 발람의 눈을 밝히시매 여호와의 사자가[께서] 손에 칼을 빼어들고 길에 선 것을 보고 머리를 숙이고 엎드리니 여호와의 사자가[께서] 그에게 이르되 너는 어찌하여 네 나귀를 이같이 세 번 때렸느냐? 보라, 네 길이 내 앞에 패역하므로 내가 너를 막으려고 나왔더니 나귀가 나를 보고 이같이 세 번을 돌이켜 내 앞에서 피하였느니라. 나귀가 만일 돌이켜 나를 피하지 아니하였더면 내가 벌써 너를 죽이고 나귀는 살렸으리라.

여호와께서는 발람의 눈을 밝히셨다. 발람은 여호와의 사자께서 손에 칼을 빼어들고 길에 서신 것을 보자 머리를 숙이고 엎드렸다. 여호와의 사자께서는 그에게 "네 길이 내 앞에 패역하므로 내가 [너의] 대적자로 나왔고(원문)" "나귀가 만일 돌이켜 나를 피하지 아니하였더면, 내가 벌써 너를 죽이고 나귀는 살렸으리라"고 말씀하셨다.

〔34-35절〕 발람이 여호와의 사자에게 말씀하되 내가 범죄하였나이다. 당신이 나를 막으려고 길에 서신 줄을 내가 알지 못하였나이다. 당신이 이를 기뻐하지 아니하시면 나는 돌아가겠나이다. 여호와의 사자가[사자께서] 발람에게 이르되 그 사람들과 함께 가라. 내가 네게 이르는 말만 말할지니라. 발람이 발락의 귀족들과 함께 가니라.

발람은 회개하며 "내가 범죄하였다"라고 여호와의 사자께 말했으나 그는 발람에게 "그 사람들과 함께 가라. 내가 네게 이르는 말만 말할지니라"고 말씀하셨다. 발람은 그 귀족들과 함께 갔다.

〔36-41절〕 발락이 발람의 온다 함을 듣고 모압 변경의 끝 아르논 가에 있는 성읍까지 가서 그를 영접하고 발락이 발람에게 이르되 내가 특별히 보내어 그대를 부르지 아니하였느냐? 그대가 어찌 내게 오지 아니하였느냐? 내가 어찌 그대를 높여 존귀케 하지 못하겠느냐? 발람이 발락에게 이르되 내가 오기는 하였으나 무엇을 임의로 말할 수 있으리까? 하나님이[께서] 내 입에 주시는 말씀 그것을 말할 뿐이니이다. 발람이 발락과 동행하여 기

랏후솟에 이르러서는 발락이 우양을 잡아 [제사드렸고 그 일부를] **발람과 그와 함께한 귀족을 대접하였더라**[귀족들에게 보내었더라]. **아침에 발락이 발람과 함께하고 그를 인도하여 바알의 산당에 오르매 발람이 거기서** 이스라엘 **백성의** 진 끝까지 **보니라.**

발람에게는 분명히 바른 생각도 있었으나, 세상적 욕심도 있었던 것 같다. 다음날 아침 발락은 발람과 함께 바알의 산당에 올랐다.

본장의 교훈을 정리해보자. 첫째로, 모압 왕 발락은 발람을 통하여 이스라엘 백성을 저주하려 했다. 모압과 이스라엘은 먼 친척이다. 인류는 다 먼 친척들이다. 하나님의 뜻은 이웃을 자기 몸같이 사랑하는 것이다. 우리는 이웃을 우리 몸같이 사랑하고 원수까지도 사랑해야 한다.

둘째로, 발람은 모압 왕 발락이 보낸 귀족들을 따라 모압으로 가서도 안 되고 이스라엘 백성을 저주해서도 안 되었으나 그 속에 물질적 욕심이 있었던 것 같다. 그는 두 번째 찾아온 자들에게 "그런즉 이제 너희도 이 밤에 여기서 유하라. 여호와께서 내게 무슨 말씀을 더하실는지 알아보리라"고 말했다(19절). 사도 베드로는 거짓 교사들이 바른 길을 떠나 발람의 길을 좇으며 불의의 삯을 사랑한다고 증거하였다(벧후 2:15-16). 주께서는 씨 뿌리는 자의 비유에서 가시떨기에 떨어진 씨는 이 세상의 염려와 돈 사랑과 쾌락에 기운이 막혀 온전히 결실치 못하는 자를 가리킨다고 설명하셨다(눅 8:14). 우리는 세상적, 물질적 욕심들을 다 버리고 성경에 교훈된 하나님의 모든 뜻에 온전히 순종해야 한다.

셋째로, 하나님께서는 나귀를 통해 발람을 책망하셨다. 나귀는 하나님의 사자께서 손에 칼을 들고 길 앞에 서 계신 것을 보았고 그를 피하였다. 나귀가 그를 피하지 않았다면 발람은 그의 칼에 죽었을 것이다. 그러나 하나님께서는 그를 죽이지 않으셨고 그의 눈을 열어 하나님의 사자를 보게 하셨고 그로 하여금 하나님께서 이르시는 말씀만 말하라고 하셨다. 하나님께서는 때때로 환경을 통해 우리의 잘못을 깨우쳐주신다. 그때 우리는 하나님의 뜻을 빨리 깨닫고 돌이켜야 한다.

23장: 발람이 이스라엘을 축복함

〔1-6절〕발람이 발락에게 이르되 나를 위하여 여기 일곱 단을 쌓고 거기 수송아지 일곱과 수양[숫양] 일곱을 준비하소서 하매 발락이 발람의 말대로 준비한 후에 발락과 발람이 매 단에 수송아지 하나와 수양[숫양] 하나를 드리니라. 발람이 발락에게 이르되 당신의 번제물 곁에 서소서. 나는 저리로 갈지라. 여호와께서 혹시 오셔서 나를 만나시리니 그가 내게 지시하시는 것은 다 당신에게 고하리이다 하고 사태난 산[벌거숭이 산언덕]에 이른즉 하나님이[께서] 발람에게 임하시는지라. 발람이 고하되 내가 일곱 단을 베풀고 매 단에 수송아지 하나와 수양[숫양] 하나를 드렸나이다. 여호와께서 발람의 입에 말씀을 주어 가라사대 발락에게 돌아가서 이렇게 말할지니라. 그가 발락에게로 돌아간즉 발락과 모압 모든 귀족이 번제물 곁에 함께 섰더라.

〔7-9절〕발람이 노래를 지어 가로되 발락이 나를 아람에서, 모압 왕이 동편 산에서 데려다가 이르기를 와서 나를 위하여 야곱을 저주하라, 와서 이스라엘을 꾸짖으라 하도다. 하나님이[께서] 저주치 않으신 자를 내 어찌 저주하며 여호와께서 꾸짖지 않으신 자를 내 어찌 꾸짖을꼬? 내가 바위 위에서 그들을 보며 작은 산에서 그들을 바라보니 이 백성은 홀로 처할 것이라. 그를 열방 중의 하나로 여기지 않으리로다.

발람은 하나님의 감동 가운데 바른 말을 하였다. 하나님께서 저주하지 않으신 자를 누가 저주할 수 있겠는가. 아무도 저주할 수 없다. 발람은 이스라엘 백성이 온 세상에 홀로 처할 민족이며 그를 세상의 여러 민족들 중의 하나로 여기지 말아야 한다고 증거하였다. 이것은 참으로 놀라운 말이다. 그러나 이것은 사실이다. 하나님께서는 천하 만민 중에서 아브라함을 택하셨고 그의 자손들인 이스라엘 민족을 하나님의 특별한 선민(選民)으로 삼으셨던 것이다.

〔10절〕야곱의 티끌을 뉘 능히 계산하며 이스라엘 4분지 1을 뉘 능히 계수할꼬[수를 세겠는가]? 나는 의인의 죽음같이 죽기를 원하며 나의 종말이 그와 같기를 바라도다 하매.

〔11-12절〕 발락이 발람에게 이르되 그대가 어찌 내게 이같이 행하느냐? 나의 원수를 저주하라고 그대를 데려왔거늘 그대가 온전히 축복하였도다. 대답하여 가로되 여호와께서 내 입에 주신 말씀을 내가 어찌 말하지 아니할 수 있으리이까?

〔13-17절〕 발락이 가로되 나와 함께 그들을 달리 볼 곳으로 가자. 거기서는 그들을 다 보지 못하고 그 끝만 보리니 거기서 나를 위하여 그들을 저주하라 하고 소빔 들로 인도하여 비스가 꼭대기에 이르러 일곱 단을 쌓고 매 단에 수송아지 하나와 수양[숫양] 하나를 드리니 발람이 발락에게 이르되 내가 저기서 여호와를 만날 동안에 여기 당신의 번제물 곁에 서소서 하니라. 여호와께서 발람에게 임하사 그 입에 말씀을 주어 가라사대 발락에게로 돌아가서 이렇게 말할지니라. 발람이 와서 본즉 발락이 번제물 곁에 섰고 모압 귀족들이 함께 있더라. 발락이 발람에게 이르되 여호와께서 무슨 말씀을 하시더냐?

〔18-24절〕 발람이 노래를 지어 가로되 발락이여, 일어나 들을지어다. 십볼의 아들이여, 나를 자세히 들으라. 하나님은[하나님께서는] 인생이 아니시니 식언(食言)치[거짓말하지] 않으시고 인자(人子)가 아니시니 후회가 없으시도다. 어찌 그 말씀하신 바를 행치 않으시며 하신 말씀을 실행치 않으시랴. 내가 축복의 명을 받았으니 그가 하신 축복을 내가 돌이킬 수 없도다. 여호와는[여호와께서는] 야곱의 허물을 보지 아니하시며 이스라엘의 패역을 보지 아니하시는도다. 여호와 그의 하나님이[하나님께서] 그와 함께 계시니 왕을 부르는 소리가 그 중에 있도다. 하나님이[하나님께서] 그들을 애굽에서 인도하여 내셨으니 그 힘이 들소와 같도다. 야곱을 해할 사술(邪術)이 없고 이스라엘을 해할 복술(卜術)이 없도다. 이때에 야곱과 이스라엘에 대하여 논할진대 하나님의 행하신 일이 어찌 그리 크뇨 하리로다. 이 백성이 암사자같이 일어나고 수사자같이 일어나서 움킨 것을 먹으며 죽인 피를 마시기 전에는 눕지 아니하리로다 하매.

발람의 대언(代言)은 몇 가지 내용을 담고 있다. 첫째, 하나님께서는 거짓말하지 않으신다. 하나님께서는 진리의 하나님, 진실의 하나님이시며 거짓 증거를 정죄하신다. 거짓은 마귀의 일이다(요 8:44).

둘째, 하나님께서는 후회가 없으시다. 하나님께서는 그가 말씀하신 바를 행하실 능력이 있으시고 그대로 행하시는 주권자이시다. 셋째, 하나님께서는 이스라엘 백성의 허물과 패역을 보지 않으신다. 본문 21절은 번역상에 두 견해가 있다. 하나는 한글번역의 견해이다(KJV). 다른 하나는 "그는 야곱의 고난을 보지 아니하시며 이스라엘의 불행을 보지 아니하시는도다"라는 번역이다(NASB, NIV, LXX). 어느 쪽을 택해도 괜찮아보인다. 하나님께서는 이스라엘의 허물을 용서하시고 그들을 그 고난, 그 불행 가운데 버려두지 않으신다.

넷째, 하나님께서는 이스라엘과 함께 계신다. 하나님께서는 이스라엘 가운데 거하셨다. 그것이 성막과 성전의 의미이었다. 다섯째, 왕을 부르는 소리 혹은 왕의 소리가 이스라엘 가운데 있다. 그것은 하나님께서 이스라엘 가운데 왕으로 거하심을 뜻한다고 본다. '왕의 소리' (테루앗 멜렉 תְּרוּעַת מֶלֶךְ)는 왕이 호령하는 소리이든지 혹은 백성이 환호하는 소리일 것이다. 여섯째, 하나님께서는 그들을 애굽에서 인도하여 내셨고 그 힘은 들소와 같다. 일곱째, 이스라엘을 해할 사술(邪術)이나 복술(卜術)이 없다. 이것들은 이방의 선지자 발람의 입을 통해 증거된 하나님과 이스라엘 백성에 대한 놀라운 증언들이었다.

〔25-26절〕발락이 발람에게 이르되 그들을 저주하지도 말고 축복하지도 말라. 발람이 발락에게 대답하여 가로되 내가 당신에게 고하여 이르기를 여호와께서 말씀하신 것은 내가 그대로 하지 않을수 없다고 하지 아니하더이까?

하나님께서는 이와 같이 이방 선지자 발람을 통해 하나님의 어떠하심과 이스라엘 백성에게 베푸신 은혜에 대해 증거하셨다.

〔27-30절〕발락이 발람에게 또 이르되 오라, 내가 너를 다른 곳으로 인도하리니 네가 거기서 나를 위하여 그들을 저주하기를 하나님[께서] 혹시 기뻐하시리라 하고 발락이 발람을 인도하여 광야가 내려다보이는 브올산 꼭대기에 이르니 발람이 발락에게 이르되 나를 위하여 여기 일곱 단을 쌓고

거기 수송아지 일곱과 수양[숫양] 일곱을 준비하소서. 발락이 발람의 말대로 행하여 매 단에 수송아지 하나와 수양[숫양] 하나를 드리니라.

발람은 하나님의 감동으로 이스라엘 백성이 온 세상에 홀로 처할 것이며 그를 열방 중 하나로 여기지 않을 것이며 여호와께서 야곱의 허물과 패역을 보지 않으시며 그들과 함께 계시며 그들을 해할 사술과 복술이 없다고 말했다. 이것은 이방의 선지자의 입을 통해 증거된 이스라엘에 대한 놀라운 증언이다. 하나님께서는 온 세계에서 이스라엘 백성을 선택하셨고 사랑하셨고 그들과 함께하셨고 그들의 허물을 용서하셨고 그들을 복 주셨다. 그들을 해할 아무런 사술과 복술이 있을 수 없었다.

오늘날 하나님의 복을 받은 이스라엘 백성은 누구인가? 오늘날 하나님의 아들 주 예수 그리스도를 믿고 따르는 신약 성도들은 영적 이스라엘 백성이다. 그들은 하나님의 특별한 은혜와 복을 받은 자들이다.

첫째로, 주 예수 그리스도를 믿는 자들은 하나님의 자녀가 되는 권세를 얻었다. 요한복음 1:12, "영접하는 자 곧 그 이름을 믿는 자들에게는 하나님의 자녀가 되는 권세를 주셨으니." 둘째로, 주 예수 그리스도를 믿는 자는 영생을 얻었고 멸망치 않을 것이다. 요한복음 3:16, "하나님께서 세상을 이처럼 사랑하사 독생자를 주셨으니 이는 저를 믿는 자마다 멸망치 않고 영생을 얻게 하려 하심이니라." 요한복음 10:28, "내가 저희에게 영생을 주노니 영원히 멸망치 아니할 터이요 또 저희를 내 손에서 빼앗을 자가 없느니라." 셋째로, 아무도 그들을 정죄할 수 없고 이 은혜에서 끊을 수 없다. 로마서 8:1, 31, 35, "이제 그리스도 예수 안에 있는 자에게는 결코 정죄함이 없나니," "이 일에 대하여 우리가 무슨 말 하리요? 만일 하나님께서 우리를 위하시면 누가 우리를 대적하리요?" "누가 우리를 그리스도의 사랑에서 끊으리요? 환난이나 곤고나 핍박이나 기근이나 헐벗음이나 위험이나 칼이랴?" 그러므로 우리는 하나님의 구원의 은혜를 감사하며 하나님과 주 예수 그리스도만 의지하며 그의 계명만 순종하여 그 계명대로 의롭고 선하고 진실하게만 살아야 한다.

24장: 발람이 이스라엘을 세 번째 축복함

〔1-4절〕 발람이 자기가 이스라엘을 축복하는 것을 여호와께서 선히 여기심을 보고 전과 같이 술수(邪術)를 쓰지 아니하고 그 낯을 광야로 향하여 눈을 들어 이스라엘이 그 지파대로 거하는 것을 보는 동시에 하나님의 신이 [영께서] 그 위에 임하신지라. 그가 노래를 지어 가로되 브올의 아들 발람이 말하며 눈을 감았던(쉐숨 하아인 שְׁתֻם הָעָיִן)[눈이 열린(BDB, Syr, LXX, KJV, NASB, NIV), 눈을 감았던(KB—שׁתם, Langenscheidt, Vg) 자가 말하며 하나님의 말씀을 듣는 자, 전능자의 이상을 보는 자, 엎드려서 눈을 뜬 자가 말하기를.

"전과 같이 술수(邪術)들을 쓰지 않았다"는 말은 발람이 전에 종종 술수들을 사용하였다는 것을 의미한다. 그것은 그가 하나님의 신실한 선지자가 아니었음을 보인다. 그러나 하나님의 영께서 그 위에 임하셨다. 이것은 하나님의 영께서 그에게 세 번째 임하신 것이었다 (23:4, 16과 함께). 그는 노래를 지어 말하였다. 선지자 발람은 하나님의 말씀을 전할 때마다 노래를 지어 말하였다(23:7, 18; 24:3). 발람은 자신이 하나님의 말씀을 듣고 전능자의 이상(異像)을 본다고 말한다. 성경은 이 사실을 인정하며 기록했다. 발람은 이방인이었지만, 하나님의 감동을 받고 이상(異像)을 본 선지자이었다고 보인다.

〔5-9절〕 야곱이여, 네 장막이, 이스라엘이여, 네 거처가 어찌 그리 아름다운고. 그 벌어짐이 골짜기 같고 강가의 동산 같으며 여호와의 심으신 침향목[알로에]들 같고 물가의 백향목들 같도다. 그 통에서는 물이 넘치겠고 그 종자는 많은 물가에 있으리로다. 그 왕이 아각보다 높으니 그 나라가 진흥하리로다(웨신낫세 וְתִנַּשֵּׂא)[높아지리로다(KJV, NASB, NIV). 하나님이[께서] 그를 애굽에서 인도하여 내셨으니 그 힘이 들소와 같도다. 그 적국을 삼키고 그들의 뼈를 꺾으며 화살로 쏘아 꿰뚫으리로다. 꿇어앉고 누움이 수사자와 같고 암사자와도 같으니 일으킬 자 누구이랴. 너를 축복하는 자마다 복을 받을 것이요 너를 저주하는 자마다 저주를 받을지로다.

발람은 이스라엘의 장막과 거처를 아름답다고 표현한다. 또 그는 이스라엘의 왕이 아각보다 높으며 또 이스라엘 나라가 높아지리라고 말한다. 발람은 또 하나님께서 이스라엘 백성을 애굽에서 인도하여 내신 사건을 언급한다. 그는 특히 "너를 축복하는 자마다 복을 받을 것이요 너를 저주하는 자마다 저주를 받을지로다"라고 말한다. 이것은 하나님께서 전에 아브라함에게 하신 말씀과 같다. 창세기 12:3에 보면, 하나님께서는 아브라함에게, "너를 축복하는 자에게는 내가 복을 내리고 너를 저주하는 자에게는 내가 저주하리니 땅의 모든 족속이 너를 인하여 복을 얻을 것이니라"고 말씀하셨다.

〔10-13절〕 발락이 발람에게 노하여 손뼉을 치며 발람에게 말하되 내가 그대를 부른 것은 내 원수를 저주하라 함이어늘 그대가 이같이 세 번 그들을 축복하였도다. 그러므로 그대는 이제 그대의 곳으로 달려가라. 내가 그대를 높여 심히 존귀케 하기로 뜻하였더니 여호와가 그대를 막아 존귀치 못하게 하셨도다. 발람이 발락에게 이르되 당신이 내게 보낸 사자들에게 내가 고하여 이르지 아니하였나이까? 가령 발락이 그 집에 은금을 가득히 채워서 내게 줄지라도 나는 여호와의 말씀을 어기고 선악간 임의로 행하지 못하고 여호와께서 말씀하신 대로 말하리라 하지 아니하였나이까?

모압 왕 발락은 확실히 세상의 부귀 영광밖에 모르는 자이었다. 그는 발람이 존귀케 될 수 있는 좋은 기회를 놓쳤다고 생각했다. 그러나 발람의 말은 정당하였다. 선지자는 하나님께서 말씀하신 그것을 전하는 자이어야 한다. 발람 속에 이만큼은 바른 생각이 있었다.

〔14-19절〕 이제 나는 내 백성에게로 돌아가거니와 들으소서. 내가 이 백성이 후일에 당신의 백성에게 어떻게 할 것을 당신에게 고하리이다 하고 노래를 지어 가로되 브올의 아들 발람이 말하며 눈을 감았던[눈이 열린] 자가 말하며 하나님의 말씀을 듣는 자가 말하며 지극히 높으신 자의 지식을 아는 자, 전능자의 이상을 보는 자, 엎드려서 눈을 뜬 자가 말하기를 내가 그를 보아도 이때의 일이 아니며 내가 그를 바라보아도 가까운 일이 아니로다. 한 별이 야곱에게서 나오며 한 홀이 이스라엘에게서 일어나서 모압을 이편에서 저편까지 쳐서 파하고 또 소동하는(쉣 תֵׁש)['셋'(KJV, NASB, NIV), '소동하는'(BDB, 게세니우스)] 자식들을 다 멸하리로다. 그 원수 에돔은 그들의

산업이 되며 그 원수 세일도 그들의 산업이 되고 그 동시에 이스라엘은 용감히 행동하리로다. 주권자가 야곱에게서 나서 남은 자들을 그 성읍에서 멸절하리로다 하고.

발람은 이스라엘에게서 한 별, 한 홀이 나타나서 모압의 온 땅을 치며 에돔까지 굴복시킬 것이라는 예언을 했다. 이 예언은 일차적으로 다윗 왕을 가리켰다고 본다. 사무엘하 8:2, 14는 그가 모압과 에돔을 굴복시켰음을 증거한다. 그러나 이 예언은 궁극적으로 메시아와 세계복음화를 가리켰다고 본다. 예수 그리스도께서는 이스라엘에게서 나오신 한 별, 한 홀 즉 왕이시며 온 세상의 구주이시다.

[20-25절] 또 아말렉을 바라보며 노래를 지어 가로되 아말렉은 열국 중 으뜸이나 종말은 멸망에 이르리로다 하고 또 가인 족속(케니 קֵינִי)[겐 족속](KJV, NIV)을 바라보며 노래를 지어 가로되 너의 거처가 견고하니 네 보금자리는 바위에 있도다. 그러나 가인[겐 족속](KJV, NIV)이 쇠미하리니 나중에는 앗수르의 포로가 되리로다 하고 또 노래를 지어 가로되 슬프다, 하나님이 [께서] 이 일을 행하시리니 그때에 살 자가 누구랴. 깃딤 해변에서 배들이 와서 앗수르를 학대하며 에벨을 괴롭게 하리라마는 그도 멸망하리로다 하고 발람이 일어나 자기 곳으로 돌아갔고 발락도 자기 길로 갔더라.

발람은 또 아말렉을 바라보며 노래를 지어 말했고, 또 겐 족속을 바라보며 노래를 지어 말했다. 깃딤 해변은 지중해 동쪽 연안의 나라들을 가리키며, 에벨은 히브리인을 가리킬 것이다. 이 말씀은 이스라엘을 핍박하는 세력들이 없지 않을 것이나, 마침내 그들이 다 메시아 앞에 굴복할 것을 보이는 것 같다.

본장의 교훈을 정리해보자. 첫째로, 발람은 이스라엘에게서 한 별이 나올 것을 예언하였다. 발람의 예언은 참 놀랍다. 그가 말한 그 한 별은 일차적으로는 다윗일지 모르나 궁극적으로 예수 그리스도를 가리켰다고 본다. 발람은 하나님의 감동 가운데 메시아의 강림을 예언한 것이라고 본다. 동방박사들이 하늘의 한 큰 별을 보고 메시아의 탄생을 알았던 것처럼(마 2:1-2), 예수 그리스도께서는 그 예언된 별이시다. 하늘의 천사들은 구주 예수께서 탄생하시던 밤에 들에서 양떼를 지키던 목자들에게 "오늘날 다윗의 동네에 너희를 위하여 구주가 나셨으니 곧 그리스도 주시니라"고 증거하였다(눅 2:11). 하나님께서는 자기의 독생자를 인류의 구원을 위해 이 세상에 보내셨다. 그것은 하나님의 사랑의 증거이었고 하나님의 독생자 예수 그리스도를 믿는 자마다 멸망하지 않고 영생을 얻게 하시려는 그의 뜻이었다. 요한복음 3:16, "하나님께서 세상을 이처럼 사랑하사 독생자를 주셨으니 이는 저를 믿는 자마다 멸망치 않고 영생을 얻게 하려 하심이니라." 구주 예수 그리스도께서는 이방 선지자의 입으로도 증거되신 이스라엘의 별이시며 인류의 구주이시다.

둘째로, "너를 축복하는 자마다 복을 받을 것이요 너를 저주하는 자마다 저주를 받을지로다"(9절)라는 발람의 말은 하나님께서 아브라함에게 주셨던 그 복이다. 창세기 12:3, "너를 축복하는 자에게는 내가 복을 내리고 너를 저주하는 자에게는 내가 저주하리니." 예수 그리스도를 믿는 우리가 그 하나님의 나라이다(벧전 2:9; 계 1:6). 발람의 입으로 증거된 복은 바로 우리에게 주신 복이다. 우리는 우리가 바로 그 복된 나라임을 알아야 하며, 하나님께서 주신 그 구원의 복을 감사해야 한다.

셋째로, 발락은 여호와가 발람을 위한 부귀 영광의 기회를 가로막았다고 말했다(11절). 그러나 이 세상의 부귀 영화는 일시적이다. 우리는 세상의 영광의 헛됨을 알고 오직 하나님과 천국을 보화로 삼아야 한다. 우리는 하나님과 천국만 소망해야 한다. 주께서는 "너희 중에 누구든지 자기의 모든 소유를 버리지 아니하면 내 제자가 될 수 없다"고 말씀하셨다(눅 14:33). 사도 바울은 "우리의 돌아보는 것은 보이는 것이 아니요 보이지 않는 것이니 보이는 것은 잠깐이요 보이지 않는 것은 영원함이니라"고 증거했고(고후 4:18) 또 자기에게 유익하던 모든 것을 배설물로 여겼고 예수 그리스도의 지식과 그의 십자가 의만을 가장 귀한 보화로 알았다(빌 3:7-9). 우리도 하나님과 천국만 보화로 삼고 살아야 한다.

25장: 모압 여자들과 음행함

〔1-3절〕 이스라엘이 싯딤에 머물러 있더니 그 백성이 모압 여자들과 음행하기를 시작하니라. 그 여자들이 그 신들에게 제사할 때에 백성을 청하매 백성이 먹고 그들의 신들에게 절하므로 이스라엘이 바알브올에게 부속된지라(차마드 צָמַד)[연합된지라]. 여호와께서 이스라엘에게 진노하시니라.

이스라엘 백성은 애굽에서 나와 광야 40년을 지나고 요단강 동쪽 건너편에 있는 모압 평지의 싯딤에 머물러 있었을 때 모압 여자들과 음행하기를 시작했다. 그 여자들이 그들의 신들에게 제사할 때 백성을 청하자 그들이 먹고 모압 사람들의 신들에게 절하였다. 이스라엘 백성이 음행과 우상숭배의 죄를 범한 것이다. 이스라엘 백성은 바알브올에게 연합되었고 하나님께서는 진노하셨다.

〔4-5절〕 여호와께서 모세에게 이르시되 백성의 [모든] 두령[지도자]들을 잡아 태양을 향하여[대낮에] 여호와 앞에 목매어 달라. 그리하면 여호와의 진노가 이스라엘에게서 떠나리라. 모세가 이스라엘 사사[재판관]들에게 이르되 너희는 각기 관할하는 자 중에 바알브올에게 부속한[연합된] 사람들을 죽이라 하니라.

하나님께서는 "백성의 모든 지도자를 잡아 대낮에 여호와 앞에 목매어 달라"고 명하셨고, 모세는 재판관들에게 "너희는 각기 관할하는 자 중에 바알브올에게 연합된 사람들을 죽이라"고 말하였다. 백성의 지도자들과 바알브올에게 연합된 자들은 죽임을 당하게 되었다.

〔6-9절〕 이스라엘 자손의 온 회중이 회막 문에서 울 때에 이스라엘 자손 한 사람이 모세와 온 회중의 목전에 미디안의 한 여인을 데리고 그 형제에게로 온지라. 제사장 아론의 손자 엘르아살의 아들 비느하스가 보고 회중의 가운데서 일어나 손에 창을 들고 그 이스라엘 남자를 따라 그의 막에 들어가서 이스라엘 남자와 그 여인의 배를 꿰뚫어서 두 사람을 죽이니 염병이 이스라엘 자손에게서 그쳤더라. 그 염병으로 죽은 자가 2만 4천명이었더라.

하나님의 진노와 심판의 말씀과 백성들의 회개의 눈물이 있었던 바로 그때에 한 사람이 부끄러움 없이, 담대하게 악을 행하였다. 그는 현행범이었다. 많은 사람들은 그 악한 일을 보면서도 나서서 막거나 책망하거나 징계를 제안하지 않았다. 그러나 그때에 제사장 아론의 손자, 엘르아살의 아들 비느하스는 그 광경을 보고 그의 가슴속에서 끓어오르는 의분을 참을 수가 없었다. 그는 그 악을 가만히 방관하거나 관용하거나 침묵하고 있을 수 없었다. 그는 회중 가운데서 일어나 손에 창을 들고 그 이스라엘 남자를 따라 그의 장막에 들어갔다. 그는 창으로 그 이스라엘 남자와 그 여인의 배를 꿰뚫어서 그 두 사람을 죽였다. 그는 하나님께 대한 헌신과 충성과 열심으로 그 완악한 악인을 즉결처단한 것이었다. 본문 8절은, 이 일이 있자마자 "전염병이 이스라엘 자손에게서 그쳤더라"고 증거한다. 또 본문은 그 전염병으로 죽은 자가 2만 4천명이었다고 말한다. 그것은 간음하다가 죽은 자들(고전 10:8, '2만 3천명')과 죽임을 당한 백성의 지도자들과 바알브올에게 연합된 자들의 수를 다 합한 수인 것 같다.

〔10-13절〕 여호와께서 모세에게 일러 가라사대 제사장 아론의 손자 엘르아살의 아들 비느하스가 나의 질투심으로 질투하여 이스라엘 자손 중에서 나의 노를 돌이켜서 나의 질투심으로 그들을 진멸(殄滅)하지 않게 하였도다. 그러므로 말하라. 내가 그에게 나의 평화의 언약을 주리니 그와 그 후손에게 영원한 제사장 직분의 언약이라. 그가 그 하나님을 위하여 질투하여 이스라엘 자손을 속죄하였음이니라.

하나님께서는 비느하스의 분노의 행동을 인정하시고 칭찬하셨다. 그는 만일 비느하스가 나서지 않았다면, 그가 직접 그들을 완전히 멸하였을 것이라고 말씀하셨다. 또 그는 비느하스와 평화의 언약을 맺으셨고 그와 그의 후손에게 영원한 제사장 직분을 약속하셨다.

〔14-15절〕 죽임을 당한 이스라엘 남자 곧 미디안 여인과 함께 죽임을 당한 자의 이름은 시므리니 살루의 아들이요 시므온인의 종족 중 한 족장이

며 죽임을 당한 미디안 여인의 이름은 고스비니 수르의 딸이라. 수르는 미디안 백성 한 종족의 두령[우두머리]이었더라.

〔16-18절〕 여호와께서 모세에게 일러 가라사대 미디안인들을 박해하며 (차로르 ㄱㄱㅈ)[대적하며] 그들을 치래[죽이라]. 이는 그들이 궤계로 너희를 박해하되 브올의 일과 미디안 족장의 딸 곧 브올의 일로 염병이 일어난 날에 죽임을 당한 그들의 자매 고스비의 사건으로 너희를 유혹하였음이니라.

미디안인들은 아브라함의 후처 그두라의 아들 미디안의 자손들이다(창 25:2, 4). 그들은 요단 동쪽 모압, 에돔, 그리고 그 남쪽 등지에 퍼져 살았다. 그들은 때로는 이스마엘 족속과 동의어로 사용되기도 했다(창 37:28, 36). 모압 왕 발락은 미디안 장로들에게 발람을 청하여 이스라엘을 저주하려는 자신의 계획을 말하며 의논했었다(민 22:4). 그들은 모압 땅에도 살고 있었다. 본장은 모압 여자들과 미디안 여자들을 같은 부류로 여긴다(1, 6절). 그러므로 하나님께서 미디안 사람들에게 징벌을 선언하셨다고 보인다. 이 징벌은 후에 민수기 31장에 다시 증거되었고 미디안인들을 다 죽임으로 이루어졌다. 모압 경내에서 살고 있었던 발람도 죽임을 당하였다(민 31:8).

본장은 이스라엘 백성이 모압 여자들과 음행하며 그들의 신들에게 절한 사건을 전한다. 그것은 음행과 우상숭배의 사건이며 십계명의 제7계명과 제1, 2계명을 범한 범죄 사건이었다. 하나님께서는 이스라엘의 범죄에 대해 크게 노하셨다. 그 결과, 죽은 자들이 2만 4천명이었다.

본장의 교훈을 정리해보자. 첫째로, 우리는 우상숭배와 음행을 조심해야 한다. 우리는 오늘날 물질주의적, 황금만능주의적 풍조를 배격하고 또 쾌락주의적이고 음란한 풍조를 조심해야 한다. 우리는 현 시대의 생활방식을 항상 성경의 교훈에 비추어 반성하고 거룩한 삶을 유지해야 한다. 어른이나 젊은이나 아이나 할 것 없이, 성도는 T.V.나 인터넷이나 스마트폰 등을 통해 유입되는 온갖 물질주의적, 황금만능주의적 풍조와 쾌락주의적 음란 풍조를 멀리하고 옷차림도 단정히 해야 한다.

둘째로, 우리는 특히 신앙사상적으로 성경적 기독교 신앙에서 탈선하는 모든 것들을 용납하지 말아야 한다. 그것들도 일종의 우상숭배이다. 우리는 자유주의 신학을 용납하지 말아야 한다. 자유주의 신학이란 사람의 이성과 경험을 더 신뢰하고 성경을 비평하고 성경의 기본교리들을 부정하는 사상이다. 그것은 인간숭배이며 불신앙이다. 또 우리는 천주교회를 용납하지 말아야 한다. 천주교회는 마리아를 신적 존재로 만들었고 은혜의 복음을 변질시켰다. 또 우리는 은사주의를 용납하지 말아야 한다. 그것은 성경의 교리와 윤리 교훈이 최종적이며 충분함을 부정하는 사상이기 때문이다. 또 많은 교회들이 성수주일을 폐기하고 세상적 음악과 예배방식을 도입했고 여자 목사와 장로들이 등장하였고, 낙태를 용납하고 동성애 목사까지 등장했다. 이것들은 영적 음행이다. 오늘날 교회들의 협의회들은 이런 오류들을 포용하는 입장들을 취한다. 세계교회협의회(WCC)는 자유주의 신학과 천주교회도 포용하고 있다. 또 세계복음주의연맹(WEA)도 은사주의적이며 포용적이다. 그들의 일부는 심지어 천주교회에 대해서도 관용적이다. 오늘날 복음주의 교회들까지도 여자 목사들을 용납하는 추세에 있다. 오늘날 적지 않은 보수적인 교회들은 그 순수성을 잃어버리고 있다. 이런 때에 우리는 자유주의와 교회연합운동과 은사주의의 탈선을 단호히 거절하고 책망해야 한다.

셋째로, 오늘날도 비느하스 같은 인물이 필요하다. 오늘날 우상숭배와 음행의 풍조 속에서 또 신앙사상적으로 배교와 타협과 혼란의 상황 속에서 모두들 관망만 하고 침묵하지 말고 일어나 하나님을 위해 일하는 자들이 필요하다. 창을 들고 나아가 현행범을 처단하는 일은 하나님의 뜻과 그의 진리에 대한 확신이 없이는 할 수 없는 일이다. 그것은 하나님의 진리를 확신하고 그에게 헌신하고 그를 위하여 충성하고자 하는 불붙는 마음이 있는 자들만 할 수 있는 일이다. 오늘날 하나님의 마음을 시원케 할 비느하스 같은 인물이 많이 요청된다. 하나님의 온전한 뜻에 충성하는 목사들과 장로들과 제직들과 성도들이 요구된다.

26장: 두 번째 인구조사

〔1-4절〕염병 후에 여호와께서 모세와 제사장 아론의 아들 엘르아살에게 일러 가라사대 이스라엘 자손의 온 회중의 총수를 그 조상의 집을 따라 조사하되 이스라엘 중에 무릇 20세 이상으로 능히 싸움에 나갈 만한 자를 계수하라 하시니 모세와 제사장 엘르아살이 여리고 맞은편 요단 가 모압 평지에서 그들에게 고하여 가로되 여호와께서 애굽 땅에서 나온 모세와 이스라엘 자손에게 명하신 대로 너희는 20세 이상된 자를 계수하라 하니라.

본장은 두 번째 인구조사에 대해 기록한다. 이스라엘 백성이 모압 평지에서 모압 여자들과 음행하고 우상숭배함으로 하나님의 진노로 전염병 재앙을 받은 후에, 여호와께서는 모세와 제사장 아론의 아들 엘르아살에게 이스라엘 자손의 온 회중의 총수를 조사하되 이스라엘 중에 무릇 20세 이상으로 싸움에 나갈 수 있는 자를 계수하라고 명하셨다. 모세와 제사장 엘르아살은 하나님의 명하신 대로 여리고 맞은편 요단 강가 모압 평지에서 이스라엘 자손에게 고하였다.

〔5-51절〕이스라엘의 장자는 르우벤이라. 르우벤 자손은 하녹에게서 난 하녹 가족과 발루에게서 난 발루 가족과 헤스론에게서 난 헤스론 가족과 갈미에게서 난 갈미 가족이니 이는 르우벤 가족들이라. 계수함을 입은 자가 43,730명이요 발루의 아들은 엘리압이요 엘리압의 아들은 느무엘과 다단과 아비람이라. 이 다단과 아비람은 회중 가운데서 부름을 받은 자러니 고라의 무리에 들어가서 모세와 아론을 거스려 여호와께 패역할 때에 땅이 그 입을 열어서 그 무리와 고라를 삼키매 그들이 죽었고 당시에 불이 250명을 삼켜 징계가 되게 하였으나 그러나 고라의 아들들은 죽지 아니하였더라.

시므온 자손은 그 종족대로 이러하니 느무엘에게서 난 느무엘 가족과 야민에게서 난 야민 가족과 야긴에게서 난 야긴 가족과 세라에게서 난 세라 가족과 사울에게서 난 사울 가족이라. 이는 시므온 종족들이니 계수함을 입은 자가 22,200명이었더라.

갓 자손은 그 종족대로 이러하니 스본에게서 난 스본 가족과 학기에게서 난 학기 가족과 수니에게서 난 수니 가족과 오스니에게서 난 오스니 가족과 에리에게서 난 에리 가족과 아롯에게서 난 아롯 가족과 아렐리에게서 난 아렐리 가족이라. 이는 갓 자손의 종족들이니 계수함을 입은 자가 40,500명이었더라.

유다의 아들은 에르와 오난이라. 이 에르와 오난은 가나안 땅에서 죽었고 유다의 자손은 그 종족대로 이러하니 셀라에게서 난 셀라 가족과 베레스에게서 난 베레스 가족과 세라에게서 난 세라 가족이며 또 베레스 자손은 이러하니 헤스론에게서 난 헤스론 가족과 하물에게서 난 하물 가족이라. 이는 유다 종족들이니 계수함을 입은 자가 76,500명이었더라.

잇사갈 자손은 그 종족대로 이러하니 돌라에게서 난 돌라 가족과 부와에게서 난 부니 가족과 야숩에게서 난 야숩 가족과 시므론에게서 난 시므론 가족이라. 이는 잇사갈 종족들이니 계수함을 입은 자가 64,300명이었더라.

스불론 자손은 그 종족대로 이러하니 세렛에게서 난 세렛 가족과 엘론에게서 난 엘론 가족과 얄르엘에게서 난 얄르엘 가족이라. 이는 스불론 종족들이니 계수함을 입은 자가 60,500명이었더라.

요셉의 아들들은 그 종족대로 므낫세와 에브라임이요 므낫세의 자손 중 마길에게서 난 것은 마길 가족이라. 마길이 길르앗을 낳았고 길르앗에게서 난 것은 길르앗 가족이라. 길르앗 자손은 이러하니 이에셀에게서 난 이에셀 가족과 헬렉에게서 난 헬렉 가족과 아스리엘에게서 난 아스리엘 가족과 세겜에게서 난 세겜 가족과 스미다에게서 난 스미다 가족과 헤벨에게서 난 헤벨 가족이며 헤벨의 아들 슬로브핫은 아들이 없고 딸뿐이라. 그 딸의 이름은 말라와 노아와 호글라와 밀가와 디르사니 이는 므낫세의 종족들이라. 계수함을 입은 자가 52,700명이었더라.

에브라임 자손은 그 종족대로 이러하니 수델라에게서 난 수델라 가족과 베겔에게서 난 베겔 가족과 다한에게서 난 다한 가족이며 수델라 자손은 이러하니 에란에게서 난 에란 가족이라. 이는 에브라임 자손의 종족들이니 계수함을 입은 자가 32,500명이라. 이상은 그 종족을 따른 요셉 자손이었더라.

베냐민 자손은 그 종족대로 이러하니 벨라에게서 난 벨라 가족과 아스벨에게서 난 아스벨 가족과 아히람에게서 난 아히람 가족과 스부밤에게서 난 스부

밤 가족과 후밤에서 난 후밤 가족이며 벨라의 아들은 아릇과 나아만이라. 아릇에게서 **아릇 가족과 나아만에게서 나아만 가족이 났으니 이는 그들의 종족을 따른 베냐민 자손이라. 계수함을 입은 자가 45,600명이었더라.**

단 자손은 그 종족대로 이러하니라. 수함에게서 수함 가족이 났으니 이는 그들의 종족을 따른 단 가족들이라. 수함 모든 가족의 계수함을 입은 자가 64,400명이었더라.

아셀 자손은 그 종족대로 이러하니 임나에게서 난 임나 가족과 이스위에게서 난 이스위 가족과 브리아에게서 난 브리아 가족이며 브리아의 자손 중 헤벨에게서 난 헤벨 가족과 말기엘에게서 난 말기엘 가족이며 아셀의 딸의 이름은 세라라. 이는 아셀 자손의 종족들이니 계수함을 입은 자가 53,400명이었더라.

납달리 자손은 그 종족대로 이러하니 야셀에게서 난 야셀 가족과 구니에게서 난 구니 가족과 예셀에게서 난 예셀 가족과 실렘에게서 난 실렘 가족이라. 이는 그 종족을 따른 납달리 가족들이니 계수함을 입은 자가 45,400명이었더라. 이스라엘 자손의 계수함을 입은 자가 601,730명이었더라.

하나님의 명하신 대로 20세 이상으로 능히 전쟁에 나갈 만한 자들이 계수되었고 그 수효가 열두 지파 별로 기록되었다. 20세 이상의 이스라엘 백성의 총수는 601,730명이었다. 첫 번째 인구조사에서 20세 이상으로 능히 전쟁에 나갈 만한 자들의 총수가 603,550명이었으니(민 1:46), 1,820명이 부족할 뿐, 첫 번째의 인구와 비슷하였다.

〔52-56절〕 여호와께서 모세에게 일러 가라사대 이 명수대로 땅을 나눠 주어 기업을 삼게 하라. 수가 많은 자에게는 기업을 많이 줄 것이요 수가 적은 자에게는 기업을 적게 줄 것이니 그들의 계수함을 입은 수대로 각기 기업을 주되 오직 그 땅을 제비 뽑아 나누어 그들의 조상 지파의 이름을 따라 얻게 할지니라. 그 다소를 물론하고 그 기업을 제비 뽑아 나눌지니라.

〔57-62절〕 레위인의 계수함을 입은 자는 그 종족대로 이러하니 게르손에게서 난 게르손 가족과 고핫에게서 난 고핫 가족과 므라리에게서 난 므라리 가족이며 레위 종족들은 이러하니 립니 가족과 헤브론 가족과 말리 가족과 무시 가족과 고라 가족이라. 고핫은 아므람을 낳았으며 아므람의 처의

이름은 요게벳이니 레위의 딸이요 애굽에서 레위에게서 난 자라. 그가 아므람에게서 아론과 모세와 그 누이 미리암을 낳았고 아론에게서는 나답과 아비후와 엘르아살과 이다말이 났더니 나답과 아비후는 다른 불을 여호와 앞에 드리다가 죽었더라. 레위인의 1개월 이상으로 계수함을 입은 모든 남자가 23,000명이었더라. 그들은 이스라엘 자손 중 계수에 들지 아니하였으니 이는 이스라엘 자손 중에서 그들에게 준 기업이 없음이었더라.

그 총수에서 제외되었던 레위인들은 1개월 이상인 자들이 23,000명이었다. 그들은 다른 지파들과 달리 기업을 얻지는 못하였다.

〔63-65절〕 이는 모세와 제사장 엘르아살의 계수한 자라. 그들이 여리고 맞은편 요단 가 모압 평지에서 이스라엘 자손을 계수한 중에는 모세와 제사장 아론이 시내 광야에서 계수한 이스라엘 자손은 한 사람도 들지 못하였으니 이는 여호와께서 그들에게 대하여 말씀하시기를 그들이 반드시 광야에서 죽으리라 하셨음이라. 이러므로 여분네의 아들 갈렙과 눈의 아들 여호수아 외에는 한 사람도 남지 아니하였더라.

모세와 제사장 엘르아살이 여리고 맞은편 요단 강가 모압 평지에서 조사한 이스라엘 자손들의 두 번째 인구조사에는 모세와 제사장 아론이 시내 광야에서 계수했던 이스라엘 자손들이 여분네의 아들 갈렙과 눈의 아들 여호수아 외에는 한 사람도 들지 못하였다.

그러면 두 번째 인구조사의 의미는 무엇인가? 첫째로, 그것은 가나안 땅 진입을 위한 준비이었다. 이스라엘 백성은 가나안 땅에 들어가기 전에 전열(戰列)을 가다듬어야 했다. 오늘날도 교회는 그 직무를 감당하기 위해 직분자들과 교인들을 잘 파악하고 준비해야 한다.

둘째로, 그것은 이스라엘 군대의 세대교체의 의미가 있었다. 모세를 따라 애굽에서 나왔던 자들은 여호수아와 갈렙 외에는 다 멸망했고 이 세대교체는 특히 악인들의 멸망이라는 뜻을 내포한다. 본장은 르우벤 자손 다단과 아비람의 죽음에 대해 말한다(9-10절). 또 제사장 아론의 네 아들들 중 처음 둘인 나답과 아비후의 죽음에 대해서도 증거한다(61절). 첫 번째 인구조사에 포함되었던 20세 이상의 남자들

중 여호수아와 갈렙 외의 모든 사람들은 다 죽었다(63-65절). 악인들의 가치는 없다. 하나님께서 마지막 날 악인들을 영원한 지옥 불못에 던지실 때 우리는 악인들의 존재 가치가 없음을 깨닫게 될 것이다.

셋째로, 그것은 하나님의 구원 계획의 불변적 성취를 보인다. 하나님의 구원 계획은 결코 실패치 않으셨다. 처음 인구조사 때의 총수와 같이 이스라엘 자손은 약 60만명이 가나안 땅에 들어갔다. 하나님께서 인류를 구원하심이 그러하다. 예수께서는 "나를 보내신 이의 뜻은 내게 주신 자 중에 내가 하나도 잃어버리지 아니하고 마지막 날에 다시 살리는 이것이니라"고 말씀하셨다(요 6:39). 로마서 8:30, "[하나님께서] 미리 정하신 그들을 또한 부르시고 부르신 그들을 또한 의롭다 하시고 의롭다 하신 그들을 또한 영화롭게 하셨느니라."

본장의 교훈을 정리해보자. 첫째로, 이스라엘 백성은 가나안 땅 진입을 위해 전열(戰列)을 다시 가다듬었다. 그것이 두 번째 인구조사가 담고 있는 한 의미이었다. 신약교회의 모든 성도들과 직분자들은 사탄과 악령들과 싸울 영적 전투태세를 갖춘 군대와 같이 전신갑주를 입고(엡 6:10-18) 항상 전열(戰列)을 잘 가다듬고 잘 준비되어 있어야 한다.

둘째로, 본장은 고라의 반역에 가담했던 다단과 아비람의 죽음에 대해(9-10절), 아론의 아들들 중 다른 불을 드리다가 죽었던 나답과 아비후의 죽음에 대해(61절), 또 불평하며 거역하다 광야에서 멸망했던 모든 무리에 대해 말한다(63-65절). 우리는 교만과 불평과 거역과 불순종의 악을 멀리하고 겸손히 하나님의 뜻에 순종하여 선하게 살아야 한다.

셋째로, 두 번째 인구조사의 결과, 이스라엘 백성의 총수는 첫 번째의 총수와 비슷했다. 단지 1820명이 부족했다. 구원은 하나님의 일이다. 그는 만세 전에 택하신 자들을 하나도 잃어버리지 않고 다 구원하시고 다 영생에 이르게 하실 것이다(요 6:39). 우리는 자신의 연약과 환경적 어려움 때문에 낙심치 말고 늘 하나님만 의지하고 살아야 한다.

27장: 여호수아를 후계자로 세움

〔1-5절〕 요셉의 아들 므낫세 가족에 므낫세의 현손 마길의 증손 길르앗의 손자 헤벨의 아들 슬로브핫의 딸들이 나아왔으니 그 딸들의 이름은 말라와 노아와 호글라와 밀가와 디르사라. 그들이 회막 문에서 모세와 제사장 엘르아살과 족장들과 온 회중 앞에 서서 가로되 우리 아버지가 광야에서 죽었으나 여호와를 거스려[대적하여] 모인 고라의 무리에 들지 아니하고 자기 죄에 죽었고 아들이 없나이다. 어찌하여 아들이 없다고 우리 아버지의 이름이 그 가족 중에서 삭제되리이까? 우리 아버지의 형제 중에서 우리에게 기업을 주소서 하매 모세가 그 사연을 여호와께 품하니라[아뢰었더라].

〔6-11절〕 여호와께서 모세에게 일러 가라사대 슬로브핫 딸들의 말이 옳으니 너는 반드시 그들의 아비의 형제 중에서 그들에게 기업을 주어 얻게 하되 그 아비의 기업으로 그들에게 돌릴지니라. 너는 이스라엘 자손에게 고하여 이르기를 사람이 죽고 아들이 없거든 그 기업을 그 딸에게 돌릴 것이요 딸도 없거든 그 기업을 그 형제에게 줄 것이요 형제도 없거든 그 기업을 그 아비의 형제에게 줄 것이요 그 아비의 형제도 없거든 그 기업을 가장 가까운 친족에게 주어 얻게 할지니라 하고 나 여호와가 너 모세에게 명한 대로 이스라엘 자손에게 판결의 율례가 되게 할지니라.

이것은 기업 상속자에 대한 규례이다. 이것은 사람의 기업이 아들에게 상속되지만, 아들이 없으면 딸에게, 딸이 없으면 형제에게, 형제도 없으면 그 아버지의 형제에게, 또 아버지의 형제도 없으면 가장 가까운 친족에게 상속되어야 한다는 규례이다.

〔12-14절〕 여호와께서 모세에게 이르시되 너는 이 아바림 산에 올라가서 내가 이스라엘 자손에게 준 땅을 바라보라. 본 후에는 네 형 아론의 돌아간 것같이 너도 조상에게로 돌아가리니 이는 신 광야에서 회중이 분쟁할제 너희가 내 명을 거역하고 그 물 가에서 나의 거룩함을 그들의 목전에 나타내지 아니하였음이니라. 이 물은 신 광야 가데스의 므리바 물이니라.

모세는 많은 고난으로 단련된 온유한 사람이었고(민 12:3) 이스라

엘 백성을 사랑한 자이었다. 그가 하나님의 율법을 받기 위하여 시내
산에 올라간 동안 백성이 송아지 형상을 부어만들고 그것을 숭배했
고 하나님께서 진노하셔서 그들을 다 죽이고 모세를 통해 큰 나라를
세우겠다고 말씀하시자, 모세는 하나님께 아뢰기를 하나님께서 그렇
게 하시면 애굽 사람들이 하나님을 비방할 것이라고 말하며 하나님
을 가로막았고 하나님께서는 뜻을 돌이키사 재앙을 거두셨다(출 32:
7-14). 또 가데스 바네아에서 열두 정탐꾼을 보낸 때도 여호와께서
믿음 없는 회중을 전염병으로 쳐서 멸하고 모세를 통하여 크고 강한
나라를 이루게 하리라고 말씀하시자, 모세는 그러면 이방인들이 하나
님이 구원의 능력이 없어서 그렇게 했다고 비난할 것이라며 그 백성
용서하시기를 간구했고 그때에도 하나님께서 그의 간구를 들어주셨
다(민 14:11-19). 그러나 하나님께서는 그가 신광야 가데스 므리바 물
에서 실수한 일 때문에 그에게 가나안 땅에 들어가지 못하고 죽을 것
이라고 말씀하셨다(민 20장). 하나님의 징벌은 참으로 두렵고 엄위하
였다. 사람의 죄는 하나님의 진노와 엄위한 징벌을 가져온다.

**〔15-17절〕 모세가 여호와께 여쭈와 가로되 여호와, 모든 육체의 생명
(하루코스 הָרוּחֹת)[영들]의 하나님이시여, 원컨대 한 사람을 이 회중 위에
세워서 그로 그들 앞에 출입하며 그들을 인도하여 출입하게 하사 여호와의
회중으로 목자 없는 양과 같이 되지 않게 하옵소서.**

민수기 16:22에서도 모세는 하나님을 "모든 육체의 생명의 하나님
이여"라고 말했다. 영은 생명 원리다. 영과 생명은 동의어로 쓰였다.
생명은 하나님의 손에 달려 있다. 하나님께서는 피조물들에게 생명
을 주기도 하시고 연장시키기도 하시며 거두어가기도 하신다. 시편
104:29는, "주께서 낯을 숨기신즉 저희가 떨고 주께서 저희 호흡을 취
하신즉 저희가 죽어 본 흙으로 돌아가나이다"라고 말한다. 바다 생물
들의 생명이 그러하듯이, 사람들의 생명은 더욱 그러하다. 다니엘은
벨사살 왕에게 하나님께서는 "왕의 호흡을 주장하시고 왕의 모든 길

을 작정하시는 하나님"이라고 말했다(단 5:23). 모든 육체의 영들이 하나님께 있으므로 그가 작정하시고 섭리하시는 대로 사람이 살기도 하고 죽기도 한다. 모세는 이 사실을 인식하면서 자기의 생명도 하나님의 뜻대로 이제 끝날 것이지만, 단지 한 사람을 이스라엘 회중 위에 세우셔서 그로 그들 앞에 출입하며 그들을 인도하여 출입하게 하셔서 여호와의 회중으로 목자 없는 양같이 되지 않게 하시기를 간구한 것이다. 이것은 모든 충성된 목사들이 가지는 소원일 것이다.

〔18-20절〕 **여호와께서 모세에게 이르시되 눈의 아들 여호수아는 신(神)에 감동된 자**(이쉬 아쉐르 루아크 보 בּוֹ רוּחַ אֲשֶׁר אִישׁ)[성령께서 그 속에 계신 재]**니 너는 데려다가 그에게 안수하고 그를 제사장 엘르아살과 온 회중 앞에 세우고 그들의 목전에서**[앞에서] **그에게 위탁하여 네 존귀를 그에게 돌려 이스라엘 자손의 온 회중으로 그에게 복종하게 하라.**

이 말씀은 이스라엘 회중으로 목자 없는 양같이 되지 않게 해주시기를 청한 모세의 간구에 대한 하나님의 선하신 응답이었다. '성령께서 그 속에 계신 자'라는 말은 애굽 왕 바로가 요셉에 대해 사용했던 말이다(창 41:38). 여호수아는 성령께서 그 속에 계신 자이었다. 성령께서는 하나님의 영이시므로 성령께서 그 속에 계신 자는 하나님과 동행하는 자이다. 하나님께서는 모세로 여호수아에게 안수하게 하셨다. 안수는 직무와 권위를 위탁하는 뜻이 있었다. 안수를 통해 모세의 직무와 권위를 이어받는 여호수아에게 온 회중은 복종해야 했다.

〔21-23절〕 **그는 제사장 엘르아살 앞에 설 것이요 엘르아살은 그를 위하여 우림의 판결법으로**[우림의 판단을 따라] **여호와 앞에 물을 것이며 그와 온 이스라엘 자손 곧 온 회중은 엘르아살의 말을 좇아 나가며 들어올 것이니라. 모세가 여호와께서 자기에게 명하신 대로 하여 여호수아를 데려다가 제사장 엘르아살과 온 회중 앞에 세우고 그에게 안수하여 위탁하되 여호와께서 자기에게 명하신 대로 하였더라.**

제사장의 판결 흉패 안에는 '우림'(הָאוּרִים)[빛]과 '둠밈'(הַתֻּמִּים)[완전함]이라는 물건을 넣어두었다. 그것이 무엇이었는지는 알려져 있지 않지만, 제비뽑기에 쓰인 물건이었을 것이라고 추측된다. 모세는 여호와께서 자기에게 명하신 대로 여호수아에게 안수하였다.

본장의 교훈을 정리해보자. 첫째로, 모세는 온유한 자이었고 하나님의 뜻과 명예를 위하고 이스라엘 백성을 사랑했으나 가데스에서 혈기를 부린 그의 실수 때문에 그가 사모하며 그리던 가나안 땅에 들어가지 못했다. 하나님께서는 모세에게 엄한 벌을 내리셨다. 그는 선하시지만, 그의 징벌은 엄하였다. 우리는 하나님의 징벌을 두려워해야 한다.

둘째로, 모세는 하나님께서 한 사람을 이스라엘 회중 위에 세워 그들로 목자 없는 양같이 되지 않게 하시기를 소원했다. 하나님께서는 모세의 간절한 소원에 대해 응답하셨다. 그는 성령의 사람 여호수아를 그의 후계자로 지시하셨다. 교회에는 좋은 목사가 항상 있어야 하고 교회가 목자 없는 양들의 모임이 되지 않아야 한다. 이것은 우리가 늘 기도해야 할 제목이다. 하나님께서는 그의 교회를 결코 버리지 않으시고 보호하시고 인도하실 것이다. 이단자들은 "육에 속한 자며 성령께서 계시지 않은 자"이지만(유 19), 바른 목자는 성령께서 충만하신 자이다. 그것은 하나님의 뜻을 아는 지식과 그의 마음으로 충만한 것이다. 성령 충만은 곧 말씀 충만이다. 우리는 우리의 교회에 좋은 목사가 늘 있어서 하나님의 말씀의 바른 교훈과 본을 가지는 교회가 되기를 기도해야 한다.

셋째로, 하나님께서는 여호수아에게 안수하게 하고 모세의 존귀를 그에게 돌려 온 회중으로 그에게 복종케 하셨다. 교회는 목자에게 복종해야 한다. 바울은 너희 가운데서 수고하고 너희를 다스리며 권하는 자들을 가장 귀히 여기라고 말했고(살전 5:12-13), 또 "잘 다스리는 장로들을 배나 존경할 자로 알되 말씀과 가르침에 수고하는 이들을 더할 것이니라"고 했다(딤전 5:17). 또 히브리서 13:17, "너희를 인도하는 자들에게 순종하고 복종하라. 저희는 너희 영혼을 위하여 경성하기를 자기가 회계할 자인 것같이 하느니라. 저희로 하여금 즐거움으로 이것을 하게 하고 근심으로 하게 말라. 그렇지 않으면 너희에게 유익이 없느니라."

28장: 각종 절기의 예물 (1)

〔1-2절〕 여호와께서 모세에게 일러 가라사대 이스라엘 자손에게 명하여
그들에게 이르라. 나의 예물, 나의 식물(食物) 되는 화제(火祭), 나의 향기
로운 것[레아크 니코키 רֵיחַ נִיחֹחִי][나의 유화(宥和)의 향기, 나의 진노를 가
라앉히는 향기](BDB, NASB)은 너희가 그 정한 시기에 삼가 내게 드릴지니라.

하나님께서는 사람들이 하나님께 드리는 제물에 대해 말씀하셨다.
그는 그것을 '나의 예물,' '나의 식물,' '나의 화제'(원문), '나의 유화(宥
和)의 향기'라고 표현하셨다. '나의 예물'이라는 말은 사람이 하나님
을 섬기는 마음으로 무엇을 드리는 것을 뜻한다. 그것은 오늘날 헌금
과 같다. '나의 식물'이라는 말은 그 제물이 하나님을 대접하는 것임
을 보인다. 하나님께서는 우리가 대접할 가장 귀한 대상이시다. '나의
화제(火祭)'라는 말은 죄와 불결을 불태우는 뜻이 있다. 그것은 죄의
형벌을 내포할 것이다. '나의 유화(宥和)의 향기'라는 말은 사람의 죄
로 인한 하나님의 진노를 가라앉히는 향기라는 뜻이라고 본다.

〔3-8절〕 또 그들에게 이르라. 너희가 여호와께 드릴 화제는 이러하니 1
년 되고 흠 없는 숫양을 매일 둘씩 상번제(常燔祭)로 드리되 한 어린양은
아침에 드리고 한 어린양은 해 질 때에 드릴 것이요 또 고운 가루 에바 10
분지 1[약 2.2리터]에 빻아낸 기름 힌 4분지 1[약 1리터]을 섞어서 소제로
드릴 것이니 이는 시내산에서 정한 상번제로서 여호와께 드리는 향기로운
[유화(宥和)의 향기의] 화제며 또 그 전제(奠祭)(a drink offering)는 어린양 하
나에 힌 4분지 1을 드리되 거룩한 곳에서 여호와께 독주의 전제를 부어드
릴 것이며 해 질 때에는 그 한 어린양을 드리되 그 소제와 전제를 아침것같
이 여호와께 향기로운[유화의 향기의] 화제로 드릴 것이니라.

이스라엘 백성은 날마다 아침 저녁으로 상번제(常燔祭) 즉 계속적
인 번제를 드려야 하였다. 또 그 번제에는 소제(素祭) 곧 곡물제사가
첨가되었고 또 포도주를 붓는 전제(奠祭)로 마무리되어야 했다. 번제

는 예수 그리스도의 온전한 헌신과 속죄, 그리고 성도의 온전한 헌신을 상징하며, 또 소제의 고운 가루는 그리스도의 자기 부정과 희생과 속죄, 그리고 성도의 온전한 순종을 상징한다고 본다. 또 전제(奠祭)의 포도주(14절; 출 29:40)는 그리스도의 보혈을 상징한다고 본다. 우리는 아침, 저녁으로 즉 날마다 예수 그리스도의 대속 사역을 믿고 의지하며 온전한 헌신과 순종을 다짐하며 하나님을 섬겨야 한다.

〔9-10절〕안식일에는 1년 되고 흠 없는 숫양 둘과 고운 가루 에바 10분지 2에 기름 섞은 소제(素祭)와 그 전제(奠祭)를 드릴 것이니 이는 매 안식일의 번제라. 상번제(常燔祭)와 그 전제 외에니라.

안식일에는 매일 드리는 상번제(常燔祭)와 그 전제 외에(소제(素祭)도 포함될 것) 1년 되고 흠 없는 숫양 둘과 고운 가루 에바 10분지 2에 기름 섞은 소제(素祭)와 그 전제(奠祭)[힌 3분지 1]를 드려야 했다. 이것이 매 안식일의 번제이다. 하나님께서는 안식일 규례를 통해 참된 평안이 없는 죄인인 인생들에게 참된 안식이 있음을 암시하셨고 그것이 예수 그리스도의 피의 속죄사역으로 말미암음을 증거하셨다. 주 예수 그리스도를 믿는 자마다 죄사함으로 말미암은 참된 안식과 평안을 누린다(마 11:28; 요 14:27).

〔11-15절〕월삭에는 수송아지 둘과 숫양 하나와 1년 되고 흠 없는 숫양 일곱으로 여호와께 번제를 드리되 매 수송아지에는 고운 가루 에바 10분지 3에 기름 섞은 소제와 숫양 하나에는 고운 가루 에바 10분지 2에 기름 섞은 소제와 매 어린양에는 고운 가루 에바 10분지 1에 기름 섞은 소제를 향기로운[유화의 향기의] 번제로 여호와께 화제를 드릴 것이며 그 전제는 수송아지 하나에 포도주 반 힌이요 숫양 하나에 3분지 1 힌이요 어린양 하나에 4분지 1 힌이니 이는 1년 중 매 월삭의 번제며 또 상번제와 그 전제 외에 숫염소 하나를 속죄제로 여호와께 드릴 것이니라.

월삭[매달 첫째 날]에는 상번제와 그 전제 외에 연중 절기의 번제와 거기에 따른 소제와 전제와, 숫염소 하나로 속죄제로 드려야 했다. 월삭은 달마다 하나님을 기억하는 뜻이 있다. 하나님께서는 이와 같이 그의 백성이 날마다, 주마다, 달마다 하나님을 기억하게 하셨다. 또 그는 특히 그들이 그리스도의 속죄사역을 믿고 의지하며 온전한 헌신과 온전한 순종의 심령으로 그를 섬겨야 할 것을 제사의 상징을 통해 교훈하셨다. 구약 성도들은 제사를 통해 구원의 은혜를 받았다.

〔16-25절〕 정월 14일은 여호와의 유월절이며 또 그 달 15일부터는 절일이니 7일 동안 무교병[누룩 넣지 않은 떡]을 먹을 것이며 그 첫날에는 성회로 모일 것이요 아무 노동도 하지 말 것이며 수송아지 둘과 숫양 하나와 1년된 숫양 일곱을 다 흠 없는 것으로 여호와께 화제를 드려 번제가 되게 할 것이며 그 소제로는 고운 가루에 기름을 섞어서 쓰되 수송아지 하나에는 에바 10분지 3이요 숫양 하나에는 에바 10분지 2를 드리고 어린양 일곱에는 매 어린양에 에바 10분지 1을 드릴 것이며 또 너희를 속하기 위하여 숫염소 하나로 속죄제를 드리되 아침의 번제 곧 상번제 외에 그것들을 드릴 것이니라. 너희는 이 순서대로 7일 동안 매일 여호와께 향기로운[유화(宥和)의 향기의] 화제의 식물을 드리되 상번제와 그 전제 외에 드릴 것이며 제7일에는 성회로 모일 것이요 아무 노동도 하지 말 것이니라.

하나님께서는 또 유월절과 무교절에 대하여 명하셨다. 유월절은 유대인의 달력으로 1월 14일 저녁이며 무교절은 1월 15일부터 7일간이다. 그 첫날인 1월 15일과 제7일인 1월 21일은 성회로 모이는 안식일로 지켜야 하였다. 즉 주간 안식일인 제7일 안식일 외에 두 개의 안식일이 더 있는 것이다. 구약의 율법에서 연중 절기들 전체로 볼 때, 주간 안식일 외에 무교절에 2개, 맥추절 1개, 나팔절 1개, 속죄일 1개, 초막절에 2개 등 일곱 개의 안식일이 더 있었다.

유월절은 출애굽 때의 장자 재앙을 기념하는 절기이다. 하나님께서는 애굽의 장자들을 죽이시던 때 이스라엘 백성이 그 재앙을 피하게 하셨다. 이스라엘 자손들도 죄인이었지만, 하나님께서는 은혜로 그 재앙을 피하게 하셨던 것이다. 그것은 주 예수님의 십자가 구속(救贖)으로 죄인들이 하나님의 진노를 피하게 되는 것을 예표했다.

무교절에는 연중 절기의 번제와 소제와 속죄제를 7일 동안 매일 드려야 했다. 그것은 예수 그리스도의 속죄사역을 굳게 믿고 하나님께 온전한 헌신과 순종을 드리라는 뜻이 있다. 또 7일간 누룩 없는 떡을 먹게 하신 것은 성도가 죄 없는 거룩한 삶을 살아야 함을 보인다.

〔26-31절〕 **칠칠절 처음 익은 열매 드리는 날**(밀 초실절)(출 23:16; 34:22) **에 너희가 여호와께 새 소제를 드릴 때에도 성회로 모일 것이요 아무 노동 도 하지 말 것이며 수송아지 둘과 숫양 하나와 1년된 숫양 일곱으로 여호와 께 향기로운**[유화의 향기의] **번제를 드릴 것이며 그 소제로는 고운 가루에 기름을 섞어서 쓰되 매 수송아지에는** 에바 **10분지 3이요 숫양 하나에는** 에바 **10분지 2요 어린양 일곱에는 매 어린양에** 에바 **10분지 1을 드릴 것이며 또 너희를 속하기 위하여 숫염소 하나를 드리되 너희는 다 흠 없는 것으로 상번제와 그 소제와 전제 외에 그것들을 드릴 것이니라.**

칠칠절[맥추절 혹은 오순절]은 성도들의 중생(重生)과 구원을 예표 하는 뜻이 있다. 그때에도 절기 번제와 소제와 속죄제를 드려야 했다. 우리의 중생(重生)과 구원은 예수 그리스도의 대속 사역으로 말미암 았다. 예수 그리스도의 피가 아니면 아무도 구원을 얻을 수 없었다. 그러므로 우리는 예수 그리스도의 십자가 대속 사역을 믿고 의지하 며 하나님께 온전한 헌신과 온전한 순종을 결심하며 드려야 한다.

본장의 교훈을 정리해보자. 첫째로, 본장은 우리가 어떻게 하나님을 섬겨야 할지 증거한다. 모든 사람은 하나님을 정성껏 섬겨야 한다.

첫째, 우리는 날마다, 주마다, 달마다, 해마다 하나님을 섬겨야 한다. 시편 146:1-2, "할렐루야, 내 영혼아, 여호와를 찬양하라. 나의 생전에 여호와를 찬양하며 나의 평생에 내 하나님을 찬송하리로다." 히브리서 13:15, "이러므로 우리가 예수님으로 말미암아 항상 찬미의 제사를 하 나님께 드리자. 이는 그 이름을 증거하는 입술의 열매니라."

둘째, 우리는 정성의 예물로 하나님을 섬겨야 한다. 잠언 3:9-10, "네 재물과 네 소산물의 처음 익은 열매로 여호와를 공경하라. 그리하면 네 창고가 가득히 차고 네 즙틀에 새 포도즙이 넘치리라." 하나님께서는 우리가 우리의 가장 귀한 것으로 대접하기에 가장 합당하신 분이시다.

셋째, 우리는 예수 그리스도의 속죄사역만 믿고 하나님을 섬겨야 한다. 번제와 소제와 속죄제와 전제는 그것을 예표했다. 죄인은 하나님을 진노케 할 수밖에 없지만, 예수 그리스도의 피가 우리의 죄를 씻으며 하나님의 진노를 가라앉혔다. 히브리서 10:19-20, "우리가 예수님의 피를 힘입어 성소에 들어갈 담력을 얻었나니 그 길은 우리를 위해 휘장 가운데로 열어 놓으신 새롭고 산 길이요 휘장은 곧 저의 육체니라."

넷째, 우리는 온전한 헌신과 순종으로 하나님을 섬겨야 한다. 그것만이 하나님 앞에 합당하다. 로마서 12:1, "그러므로 형제들아, 내가 하나님의 모든 자비하심으로 너희를 권하노니 너희 몸을 하나님께서 기뻐하시는 거룩한 산 제사로 드리라. 이는 너희의 드릴 영적 예배니라."

다섯째, 우리는 누룩 없는 삶 즉 거룩한 삶으로 하나님을 섬겨야 한다. 데살로니가전서 4:3, "하나님의 뜻은 이것이니 너희의 거룩함이라."

여섯째, 우리는 정기적으로 하나님께 예배 드리는 날을 구별해야 한다. 히브리서 10:25, "모이기를 폐하는 어떤 사람들의 습관과 같이 하지 말고 오직 권하여 그 날이 가까움을 볼수록 더욱 그리하자." 이와 같이, 본장은 사람이 하나님을 어떻게 섬겨야 하는가에 대해 교훈한다.

둘째로, 하나님께서는 안식이 없는 인생들에게 안식을 주셨다. 그는 주간 안식일 외에 무교절에 2일, 맥추절에 1일 안식일을 주셨다. 예수 그리스도 안에 죄사함으로 말미암은 참 안식이 있다. 마태복음 11:28, "수고하고 무거운 짐 진 자들아, 다 내게로 오라. 내가 너희를 쉬게 하리라." 요한복음 14:27, "평안을 너희에게 끼치노니 곧 나의 평안을 너희에게 주노라. 내가 너희에게 주는 것은 세상이 주는 것 같지 아니하니라. 너희는 마음에 근심도 말고 두려워하지도 말라." 히브리서 4:9-10, "그런즉 안식할 때가 하나님의 백성에게 남아 있도다. 이미 그의 안식에 들어간 자는 하나님께서 자기 일을 쉬심과 같이 자기 일을 쉬느니라." 우리는 구주 예수 그리스도 안에서 이미 참된 안식을 누리고 있다.

29장: 각종 절기의 예물 (2)

〔1-6절〕 7월에 이르러는 그 달 초일일에 성회로 모이고 아무 노동도 하지 말라. 이는 너희가 나팔을 불 날이니라. 너희는 수송아지 하나와 숫양 하나와 1년 되고 흠 없는 숫양 일곱을 여호와께 향기로운 번제로[유화의 향기의 번제로] 드릴 것이며 그 소제로는 고운 가루에 기름을 섞어서 쓰되 수송아지에는 에바 10분지 3이요 숫양에는 에바 10분지 2요 어린양 일곱에는 매 어린양에 에바 10분지 1을 드릴 것이며 또 너희를 속(贖)하기 위하여 숫염소 하나로 속죄제를 드리되 월삭의 번제와 그 소제와 상번제(常燔祭)와 그 소제와 그 전제 외에 그 규례를 따라 향기로운[유화의 향기의] 화제로 여호와께 드릴 것이니라.

7월 1일 월삭은 나팔절이다. 이 날은 성회로 모이고 아무 노동도 하지 말아야 하는 안식일이다. 이 날은 나팔을 부는 날이다.

이 날에도 물론 매일 드리는 상번제(常燔祭)와 그 소제와 그 전제(奠祭)를 드리고, 또 월삭마다 드리는 번제와 그 소제를 드려야 한다 (물론, 전제와 속죄제도 포함될 것이다). 이런 제사들 외에, 나팔절은 추가로 제사를 드려야 하였다. 그것은 수송아지 하나(월삭, 무교절, 칠칠절에는 수송아지 둘이지만)와 숫양 하나와 일년 되고 흠 없는 숫양 일곱을 여호와께 유화(속죄)의 향기의 번제로 드리며, 소제로는 고운 가루에 기름을 섞어서 쓰되 수송아지에는 에바 10분지 3, 숫양에는 에바 10분지 2, 어린양 일곱에는 매 어린양에 에바 10분지 1을 드리며, 또 죄를 속(贖)하기 위해 속죄제로 숫염소 하나를 드리는 것이다. 1에바는 약 22리터이다.

나팔절은 속죄일을 예고(豫告)하는 뜻이 있고 그리스도의 속죄의 복음을 널리 전하는 전도를 예표하였다고 본다. 사도 바울은 "유대인은 표적을 구하고 헬라인은 지혜를 찾으나 우리는 십자가에 못박힌 그리스도를 전한다"고 말하였다(고전 1:22-23). 우리는 예수 그리스도의 속죄사역을 믿고 하나님께 우리를 온전히 드리며 기회 있는 대로 이 구원의 복음을 이웃에게 널리 전파해야 한다.

〔7-11절〕 **7월 10일에는 너희가 성회로 모일 것이요 마음을 괴롭게 하고 아무 노동도 하지 말 것이며 너희는 수송아지 하나와 숫양 하나와 1년 된 숫양 일곱을 다 흠 없는 것으로 여호와께 향기로운[유화의 향기의] 번제를 드릴 것이며 그 소제로는 고운 가루에 기름을 섞어서 쓰되 수송아지 하나에는 에바 10분지 3이요 숫양 하나에는 에바 10분지 2요 어린양 일곱에는 매 어린양에 에바 10분지 1을 드릴 것이며 또 숫염소 하나를 속죄제로 드릴 것이니, 이는 속죄제와 상번제와 그 소제와 그 전제(奠祭) 외에니라.**

7월 10일은 속죄일이다. 이 날은 성회로 모이고 마음을 괴롭게 하고 아무 노동도 하지 말아야 하였다. '마음을 괴롭게 한다'는 표현은 금식을 가리킨다고 본다. 이 날은 매일 드리는 상번제(常燔祭)와 그 소제와 그 전제 외에, 두 종류의 특별한 제사를 더 드려야 했다. 하나는 속죄일에 드리는 속죄제이다. 그것은 본문 11절에 "이는 [속죄를 위한] 속죄제와"라고만 말했지만, 레위기 16:1-22에는 자세히 규정되어 있다. 대제사장은 1년 중에 그 날 단 하루만 지성소에 들어가고 그 날 아마 세 번 지성소에 들어간다고 본다. 대제사장은 먼저 향로를 가지고 들어가고, 그 다음 자기를 위한 속죄제물인 수송아지의 피를 속죄소에 뿌리기 위해 들어가고, 끝으로 회중을 위한 속죄제물인 숫염소의 피를 속죄소에 뿌리기 위해 들어간다(레 16:12, 14, 15).

다른 하나는 속죄일의 번제와 소제와 속죄제다. 나팔절에서와 같이, 수송아지 하나와 숫양 하나와 일년된 숫양 일곱을 다 흠 없는 것으로 여호와께 유화의 향기의 번제를 드리며, 그 소제로는 고운 가루에 기름을 섞어서 쓰되 수송아지 하나에는 에바 10분지 3이요 숫양 하나에는 에바 10분지 2요 어린양 일곱에는 매 어린양에 에바 10분지 1을 드리며, 또 숫염소 하나를 속죄제로 드리는 것이다.

속죄일은 구주 예수 그리스도의 단번 속죄사역을 예표한다. 히브리서가 강조하는 대로, 예수 그리스도께서는 세상에 사람으로 오셔서 십자가에 죽으심으로 단번에 택자들을 위한 속죄사역을 이루셨다. 히브리서 7:27, "저가 저 대제사장들이 먼저 자기 죄를 위하고 다음에 백성의 죄를 위하여 날마다 제사 드리는 것과 같이 할 필요가 없으니 이는 저가 단번에 자기를 드려 이루셨음이니라." 히브리서 9:11-12, "그리스도께서 장래 좋은 일의 대제사장으로 오사 손으로 짓지 아니한 곧 이 창조에 속하지 아니한 더 크고 온전한 장막으로 말미암아 염소와 송아지의 피로 아니하고 오직 자기 피로 영원한 속죄를 이루사 단번에 성소에 들어가셨느니라."

〔12-40절〕 7월 15일에는 너희가 성회로 모일 것이요 아무 노동도 하지 말 것이며 7일 동안 여호와 앞에 절기를 지킬 것이라. 너희 번제로 여호와께 향기로운[유화의 향기의] 화제를 드리되 수송아지 열셋과 숫양 둘과 1년된 숫양 열넷을 다 흠 없는 것으로 드릴 것이며 그 소제로는 고운 가루에 기름을 섞어서 수송아지 열셋에는 각기 에바 10분지 3이요 숫양 둘에는 각기 에바 10분지 2요 어린양 열넷에는 각기 에바 10분지 1을 드릴 것이며 또 숫염소 하나를 속죄제로 드릴지니 상번제(常燔祭)와 그 소제와 그 전제(奠祭) 외에니라. 둘째 날에는 수송아지 열둘과 숫양 둘과 1년 되고 흠 없는 숫양 열넷을 드릴 것이며 그 소제와 전제는 수송아지와 숫양과 어린양의 수효를 따라서 규례대로 할 것이며 또 숫염소 하나를 속죄제로 드릴지니 상번제와 그 소제와 그 전제 외에니라. 셋째 날에는 수송아지 열하나와 숫양 둘과 1년 되고 흠 없는 숫양 열넷을 드릴 것이며 그 소제와 전제는 수송아지와 숫양과 어린양의 수효를 따라서 규례대로 할 것이며 또 숫염소 하나를 속죄제로 드릴지니 상번제와 그 소제와 그 전제 외에니라. 넷째 날에는 수송아지 열과 숫양 둘과 1년 되고 흠 없는 숫양 열넷을 드릴 것이며 그 소제와 전제는 수송아지와 숫양과 어린양의 수효를 따라서 규례대로 할 것이며 또 숫염소 하나를 속죄제로 드릴지니 상번제와 그 소제와 그 전제 외에니라. 다섯째 날에는 수송아지 아홉과 숫양 둘과 일년 되고 흠 없는 숫양 열넷을 드릴 것이며 그 소제와 전제는 숫송아지와 숫양과 어린양의 수효를 따라서 규례대로 할 것이며 또 숫염소 하나를 속죄제로 드릴지니 상번제와 그 소제와 그 전제 외에니라. 여섯째 날에는 수

송아지 여덟과 숫양 둘과 1년 되고 흠 없는 숫양 열넷을 드릴 것이며 그 소제와 전제는 수송아지와 숫양과 어린양의 수효를 따라서 규례대로 할 것이며 또 숫염소 하나를 속죄제로 드릴지니 상번제와 그 소제와 그 전제 외에니라. 일곱째 날에는 수송아지 일곱과 숫양 둘과 1년 되고 흠 없는 숫양 열넷을 드릴 것이며 그 소제와 전제는 수송아지와 숫양과 어린양의 수효를 따라서 규례대로 할 것이며 또 숫염소 하나를 속죄제로 드릴지니 상번제와 그 소제와 그 전제 외에니라. 여덟째 날에는 거룩한 대회로 모일 것이요 아무 노동도 하지 말 것이며 번제로 여호와께 향기로운[유화의 향기의] 화제를 드리되 수송아지 하나와 숫양 하나와 1년 되고 흠 없는 숫양 일곱을 드릴 것이며 그 소제와 전제는 수송아지와 숫양과 어린양의 수효를 따라서 규례대로 할 것이며 또 숫염소 하나를 속죄제로 드릴지니 상번제와 그 소제와 그 전제 외에니라. 너희가 이 절기[절기들]를 당하거든 여호와께 이같이 드릴지니 이는 너희 서원제나 낙헌제 외에 번제, 소제, 전제, 화목제를 드릴 것이니라. 모세가 여호와께서 자기로 명하신 모든 일을 이스라엘 자손에게 고하니라.

7월 15일부터 8일 동안은 초막절이다. 첫째 날은 성회로, 아무 노동도 하지 않는 안식일로 모이며, 7일 동안 하나님 앞에서 절기를 지키고 또 제8일에 거룩한 대회로 모여야 했다. 주간 안식일(제7일 안식일) 외에, 절기들에 쉬는 안식일이 1년에 모두 일곱 번이었다(무교절에 2번, 맥추절 1번, 나팔절 1번, 속죄일 1번, 초막절에 2번).

초막절은 매일 드리는 상번제(常燔祭)와 그 소제와 그 전제(奠祭) 외에, 모든 절기 중에 가장 풍성한 제물을 7일 동안 드려야 했다.

첫째 날은 번제로 수송아지 열셋과 숫양 둘과 일년된 숫양 열넷을 다 흠 없는 것으로 향기로운 화제로 드리며, 소제로는 고운 가루에 기름을 섞어서 수송아지 열셋에는 각기 에바 10분지 3, 숫양 둘에는 각기 에바 10분지 2, 어린양 열넷에는 각기 에바 10분지 1을 드리며, 또 속죄제로는 숫염소 하나를 드려야 하였다.

둘째 날은 수송아지 열둘과 나머지는 첫째 날과 같이 드려야 했다. 셋째 날은 수송아지 열하나와 나머지는 첫째 날과 같이 드려야 했다.

넷째 날은 수송아지 열과 나머지는 첫째 날과 같이 드려야 했다. 다섯째 날은 수송아지 아홉과 나머지는 첫째 날과 같이 드려야 했다. 여섯째 날은 수송아지 여덟과 나머지는 첫째 날과 같이 드려야 했다. 일곱째 날은 수송아지 일곱과 나머지는 첫째 날과 같이 드려야 했다. 여덟째 날은 거룩한 대회로 모이며 아무 노동도 하지 않는 안식일로 지켜야 하였다. 그 날에는, 나팔절과 속죄일에서와 같이, 수송아지 하나와 숫양 하나와 일년 되고 흠 없는 숫양 일곱을 번제로 여호와께 유화의 향기의 화제를 드리며, 그 소제와 전제(奠祭)는 수송아지와 숫양과 어린양을 따라서 규례대로 하며, 또 숫염소 하나를 속죄제로 드려야 했다. 이것들은 물론 매일 드리는 상번제(常燔祭)와 그 소제와 그 전제(奠祭) 외에 추가로 드리는 제물들이다.

초막절은 이스라엘 선조들이 옛날 애굽에서 나와 광야에서 40년 동안 천막 생활을 했던 일을 기념하는 뜻이 있다. 또 이 절기는 곡식이나 기름과 열매와 포도주 등의 추수를 다 마치고 그것들을 창고에 저장하는 절기이며 그래서 이 날을 수장절(收藏節)이라고도 부른다 (출 23:16). 이것은 하나님의 백성이 장차 천국에 들어감을 예표했다. 이 날 모든 백성은 메시아의 속죄를 믿으며 하나님께 온전한 헌신과 순종을 다짐하고 또 감사의 예물을 드린다. 초막절은 모든 절기들 중에서 가장 즐거운 절기이다. 레위기 23:40, "첫날에는 너희가 아름다운 나무 실과와 종려 가지와 무성한 가지와 시내 버들을 취하여 너희 하나님 여호와 앞에서 7일 동안 즐거워할 것이라."

이스라엘 백성은 민수기 28장과 29장에 규정된 대로 하나님께 명하신 절기들을 지켜야 했고 하나님께 제사를 드려야 했다. 그들은 서원제나 낙헌제 외에 번제, 소제, 전제(奠祭), 화목제를 하나님께 드려야 하였다. 이것들은 다 여호와께서 명하신 바이었다.

본장의 교훈을 정리해보자. 첫째로, 구약시대의 절기들은 예수 그리스도와 그의 사역을 예표했고 특히 속죄일은 예수 그리스도께서 십자가에 달려 보혈을 흘려 죽으심으로 우리의 모든 죄악들을 단번에 씻어주셨음을 예표하였다. 우리는 예수 그리스도의 단번 속죄사역을 믿어야 한다. 히브리서 9:12, "염소와 송아지의 피로 아니하고 오직 자기 피로 영원한 속죄를 이루사 단번에 성소에 들어가셨느니라." 우리는 예수 그리스도의 피를 힘입어 지성소에 들어갈 담력을 얻었다(히 10:19-20).

둘째로, 나팔절은 예수 그리스도의 십자가 속죄의 복음이 널리 전파되어야 함을 보인다. 교회는 때를 얻든지 못 얻든지 예수 그리스도의 십자가 속죄의 복음을 만방에 널리 전파해야 한다. 그것이 하나님의 뜻이며 하나님의 구원 방법이다. 마태복음 28:19-20, "그러므로 너희는 가서 모든 족속으로 제자를 삼아 아버지와 아들과 성령의 이름으로 세례를 주고 내가 너희에게 분부한 모든 것을 가르쳐 지키게 하라." 고린도전서 1:22-24, "유대인은 표적을 구하고 헬라인은 지혜를 찾으나 우리는 십자가에 못박힌 그리스도를 전하니 유대인에게는 거리끼는 것이요 이방인에게는 미련한 것이로되 오직 부르심을 입은 자들에게는 유대인이나 헬라인이나 그리스도는 하나님의 능력이요 하나님의 지혜니라." 우리는 예수 그리스도의 십자가 속죄의 복음을 널리 전파해야 한다.

셋째로, 초막절은 애굽에서 나왔던 이스라엘 백성의 40년 광야생활을 회상하고 또 가을에 곡식 추수뿐 아니라, 기름, 열매, 포도주 등의 수확과 저장을 감사하는 뜻이 있다. 초막절은 가장 즐거운 절기이었다. 그 절기에는 수많은 번제물과 소제물을 하나님께 드려야 했다. 번제는 온전한 헌신을 상징하며 소제는 온전한 순종을 상징한다고 본다. 예수 그리스도의 십자가 대속 사역으로 구원 얻은 모든 성도들은 하나님의 은혜에 보답하는 양으로 우리의 몸과 마음을 온전히 하나님께 드리며 성경에 계시된 그의 계명에 온전하게 순종해야 한다. 로마서 12:1, "그러므로 형제들아, 내가 하나님의 모든 자비하심으로 너희를 권하노니 너희 몸을 하나님께서 기뻐하시는 거룩한 산 제사로 드리라."

30장: 서원에 대한 법

〔1-2절〕 모세가 이스라엘 자손 지파의 두령들에게 일러 가로되 여호와의 명령이 이러하니라. 사람이 여호와께 서원하였거나 마음을 제어하기로 서약[맹세]하였거든 파약하지 말고 그 입에서 나온 대로 다 행할 것이니라.

사람이 여호와께 서원하였거나 마음을 제어하기로 맹세하였으면 그 약속을 어기지 말고 그가 말한 대로 다 행해야 하였다. 서원이나 맹세는 사람이 하나님을 증인으로 삼고 무엇을 말하며 무엇을 약속하는 것이다. 사람이 하나님 앞에서 하는 말이나 약속은 참되어야 하고 특히 그가 한 약속은 지켜야 하며 그렇지 않으면 죄가 된다.

〔3-5절〕 또 여자가 만일 어려서 그 아비 집에 있을 때에 여호와께 서원한 일이나 스스로 제어하려 한 일이 있다 하자. 그 아비가 그의 서원이나 그 마음을 제어하려는 서약[맹세]을 듣고도 그에게 아무 말이 없으면 그 모든 서원을 행할 것이요 그 마음을 제어하려는 서약[맹세]을 지킬 것이니라. 그러나 그 아비가 그것을 듣는 날에 허락지 아니하면 그 서원과 마음을 제어하려던 서약[맹세]이 이루지 못할 것이니 그 아비가 허락지 아니하였은즉 여호와께서 사하시리라.

서원 혹은 맹세가 비록 하나님 앞에서 하는 행위지만, 하나님께서는 그 일에 있어서도 가정의 질서를 중시하셨다. 결혼하기 전의 어린 자녀들은 아직 부모의 관리 아래 있는 것으로 간주되었다. 자녀들이 부모를 공경하고 그들의 말에 순종하는 것이 가정의 질서이며 자녀들의 서원 혹은 서약도 아버지의 허락 속에서 유효하였다.

〔6-8절〕 또 혹시 남편을 맞을 때에[남편을 맞기 전에] 서원이나 마음을 제어하려는 서약[맹세]을 경솔히 그 입에서 발하였다 하자. 그 남편이 그것을 듣고 그 듣는 날에 그에게 아무 말이 없으면 그 서원을 행할 것이요 그 마음을 제어하려는 서약[맹세]을 지킬 것이니라. 그러나 그 남편이 그것을 듣는 날에 허락지 아니하면 그 서원과 마음을 제어하려고 경솔히 입술에서 발한 서약[맹세]이 무효될 것이니 여호와께서 그 여자를 사하시리라.

아내가 될 여자가 무엇을 서원한 상태에서 결혼하는 경우(NASB) 남편이 그것을 듣고 아무 말도 없으면 허락하는 것으로 인정된다. 그러나 그 남편이 그것을 듣는 날에 허락지 아니하면 그 서원은 무효가 된다. 이와 같이, 하나님께 하는 서원에 있어서도 남편과 아내의 바른 관계, 특히 아내가 남편에게 순종하는 일이 중요하게 여겨졌다.

〔9절〕 **과부나 이혼 당한 여자의 서원이나 무릇 그 마음을 제어하려는 서약[맹세]은 지킬 것이니라.**

과부나 이혼 당한 여자의 경우는, 남편에게 매여 있는 것이 아니기 때문에 그가 한 서원이나 그 마음을 제어하려는 모든 맹세는 반드시 지켜야 한다. 그가 하나님과 한 약속은 언제나 유효하였다.

〔10-16절〕 **부녀가 혹시 그 남편의 집에 있어 서원을 하였다든지 마음을 제어하려고 서약[맹세]을 하였다 하자. 그 남편이 그것을 듣고도 아무 말이 없고 금함이 없으면 그 서원은 무릇 행할 것이요 그 마음을 제어하려는 서약[맹세]은 무릇 지킬 것이니라. 그러나 그 남편이 그것을 듣는 날에 무효케 하면 그 서원과 마음을 제어하려던 일에 대하여 입술에서 낸 것을 무엇이든지 이루지 못하나니 그 남편이 그것을 무효케 하였은즉 여호와께서 그 부녀를 사하시느니라. 무릇 서원과 무릇 마음을 괴롭게 하려는 서약[맹세]은 그 남편이 그것을 지키게도 할 수 있고 무효케도 할 수 있나니 그 남편이 일향** 〔계속〕 **말이 없으면 아내의 서원과 스스로 제어하려는 일을 지키게 하는 것이니 이는 그가 그것을 들을 때에 그 아내에게 아무 말도 아니하였으므로 지키게 됨이니라. 그러나 그 남편이 들은 지 얼마 후에 그것을 무효케 하면 그가 아내의 죄를 담당할 것이니라. 이는 여호와께서 모세에게 명하신 율례니 남편이 아내에게, 아비가 자기 집에 있는 유년 여자에 대한 것이니라.**

이것은 결혼한 아내가 서원이나 맹세를 하는 경우에 대한 규례이다. 아내의 서원이나 맹세는 그 남편이 그것을 지키게도 할 수 있고 무효가 되게도 할 수 있었다. 하나님께서는 가정에서 남편의 권한을 인정하셨다. 그러나 남편이 아내의 서원에 대해 듣고 시간이 얼마간 지난 후 그것을 무효케 하면 그가 아내의 죄를 담당할 것이다.

본장의 교훈을 정리해보자. 첫째로, 서원 혹은 맹세는 하나님과 약속하는 의미를 가진다. 그러므로 하나님을 아는 자들마다 그 서원 혹은 맹세를 반드시 지켜야 한다. 신명기 23:21-23, "네 하나님 여호와께 서원하거든 갚기를 더디하지 말라. 네 하나님 여호와께서 반드시 그것을 네게 요구하시리니 더디면 네게 죄라. 네가 서원치 아니하였으면 무죄하니라 마는 네 입에서 낸 것은 그대로 실행하기를 주의하라. 무릇 자원한 예물은 네 하나님 여호와께 네가 서원하여 입으로 언약한 대로 행할지니라." 우리는 하나님과의 바른 관계를 잘 지켜야 한다. 우리는 그를 경외하고 순종하며 그에게 서원한 것은 반드시 지켜야 한다.

둘째로, 자녀의 서원은 부모의 허락 속에서 유효하였다. 우리는 부모와 자식의 관계를 잘 유지해야 한다. 사람에게 있어서 하나님과의 관계가 더 중요하지만, 부모와 자식의 관계도 중요하다. 부모는 자녀를 사랑해야 하고 자녀는 부모에게 순종해야 한다. 사람이 하나님을 섬긴다는 이유로 부모에 대한 공경과 순종의 기본적 의무를 저버려서는 안 된다. 미혼의 자녀가 자기의 생각과 뜻을 가지고 살 수 있지만, 단지 부모의 허락 속에서 그렇게 해야 한다. 이만큼 가정의 질서가 중요하고 부모와 자녀의 관계가 중요하다. 자녀들은 부모를 공경하고 순종해야 한다.

셋째로, 아내가 하나님 앞에 서원하는 경우는 남편이 그것을 허락하지 않으면 무효가 된다. 남편이 아내의 서원을 지키게도 하고 무효케도 할 수 있었다. 이만큼 아내가 남편에게 순종하는 것은 하나님의 뜻이다. 우리는 부부의 관계도 잘 지켜야 한다. 남편은 자기 아내를 자기의 몸과 같이 사랑해야 하며, 아내는 남편을 존중하고 그에게 순종해야 한다. 하나님께서는 남편을 아내의 머리로 주셨다. 남녀평등의 사상은 사람들이 만들어낸 사상이다. 하나님께서는 가정에서 부부간에 질서를 주셨다. 신약성경의 교훈대로, 아내들은 자기 남편에게 복종하기를 주께 하듯 해야 하고, 남편들은 자기 아내 사랑하기를 그리스도께서 교회를 사랑하시고 위하여 자신을 주심같이 해야 한다(엡 5:22-25).

31장: 미디안에 대한 보복

〔1-12절〕여호와께서 모세에게 일러 가라사대 이스라엘 자손의 원수를 미디안에게 갚으라. 그 후에 네가 네 조상에게로 돌아가리라. 모세가 백성에게 일러 가로되 너희 중에서 사람을 택하여 싸움에 나갈 준비를 시키고 미디안을 치러 보내어서 여호와의 원수를 미디안에게 갚되 이스라엘 모든 지파에 대하여 각 지파에서 1천인씩을 싸움에 보낼지니라 하매 매 지파에서 1천인씩 이스라엘 천만인 중에서 1만 2천인을 택하여 무장을 시킨지라. 모세가 매 지파에 1천인씩 싸움에 보내되 제사장 엘르아살의 아들 비느하스에게 성소의 기구와 신호 나팔을 들려서 그들과 함께 싸움에 보내매 그들이 여호와께서 모세에게 명하신 대로 미디안을 쳐서 그 남자를 다 죽였고 그 죽인 자 외에 미디안의 다섯 왕을 죽였으니 미디안의 왕들은 에위와 레겜과 수르와 후르와 레바이며 또 브올의 아들 발람을 칼로 죽였더라. 이스라엘 자손이 미디안의 부녀들과 그 아이들을 사로잡고 그 가축과 양떼와 재물을 다 탈취하고 그 거처하는 성읍들과 촌락을 다 불사르고 탈취한 것, 노략한 것, 사람과 짐승을 다 취하니라. 그들이 사로잡은 자와 노략한 것과 탈취한 것을 가지고 여리고 맞은편 요단 가 모압 평지의 진에 이르러 모세와 제사장 엘르아살과 이스라엘 자손의 회중에게로 나아오니라.

하나님께서는 이스라엘 자손의 원수를 미디안에게 갚으라고 말씀하셨고 모세는 하나님의 뜻을 받들어 백성들에게 여호와의 원수를 미디안에게 갚으라고 명하였다. 미디안이 이스라엘에게 행한 일은 그들로 우상숭배와 음행의 죄를 짓게 한 일이었다. 민수기 25:1-3, "이스라엘이 싯딤에 머물러 있더니 그 백성이 모압 여자들과 음행하기를 시작하니라. 그 여자들이 그 신들에게 제사할 때에 백성을 청하매 백성이 먹고 그들의 신들에게 절하므로 이스라엘이 바알브올에게 부속[연합]된지라. 여호와께서 이스라엘에게 진노하시니라."

민수기 22장 이하를 보면, 모압 족속과 미디안 족속은 서로 섞여 있는 것 같다. 민수기 22:4, "[모압 왕은] 미디안 장로들에게 이르되

이제 이 무리가 소가 밭의 풀을 뜯어먹음같이 우리 사면에 있는 것을
다 뜯어먹으리로다 하니 때에 십볼의 아들 발락이 모압 왕이었더라."
22:7, "모압 장로들과 미디안 장로들이 손에 복술의 예물을 가지고 떠
나 발람에게 이르러 발락의 말로 그에게 고하매." 25:1, "이스라엘이
싯딤에 머물러 있더니 그 백성이 모압 여자들과 음행하기를 시작하
니라." 25:6, "이스라엘 자손의 온 회중이 회막 문에서 울 때에 이스라
엘 자손 한 사람이 모세와 온 회중의 목전에 미디안의 한 여인을 데
리고 그 형제에게로 온지라." 25:16-17, "여호와께서 모세에게 일러
가라사대 미디안인들을 박해하며 그들을 치라." 31:16, "보라, 이들이
발람의 꾀를 좇아 이스라엘 자손으로 브올의 사건에(민 23:28; 25:3,
5, 17) 여호와 앞에 범죄케 하여 여호와의 회중에 염병이 일어나게 하
였느니라." 특히 31:16은 모압 여인들과 음행했던 사건이 발람의 꾀
에서 나온 것임을 증거한다. 선지자 발람은 와서 모압 왕 발락의 요
청대로 이스라엘 백성을 저주하지는 않았지만, 그들이 어떻게 하면
하나님 앞에 큰 벌을 받을 것인지를 암시해주었다. 그러나 모압 왕과
모압 족속들은 하나님의 징벌에서 제외되었던 것 같고 그것은 신명
기 2:9의 말씀대로 롯 자손에 대한 하나님의 배려이었던 것 같다.
　이스라엘 백성은 매 지파에서 1천명씩 이스라엘 천만인 중에서
12,000명을 택하여 무장을 시켰다. 모세는 매 지파에 1천명씩 싸움에
보내되 제사장 엘르아살의 아들 비느하스에게 성소의 기구와 신호
나팔을 들려서 그들과 함께 싸움에 보내었다. 그들은 여호와께서 모
세에게 명하신 대로 미디안을 쳐서 남자들을 다 죽였고 죽인 자들 외
에 미디안의 다섯 왕들, 즉 에위와 레겜과 수르와 후르와 레바를 죽
였고, 또 브올의 아들 선지자 발람을 칼로 죽였다. 그들은 미디안의
부녀들과 그 아이들을 사로잡고 그 가축과 양떼와 재물을 다 탈취하
고 그 성읍들을 다 불사르고, 탈취한 것을 다 취하였다.

〔13-18절〕 모세와 제사장 엘르아살과 회중의 족장들이 다 진 밖에 나가서 영접하다가 모세가 군대의 장관 곧 싸움에서 돌아온 천부장들과 백부장들에게 노하니라. 모세가 그들에게 이르되 너희가 여자들을 다 살려두었느냐? 보라, 이들이 발람의 꾀를 좇아 이스라엘 자손으로 브올의 사건에 여호와 앞에 범죄케 하여 여호와의 회중에 염병이 일어나게 하였느니라. 그러므로 아이들 중에 남자는 다 죽이고 남자와 동침하여 사내를 안 여자는 다 죽이고 남자와 동침하지 아니하여 사내를 알지 못하는 여자들(핫타프 반나쉼 הַטַּף בַּנָּשִׁים)[소녀들](NASB)은 다 너희를 위하여 살려둘 것이니라.

〔19-24절〕 너희는 7일 동안 진 밖에 주둔하라. 무릇 살인자나 죽임을 당한 시체를 만진 자나 제3일과 제7일에 몸을 깨끗케 하고 너희의 포로도 깨끗케 할 것이며 무릇 의복과 무릇 가죽으로 만든 것과 무릇 염소털로 만든 것과 무릇 나무로 만든 것을 다 깨끗케 할지니라. 제사장 엘르아살이 싸움에 나갔던 군인들에게 이르되 이는 여호와께서 모세에게 명하신 법률이니라. 금, 은, 동, 철과 상납(tin, 주석)과 납의 무릇 불에 견딜 만한 물건은 불을 지나게 하라. 그리하면 깨끗하려니와 오히려 정결케 하는 물로 그것을 깨끗케 할 것이며 무릇 불에 견디지 못할 모든 것은 물을 지나게 할 것이니라. 너희는 제7일에 옷을 빨아서 깨끗케 한 후에 진에 들어올지니라.

전쟁에 나갔던 자들은 하나님의 명령대로 제3일과 제7일에 정결의식을 행해야 했고 노획한 물건들도 불과 물로 정결케 해야 했다.

〔25-31절〕 여호와께서 모세에게 일러 가라사대 너는 제사장 엘르아살과 회중의 족장들로 더불어 이 탈취한 사람과 짐승을 계수하고 그 얻은 물건을 반분(半分)하여 그 절반은 싸움에 나갔던 군인들에게 주고 절반은 회중에게 주고, 싸움에 나갔던 군인들로는 사람이나 소나 나귀나 양떼의 500분지 1을 여호와께 드리게 하되 곧 이를 그들의 절반에서 취하여 여호와의 거제(擧祭)로 제사장 엘르아살에게 주고, 또 이스라엘 자손의 얻은 절반에서는 사람이나 소나 나귀나 양떼나 각종 짐승을 50분지 1을 취하여 여호와의 성막을 맡은 레위인에게 주라. 모세와 제사장 엘르아살이 여호와께서 모세에게 명하신 대로 하니라.

〔32-41절〕 그 탈취물 곧 군인들의 다른 탈취물 외에 양이 67만 5천이요 소가 7만 2천이요 나귀가 6만 천이요 사람은 남자와 동침하지 아니하여

서 사내를 알지 못하는 여자가 도합 3만 2천이니, 그 절반 곧 싸움에 나갔던 자들의 소유가 양이 33만 7천5백이라, 여호와께 세(稅)로 드린 양이 675요; 소가 3만 6천이라, 그 중에서 여호와께 세(稅)로 드린 것이 72두(頭)요; 나귀가 3만 5백이라, 그 중에서 여호와께 세(稅)로 드린 것이 61이요; 사람이 1만 6천이라, 그 중에서 여호와께 세(稅)로 드리운 자가 32명이니; 여호와께 거제(擧祭)의 세(稅)로 드린 것을 모세가 제사장 엘르아살에게 주었으니 여호와께서 모세에게 명하심과 같았더라.

[42-47절] 모세가 싸움에 나갔던 자에게서 나누어 취하여 이스라엘 자손에게 준 절반 곧 회중의 얻은 절반은 양이 33만 7천 5백이요 소가 3만 6천이요 나귀가 3만 5백이요 사람이 1만 6천이라. 이스라엘 자손의 그 절반에서 모세가 사람이나 짐승의 50분지 1을 취하여 여호와의 장막을 맡은 레위인에게 주었으니 여호와께서 모세에게 명하심과 같았더라.

[48-54절] 군대의 장관들 곧 천부장과 백부장들이 모세에게 나아와서 그에게 고하되 당신의 종들의 영솔한 군인을 계수한즉 우리 중 한 사람도 축나지 아니하였기로 우리 각 사람의 얻은 바 금 패물 곧 발목고리, 손목고리, 인장반지, 귀고리, 팔고리들을 여호와의 예물로 우리의 생명을 위하여 여호와 앞에 속죄하려고 가져왔나이다. 모세와 제사장 엘르아살이 그들에게서 그 금으로 만든 모든 패물을 취한즉 천부장과 백부장들이 여호와께 드린 거제의 금의 도합이 1만 6천 750세겔이니 군인들이 각기 자기를 위하여 탈취한 것이니라. 모세와 제사장 엘르아살이 천부장과 백부장들에게서 금을 취하여 회막에 들여서 여호와 앞에 이스라엘 자손의 기념을 삼았더라.

군대의 장관들 곧 천부장과 백부장들은 그들이 영솔한 군인들이 한 사람도 죽지 않았기 때문에 그들이 얻은 전쟁 노획물을 구별하여 하나님께 예물로 드리기 위해 가져왔다. 그것은 자원하는 예물이었다. 천부장과 백부장들이 여호와께 드린 거제(擧祭)[드는 제물]의 금의 도합이 1만 6천 750세겔(약 168킬로그램)이었다.

본장의 교훈을 정리해보자. 첫째로, 하나님께서는 선지자 발람의 꾀를 따라 이스라엘 백성을 범죄케 했던 미디안 사람들의 죄를 갚게 하셨다. 미디안 사람들의 모든 남자들과 다섯 왕들과 선지자 발람과 또 남자들과 함께 동침한 여자들은 다 죽임을 당하였다. 죄는 반드시 보응을 받아야 하고 징벌을 받아야 한다. 죄의 값은 사망이다(롬 6:23). 로마서 2:6, "하나님께서 각 사람에게 그 행한 대로 보응하시되." 사람이 죄를 씻고 하나님의 징벌을 피하는 길은 하나님의 아들 예수 그리스도의 피 밖에 없다. 에베소서 1:7, "우리가 그리스도 안에서 그의 은혜의 풍성함을 따라 그의 피로 말미암아 구속(救贖) 곧 죄사함을 받았으니."

둘째로, 하나님께서는 미디안을 이스라엘 자손의 원수라고 말씀하셨고, 모세는 그들을 여호와의 원수라고 불렀다. 오늘날 성도들의 원수는 마귀와 악령들이며 그들의 종들이다. 에베소서 6:12, "우리의 씨름은 혈과 육에 대한 것이 아니요 정사와 권세와 이 어두움의 세상 주관자들과 하늘에 있는 악의 영들에게 대함이라." 그들은 교회들 안에 이단사상들과 세상 풍조들을 늘 침투시켜 왔다. 우리는 그런 자들과 또 그런 풍조들과 싸워야 한다. 우리는 하나님의 원수들과 싸워야 한다. 유다서 3, "사랑하는 자들아, 내가 우리의 일반으로 얻은 구원을 들어 너희에게 편지하려는 뜻이 간절하던 차에 성도에게 단번에 주신 믿음의 도를 위하여 힘써 싸우라는 편지로 너희를 권하여야 할 필요를 느꼈노니."

셋째로, 이스라엘 백성이 미디안과 원수가 된 것은 그들이 범죄케 했기 때문이다. 이스라엘 백성은 미디안 여자들의 유혹으로 우상숭배하고 음행했다. 그 결과, 그들은 하나님께서 내리신 무서운 전염병으로 2만 4천명이나 되는 많은 사람이 죽었었다(민 25장). 우리는 특히 죄와 싸워야 한다. 오늘날도 우리는 우상숭배와 음행과 싸워야 한다. 특히, 현대인의 우상은 돈이다. 탐심은 우상숭배이다(골 3:5). 우리는 돈 사랑을 버려야 한다. 또 우리는 세상의 음란 풍조와 싸워야 한다. 우리는 말과 행위, 보는 것, 듣는 것, 복장까지도 조심해야 한다. 성도는 세상의 각종 음란물을 멀리해야 하고 음란 풍조를 용납하지 말아야 한다. 그래야 하나님의 징벌을 피할 수 있고 평안과 형통을 체험할 수 있다.

32장: 두 지파의 회개

〔1-5절〕르우벤 자손과 갓 자손은 심히 많은 가축의 떼가 있었더라. 그들이 야셀 땅과 길르앗 땅을 본즉 그 곳은 가축에 적당한 곳인지라. 갓 자손과 르우벤 자손이 와서 모세와 제사장 엘르아살과 회중 족장들에게 말하여 가로되 아다롯과 디본과 야셀과 니므라와 헤스본과 엘르알레와 스밤과 느보와 브온 곧 여호와께서 이스라엘 회중 앞에서 쳐서 멸하신 땅은 가축에 적당한 곳이요 당신의 종들에게는 가축이 있나이다. 또 가로되 우리가 만일 당신에게 은혜를 입었으면 이 땅을 당신의 종들에게 산업으로 주시고 우리로 요단을 건너지 않게 하소서.

이스라엘 자손들이 요단강을 건너서 가나안 땅에 들어가 가나안 족속들과 전쟁을 하여 그 땅을 정복해야 할 시점에, 이스라엘 자손들이 다같이 마음과 힘을 합하여야 할 때에, 갓 자손들과 르우벤 자손들은 잠시라도 자기들의 평안만 구하는 이기적 생각을 했다. 그들의 생각은 짧았고 잘못되었고 그들의 잘못은 작은 것이 아니었다.

〔6-15절〕모세가 갓 자손과 르우벤 자손에게 이르되 너희 형제들은 싸우러 가거늘 너희는 여기 앉았고자 하느냐? 너희가 어찌하여 이스라엘 자손으로 낙심케 하여서 여호와께서 그들에게 주신 땅으로 건너갈 수 없게 하려느냐? 너희 열조도 내가 가데스 바네아에서 그 땅을 보라고 보내었을 때에 그리하였었나니 그들이 에스골 골짜기에 올라가서 그 땅을 보고 이스라엘 자손으로 낙심케 하여서 여호와께서 그들에게 주신 땅으로 갈 수 없게 하였었느니라. 그때에 여호와께서 진노하사 맹세하여 가라사대 애굽에서 나온 자들의 20세 이상으로는 한 사람도 내가 아브라함과 이삭과 야곱에게 맹세한 땅을 정녕히 보지 못하리니 이는 그들이 나를 온전히 순종치[따르지] 아니하였음이니라. 다만 그니스 사람 여분네의 아들 갈렙과 눈의 아들 여호수아는 볼 것은 여호와를 온전히 순종하였음[따랐음]이니라 하시고 여호와께서 이스라엘에게 진노하사 그들로 40년 동안 광야에 유리하게 하심으로 여호와의 목전에 악을 행한 그 세대가 필경은 다 소멸하였느니라. 보라, 너희는 너희의 열조를 계대하여 일어난 죄인의 종류로서 이스라엘을 향하신 여

호와의 노를 더욱 심하게 하는도다. 너희가 만일 돌이켜 여호와를 떠나면 여호와께서 또 이 백성을 광야에 버리시리니 그리하면 너희가 이 모든 백성을 멸망시키리라.

모세는 갓 자손들과 르우벤 자손들의 요청이 다른 지파들 자손들을 낙심케 만드는 생각임을 지적했다. 전쟁을 앞두고 일치 단합하고 협력해야 할 때에, 어느 때보다도 모두가 다함께 하나님께 헌신하고 이스라엘 온 회중을 위하여 헌신하고 지도자 모세에게 순종해야 할 때에, 그들은 매우 잘못된 생각을 하였고 잘못된 요청을 했던 것이다.

모세는 그들의 잘못이 그들의 열조들이 40년 전 가데스 바네아에서 잘못한 것과 비슷하다고 지적하였다. 그는 가데스 바네아에서 열정탐꾼들이 부정적이고 불신앙적인 보고를 함으로써 이스라엘 회중을 낙심케 했고 하나님의 허락하신 그 땅에 들어가지 못하게 했음을 상기시켰다. 그는 또 그때 하나님께서 진노하셨고 그의 진노로 20세 이상의 이스라엘 자손들이 광야에서 다 멸망했음을 상기시켰다.

그는 갓 자손들과 르우벤 자손들의 요청도 하나님의 노를 일으킬 만한 잘못임을 지적했다. 그들의 요청은 결코 작은 잘못이 아니었다. 그것은 하나님의 뜻을 거스르는 것이었고 이스라엘 회중으로 하여금 하나님의 뜻을 행하지 못하도록 힘을 빼고 낙심시키는 말이었다.

〔16-19절〕 그들이 모세에게 가까이 나아와 가로되 우리가 이 곳에 우리 가축을 위하여 우리를 짓고 우리 유아들을 위하여 성읍을 건축하고 이 땅 거민의 연고로 우리 유아들로 그 견고한 성읍에 거하게 한 후에 우리는 무장하고 이스라엘 자손을 그 곳으로 인도하기까지 그들의 앞에 행하고 이스라엘 자손이 각기 기업을 얻기까지 우리 집으로 돌아오지 아니하겠사오며 우리는 요단 이편 곧 동편에서 산업을 얻었사오니 그들과 함께 요단 저편에서는 기업을 얻지 아니하겠나이다.

갓 자손들과 르우벤 자손들은 모세의 지적과 책망을 듣고 회개하였다. 그들은 그들의 생각을 반성하고 그 요청을 철회하였고 하나님의 뜻에 맞게 수정하였다. 그들은 모세에게 가까이 나아와 "우리가 이 곳에 우리 가축을 위하여 우리를 짓고 우리 유아들을 위하여 성읍을 건축한 후에, 무장하고 이스라엘 자손을 그 곳으로 인도하기까지 그들의 앞에 행하고 그들과 함께 요단 저편에서는 기업을 얻지 아니하겠다"고 말했다. 그들은 그들의 각오와 결심을 분명하게 표현했다. 그것은 모세를 통해 주신 하나님의 지적과 책망을 달게 받은 것이었다. 그것은 그들의 처음의 요청을 철회하고 하나님의 뜻에 순종하는 방향으로 확실하게 고친 것이었다. 그것이 회개이다. 회개는 생각을 바꾸는 것이다. 사람의 생각은 그의 인격을 형성한다. 회개는 일차적으로 자기 중심적 생각에서 하나님 중심적 생각으로 생각을 바꾸는 것이다. 그것은 우리의 잘못된 생각을 포기하고 하나님의 뜻에 맞게 생각하는 것이다. 두 지파 사람들은 생각을 고쳤고 회개하였다.

〔20-27절〕 모세가 그들에게 이르되 너희가 만일 이 일을 행하여 무장하고 여호와 앞에서 가서 싸우되 너희가 다 무장하고 여호와 앞에서 요단을 건너가서 여호와께서 그 원수를 자기 앞에서 쫓아내시고 그 땅으로 여호와 앞에 복종케 하시기까지 싸우면 여호와의 앞에서나 이스라엘의 앞에서나 무죄히 돌아오겠고 이 땅은 여호와 앞에서 너희의 산업이 되리라마는 너희가 만일 그같이 아니하면 여호와께 범죄함이니 너희 죄가 정녕 너희를 찾아낼 줄 알라. 너희는 유아들을 위하여 성읍을 건축하고 양을 위하여 우리를 지으라. 그리하고 너희 입에서 낸 대로 행하라. 갓 자손과 르우벤 자손이 모세에게 대답하여 가로되 우리 주의 명대로 종들이 행할 것이라. 우리의 어린 자와 아내와 양떼와 모든 가축은 이 곳 길르앗 성읍들에 두고 우리 주의 말씀대로 종들은 무장하고 여호와 앞에서 다 건너가서 싸우리이다.

모세는 그들의 수정된 요청을 조건부로 허락하였다. 갓 자손들과 르우벤 자손들은 다시 다짐하며 모세에게 대답했다. 특별히 이스라엘 자손들이 모세를 '우리 주'라고 표현하고 자신들을 '종들'이라고 표현한 것은 그들이 40년 광야 생활을 통해 어느 정도 훈련되었음을 보이는 것 같다. 그들은 적어도 지도자 모세 앞에서 그리고 나중에 여호수아 앞에서 하나님의 말씀을 순종하는 자들로 변화된 것 같다.

〔28-32절〕 이에 모세가 그들에게 대하여 제사장 엘르아살과 눈의 아들 여호수아와 이스라엘 자손 지파의 두령들에게 명하니라. 모세가 그들에게 이르되 갓 자손과 르우벤 자손이 만일 각기 무장하고 너희와 함께 요단을 건너가서 여호와 앞에서 싸워서 그 땅이 너희 앞에 항복하기에 이르거든 [너희는] 길르앗 땅을 그들에게 산업으로 줄 것이니라. 그러나 그들이 만일 너희와 함께 무장하고 건너지 아니하거든 가나안 땅에서 너희 중에 산업을 줄 것이니라. 갓 자손과 르우벤 자손이 대답하여 가로되 여호와께서 당신의 종들에게 명하신 대로 우리가 행할 것이라. 우리가 무장하고 여호와 앞에서 가나안 땅에 건너가서 요단 이편으로 우리의 산업이 되게 하리이다.

모세는 그들에 대하여 제사장 엘르아살과 눈의 아들 여호수아와 이스라엘 자손 지파들의 지도자들에게 공식적으로 명했다. 갓 자손들과 르우벤 자손들은 이스라엘 회중 앞에서 다시 다짐했다. 그들은 그들의 수정된 요청을 성심으로 행함으로 요단 이편의 땅을 자기들의 기업으로 얻겠다고 공적으로 다짐하였다.

〔33-42절〕 모세가 갓 자손과 르우벤 자손과 요셉의 아들 므낫세 반 지파에게 아모리인의 왕 시혼의 국토와 바산 왕 옥의 국토를 주되 곧 그 나라와 그 경내 성읍들과 그 성읍들의 사면 땅을 그들에게 주매 갓 자손은 디본과 아다롯과 아로엘과 아다롯소반과 야셀과 욕브하와 벧니므라와 벧하란들의 견고한 성읍을 건축하였고 또 양을 위하여 우리를 지었으며 르우벤 자손은 헤스본과 엘르알레와 기랴다임과 느보와 바알므온들을 건축하고 그 이름을 고쳤고 또 십마를 건축하고 건축한 성읍들에 새 이름을 주었고 므낫세의 아들 마길의 자손은 가서 길르앗을 쳐서 취하고 거기 있는 아모리인을 쫓아내매 모세가 길르앗을 므낫세의 아들 마길에게 주매 그가 거기 거하였고 므낫세의 아들 야일은 가서 그 촌락들을 취하고 하봇야일이라 칭하였으며 노바는 가서 그낫과 그 향촌을 취하고 자기 이름을 따라서 노바라 칭하였더라.

모세는 갓 자손들과 르우벤 자손들과 요셉의 아들 므낫세 반 지파에게 아모리인의 왕 시혼의 국토와 바산 왕 옥의 국토를 주되 곧 그 나라와 그 경내 성읍들과 그 성읍들의 사면 땅을 그들에게 주었다. 그러므로 갓 자손들과 르우벤 자손들과, 므낫세의 아들들인 마길과 야일과 노바는 요단강 동쪽에서 성읍을 건축하였다.

본장의 교훈을 정리해보자. 첫째로, 갓 자손들과 르우벤 자손들은 요단 동쪽에 안주하기를 원함으로 이스라엘 자손들을 낙심케 할 뻔했으나 모세의 충고를 듣고 회개하였다. 형제를 낙심케 하는 것은 그로 하여금 불신앙의 죄를 짓게 하는 것으로서 작은 잘못이 아니다. 우리는 교우로 하여금 하나님의 말씀에 복종하는 방향으로 생각하고 말하고 행동하도록 위로 격려해야 한다. 그것이 덕을 세운다는 것이다. '덕을 세운다'는 말은 남을 유익케 하고 남의 믿음을 세운다는 뜻이다. 사도 바울은 로마서 14:19에서 "우리가 화평의 일과 서로 덕을 세우는 일을 힘쓰자"라고 말했고, 데살로니가전서 5:14에서 "규모 없는 자들을 권계하며 마음이 약한 자들을 안위하고 힘이 없는 자들을 붙들어 주며 모든 사람을 대하여 오래 참으라"고 했다. 우리는 말과 행위로 형제를 낙심케 하지 말아야 하고, 형제를 위로하고 격려하며 유익을 주어야 한다.

둘째로, 하나님의 뜻은 이스라엘 자손들이 함께 가나안 전쟁에 참여하는 것이다. 거기에는 예외가 있을 수 없었다. 그들은 하나님의 명령을 따라 가나안 땅을 정복해야 했다. 갓 자손들과 르우벤 자손들은 모세의 지적과 책망을 들은 후 뒤늦게라도 생각을 고쳤고 합심하여 하나님의 일에 참여하기로 결심했다. 하나님께서는 신약교회에 예배, 양육, 전도의 임무를 주셨다. 우리는 개인적으로, 교회적으로 하나님께 참된 예배를 드려야 하고 성경말씀을 배우고 실천함으로써 성화를 이루어야 하고 복음을 널리 전파해야 한다. 하나님의 은혜로 주 예수 그리스도를 믿고 구원 얻은 성도라면 성경에 밝히 교훈된 이 삼대 임무에 합심하여 동참해야 한다. 그러므로 히브리서 10:23-25는 "약속하신 이는 미쁘시니 우리가 믿는 도리의 소망을 움직이지 말고 굳게 잡아 서로 돌아보아 사랑과 선행을 격려하며 모이기를 폐하는 어떤 사람들의 습관과 같이 하지 말고 오직 권하여 그 날이 가까움을 볼수록 더욱 그리하자"리고 교훈했다. 우리는 합심하여 교회의 삼대 임무의 완수를 힘써야 한다.

33장: 광야 노정

〔1-2절〕이스라엘 자손이 모세와 아론의 관할 하에 그 항오대로 애굽 땅에서 나오던 때의 노정이 이러하니라. 모세가 여호와의 명대로 그 노정을 따라 그 진행한 것을 기록하였으니 그 진행한 대로 그 노정은 이러하니라.

본장은 이스라엘 자손이 모세와 아론의 관할 하에 그 항오(치브오삼 ㅁㄱㅈㅊ)[그들의 군대들]대로 애굽 땅에서 나오던 노정(路程)을 기록한다. 모세는, 그들이 여호와의 명대로 그 노정을 따라 진행한 것을 기록하였다. 그들이 진행한 노정은 3절 이하에 기록되어 있다.

모세 시대(주전 15세기) 이전에 이미 책을 쓰는 문화가 발달해 있었고 모세는 책을 썼다. 그는 그 당시 애굽에서 종살이하던 이스라엘 자손들 중에 책을 쓰기에 가장 적합한 인물이었다. 그는 애굽의 궁중 교육을 받은 인물이었다. 성경은 그가 책들을 썼다고 증거한다.

본문은 모세가 이스라엘 백성이 애굽에서 나온 노정을 기록하였다고 증거한다. 또 출애굽기 24:4, 7은, 모세가 하나님께서 시내산에서 주신 율법의 모든 말씀을 기록하였고 그 언약서를 백성에게 낭독하였다고 증거한다. 또 신명기 31:9, 24는 모세가 모압 평지에서 율법을 재강론한 후에도 그 율법의 말씀을 다 책에 썼다고 증거한다. 여호수아서의 첫 부분에 보면, 하나님께서는 여호수아에게 모세의 율법책을 항상 묵상하며 그 말씀대로 지켜 행하라고 명령하셨다(수 1:7-8).

하나님께서는 모세와 선지자들로 하여금 구약성경을 기록하게 하셨다. 우리는 구약성경 처음 다섯 권을 비롯하여 모든 성경 내용의 진실성과 신빙성을 믿고 그것의 교훈적 권위도 믿어야 한다.

〔3-4절〕그들이 정월 15일에 라암셋에서 발행[출발]하였으니 곧 유월절 다음 날이라. 이스라엘 자손이 애굽 모든 사람의 목전에서 큰 권능으로[담대히](NASB) 나왔으니 애굽인은 여호와께서 그들 중에 치신 그 모든 장자(長子)를 장사(葬事)하는 때라. 여호와께서 그들의 신들에게도 벌을 주셨더라.

이스라엘 자손들이 애굽의 라암셋에서 출발했던 때는 애굽인들이 여호와께서 그들 중에 치신 그들의 장자들을 인해 애곡하는 때이었다. 여호와께서는 애굽 사람들의 신(神)들에게도 벌을 주셨다. 하나님께서 애굽 땅에 내리신 열 가지 재앙들은 그들의 신들에게 내린 벌과 같았다(출 12:12; 13:15). 애굽 왕 바로는 열 번째 재앙인 장자가 죽는 재앙을 통해 마침내 항복하고 이스라엘 백성을 떠나게 했다.

〔5-14절〕이스라엘 자손이 라암셋에서 발행[출발]하여 숙곳에 진쳤고 숙곳에서 발행[출발]하여 광야 끝 에담에 진쳤고 에담에서 발행하여 바알스본 앞 비하히롯으로 돌아가서 믹돌 앞에 진쳤고 하히롯[비하히롯](KJV, NIV) 앞에서 발행하여 바다 가운데로 지나 광야에 이르고 에담 광야로 3일 길쯤 들어가서 마라에 진쳤고 마라에서 발행하여 엘림에 이르니 엘림에는 샘물 열둘과 종려 70주[그루]가 있으므로 거기 진쳤고 엘림에서 발행하여 홍해 가에 진쳤고 홍해 가에서 발행하여 신 광야에 진쳤고 신 광야에서 발행하여 돕가에 진쳤고 돕가에서 발행하여 알루스에 진쳤고 알루스에서 발행하여 르비딤에 진쳤는데 거기는 백성의 마실 물이 없었더라(출 17장).

이스라엘 자손은 라암셋에서 출발하여 숙곳에 진쳤고 숙곳에서 출발하여 광야 끝 에담에 진쳤고 에담에서 출발하여 바알스본 앞 비하히롯으로 돌아가서 믹돌 앞에 진쳤다(출 14:2 참고). 거기에서 그들은 애굽 군대의 추격을 받았고 홍해에 몰살될 위험에 처했었다(출 14장). 그러나 하나님의 은혜와 기적으로 그들은 홍해를 마른 땅같이 건넜으나 애굽 군대는 홍해 물에 몰살되었다. 이스라엘 자손이 엘림에 도착하자 거기에는 샘물 열둘과 종려나무 칠십 그루가 있었다(출 15:27). 하나님께서는 불기둥과 구름기둥으로 그들을 인도하셨고 그들을 보호하셨고 그들에게 시시때때로 먹을것과 마실 것을 주셨다.

〔15-37절〕르비딤에서 발행[출발]하여 시내 광야에 진쳤고 시내 광야에서 발행[출발]하여 기브롯핫다아와에 진쳤고 기브롯핫다아와에서 발행하여 하세롯에 진쳤고 하세롯에서 발행하여 릿마에 진쳤고 릿마에서 발행하여 림몬베레스에 진쳤고 림몬베레스에서 발행하여 립나에 진쳤고 립나에서 발

행하여 릿사에 진쳤고 릿사에서 발행하여 그헬라다에 진쳤고 그헬라다에서
발행하여 세벨산에 진쳤고 세벨산에서 발행하여 하라다에 진쳤고 하라다에
서 발행하여 막헬롯에 진쳤고 막헬롯에서 발행하여 다핫에 진쳤고 다핫에
서 발행하여 데라에 진쳤고 데라에서 발행하여 밋가에 진쳤고 밋가에서 발
행하여 하스모나에 진쳤고 하스모나에서 발행하여 모세롯에 진쳤고 모세롯
에서 발행하여 브네야아간에 진쳤고 브네야아간에서 발행하여 홀하깃갓에
진쳤고 홀하깃갓에서 발행하여 욧바다에 진쳤고 욧바다에서 발행하여 아브
로나에 진쳤고 아브로나에서 발행하여 에시온게벨에 진쳤고 에시온게벨에
서 발행하여 신 광야 곧 가데스에 진쳤고 가데스에서 발행하여 에돔 국경
호르산에 진쳤더라.

15-37절은 가데스바네아에서 열두 정탐꾼을 보내기 전후로부터
모압 평지에 도달하기까지 약 40년간의 노정을 기록하였다. 18절의
"하세롯에서 출발하여 릿마에 진 친" 때가 그들이 바란 광야에 도착
한 때이며(민 12:16) 거기서 그들은 열두 정탐꾼을 가나안 땅에 보냈
다. 거기에서 그들이 불신앙으로 인해 범죄했을 때 하나님께서는 그
들에게 40일 정탐 기간의 하루를 1년으로 계산하여 40년간 광야에서
유리(流離)하며 방황하는 벌을 내리셨다. 그 후 그들은 40년간 광야
에서 유리하였다. 그러나 그런 징벌 속에서도 하나님께서는 그들에
게 불기둥과 구름기둥의 인도하심을 주셨고 지도자 모세와 아론을
주셨고 또 만나와 메추라기를 양식으로 주셨고 시시때때로 반석에서
물이 나게 하셨고 발이 부릍지 않고 옷이 해어지지 않게 하셨다.

[38-40절] 이스라엘 자손이 애굽 땅에서 나온 지 40년 5월 1일에 제사
장 아론이 여호와의 명으로 호르산에 올라가 거기서 죽었으니(민 20:27-28)
아론이 호르산에서 죽던 때에 나이 1백 23세이었더라. 가나안 땅 남방에
거한 가나안 사람 아랏 왕이 이스라엘의 옴을 들었더라(민 21:1).

[41-49절] 그들이 호르산에서 발행하여 살모나에 진쳤고 살모나에서
발행하여 부논에 진쳤고 부논에서 발행하여 오봇에 진쳤고 오봇에서 발행
하여 모압 변경 이예아바림에 진쳤고 이임에서 발행하여 디본갓에 진쳤고
디본갓에서 발행하여 알몬디블라다임에 진쳤고 알몬디블라다임에서 발행

하여 느보 앞 아바림산에 진쳤고 아바림산에서 발행하여 여리고 맞은편 요
단 가 모압 평지에 진쳤으니 요단 가 모압 평지의 진이 벧여시못에서부터
아벨싯딤에 미쳤었더라.

　41-49절까지는 호르산에서부터 모압 평지까지의 노정을 기록한다.
그 기간에 모세가 하나님의 명령을 어기고 혈기를 부린 실수, 불뱀
사건, 모압 왕이 발람을 청해 이스라엘을 저주하려 함, 모압 여자들과
의 음행 등 몇 가지 일들이 민수기 20-25장에 기록되어 있다.

　〔50-56절〕여리고 맞은편 요단 가 모압 평지에서 여호와께서 모세에게
일러 가라사대 이스라엘 자손에게 말하여 그들에게 이르라. 너희가 요단을
건너 가나안 땅에 들어가거든 그 땅 거민을 너희 앞에서 다 몰아내고 그 새
긴 석상과 부어 만든 우상을 다 파멸하며 산당을 다 훼파하고 그 땅을 취하
여 거기 거하라. 내가 그 땅을 너희 산업으로 너희에게 주었음이라. 너희의
가족을 따라서 그 땅을 제비 뽑아 나눌 것이니 수가 많으면 많은 기업을 주
고 적으면 적은 기업을 주되 각기 제비 뽑힌 대로 그 소유가 될 것인즉 너희
열조의 지파를 따라 기업을 얻을 것이니라. 너희가 만일 그 땅 거민을 너희
앞에서 몰아내지 아니하면 너희의 남겨둔 자가 너희의 눈에 가시와 너희의
옆구리에 찌르는 것이 되어 너희 거하는 땅에서 너희를 괴롭게 할 것이요
나는 그들에게 행하기로 생각한 것을 너희에게 행하리라.

　여리고 맞은편 요단 가 모압 평지에서 여호와께서는 모세를 통해
이스라엘 백성에게 요단을 건너 가나안 땅에 들어가면 그 땅 거민을
다 몰아내고 그들의 우상들을 다 부수고 그 땅을 제비 뽑아 분배하라
고 말씀하셨고(신 7:5-6), 또 만일 그들이 그 땅 거민을 그들 앞에서
다 몰아내지 않고 남겨두면 그 남은 자들이 그들의 눈에 가시와 옆구
리에 찌르는 것이 되어 그들을 괴롭게 할 것이라고 하셨다.

　본장의 교훈을 정리해보자. 첫째로, 이스라엘 백성은 40년간 광야를
통과하였다. 이 세상에서의 인생의 삶은 광야 생활과 같은 고난의 삶이
다. 인생은 나그네요 우거하는 자들이다. 다윗은 말하기를, "주 앞에서
는 우리가 우리 열조와 다름이 없이 나그네와 우거한 자라. 세상에 있

는 날이 그림자 같아서 머무름이 없나이다"라고 했다(대상 29:15). 사람은 이 세상에 태어나서 제한된 수명을 살다가 이 세상을 떠나가며 또 이 세상에서의 사람의 일생은 고생과 수고가 많은 삶이다(시 90:10). 그러므로 우리는 소망을 오직 영생하시는 하나님과 천국에 두어야 한다.

둘째로, 이스라엘의 40년 광야생활은 열 정탐꾼들의 불신앙적 보고와 그것을 따랐던 이스라엘 회중들의 불신앙에서 비롯되었다. 그때에 여호수아와 갈렙 두 사람만 하나님을 믿고 온전히 순종했었다. 민수기 14:24, 30, "오직 내 종 갈렙은 그 마음이 그들과 달라서 나를 온전히 좇았은즉," "여분네의 아들 갈렙과 눈의 아들 여호수아 외에는 내가 맹세하여 너희로 거하게 하리라 한 땅에 결단코 들어가지 못하리라." 불신앙과 죄와 불순종에는 하나님의 징벌과 고난이 따르고, 믿음과 순종에는 평안이 따른다. 그러므로 사람이 혹시 범죄했다면 즉시 회개해야 한다. 우리는 어려운 문제를 직면하는 현실 앞에서 하나님을 믿지 않고 불평, 원망했던 이스라엘 자손들을 본받지 말고, 오직 여호수아와 갈렙을 본받아 하나님을 온전히 믿고 의지하고 하나님의 뜻과 말씀에 온전히 순종해야 한다. 하나님께서는 우리에게 온전한 순종을 명하신다.

셋째로, 하나님께서는 이스라엘 자손들을 징벌하시면서도 그의 긍휼로 불기둥과 구름기둥으로 그들을 인도하셨고 그의 충성된 종 모세를 그들의 지도자로 주셨고 만나와 메추라기를 날마다 식량으로 주셨고 반석에서 물이 나오게 하셨다. 이처럼, 하나님께서는 우리를 구원하신 후 우리의 부족 때문에 때때로 징벌도 하시지만, 그의 크신 긍휼로 우리를 인도하시고 보호하시고 우리에게 필요한 것을 공급하신다. 오늘날도 그는 우리를 푸른 풀밭과 잔잔한 물가로 인도하시는 선한 목자이시며(시 23:1), 성령으로 우리 안에 영원히 거하셔서(요 14:16) 우리로 그의 인도하심을 받아 몸의 죄성을 이기게 하시며(롬 8:14; 갈 5:16), 모든 일이 합력하여 선을 이루게 하신다(롬 8:28). 그러므로 우리는 하나님의 선한 인도하심, 그의 긍휼의 인도하심을 항상 믿고 감사해야 한다.

34장: 가나안 땅의 경계

〔1-15절〕 여호와께서 모세에게 일러 가라사대 너는 이스라엘 자손에게 명하여 그들에게 이르라. 너희가 가나안 땅에 들어가는 때에 그 땅은 너희의 기업이 되리니 곧 가나안 사방 지경이라. 너희 남방은 에돔 곁에 접근한 신 광야니 너희 남편 경계는 동편으로 염해 끝에서 시작하여 돌아서 아그랍빔 언덕 남편에 이르고 신을 지나 가데스 바네아 남방에 이르고 또 하살아달을 지나 아스몬에 이르고 아스몬에서 돌아서 애굽 시내(와디)를 지나 바다까지 이르느니라. 서편 경계는 대해가 경계가 되나니 이는 너희의 서편 경계니라. 북편 경계는 이러하니 대해에서부터 호르산4)까지 긋고 호르산에서 그어 하맛 어귀에 이르러 스닷에 미치고 그 경계가 또 시브론을 지나 하살에난에 미치나니 이는 너희 북편 경계니라. 너희의 동편 경계는 하살에난에서 그어 스밤에 이르고 그 경계가 또 스밤에서 리블라로 내려가서 아인 동편에 이르고 또 내려가서 긴네렛(갈릴리) 동편 해변에 미치고 그 경계가 또 요단으로 내려가서 염해에 미치나니 너희 땅의 사방 경계가 이러하니라. 모세가 이스라엘 자손에게 명하여 가로되 이는 너희가 제비 뽑아 얻을 땅이라. 여호와께서 이것을 아홉 지파와 반 지파에게 주라고 명하셨나니 이는 르우벤 자손의 지파와 갓 자손의 지파가 함께 그들의 종족대로 그 기업을 받았고 므낫세의 반 지파도 기업을 받았음이라. 이 두 지파와 반 지파가 여리고 맞은편 요단 건너편[이편] 곧 해 돋는 편에서 그 기업을 받았느니라.

여호와께서는 이스라엘 백성이 요단강 서쪽에 들어가서 얻을 가나안 땅, 곧 그가 그들에게 주시는 기업의 사방 경계에 대해 말씀하셨다. 남쪽 경계는 에돔 곁에 접근한 신 광야이었다. 동쪽으로 염해 끝에서 시작하여 돌아서 가데스 바네아 남쪽에 이르고 애굽 시내를 지나 바다 곧 지중해까지 이르렀다. 서쪽 경계는 대해(大海) 곧 지중해가 경계가 되었다. 북쪽 경계는 대해에서부터 호르산을 지나 하맛 어

---

4) 아마 헤르몬 산이나 그 부근인 듯함(수 13:5). 다메섹보다 더 북쪽임. 다메섹은 가나안 땅의 경계 안에 있음.

귀와 하살에난에 미쳤다. 동쪽 경계는 하살에난에서 긴네렛 곧 갈릴리 호수 동쪽 해변에 미치고 또 요단으로 내려가서 염해에 미쳤다. 이것이, 요단강 동편에서 기업을 얻은 르우벤 지파와 갓 지파와 므낫세 반 지파 외의 아홉 지파들과 므낫세 반 지파로 하여금 제비 뽑아 얻게 하라고 하나님께서 명하신 가나안 땅의 사방 경계이었다.

[16-29절] 여호와께서 또 모세에게 일러 가라사대 너희에게 땅을 기업으로 나눌 자의 이름이 이러하니 제사장 엘르아살과 눈의 아들 여호수아니라. 너희는 또 기업의 땅을 나누기 위하여 매 지파에 한 족장씩 택하라. 그 사람들의 이름은 이러하니 유다 지파에서는 여분네의 아들 갈렙이요 시므온 지파에서는 암미훗의 아들 스므엘이요 베냐민 지파에서는 기슬론의 아들 엘리닷이요 단 자손 지파의 족장 요글리의 아들 북기요 요셉 자손 중 므낫세 자손 지파의 족장 에봇의 아들 한니엘이요 에브라임 자손 지파의 족장 십단의 아들 그므엘이요 스불론 자손 지파의 족장 바르낙의 아들 엘리사반이요 잇사갈 자손 지파의 족장 앗산의 아들 발디엘이요 아셀 자손 지파의 족장 슬로미의 아들 아히훗이요 납달리 자손 지파의 족장 암미훗의 아들 브다헬이니라 하셨으니 여호와께서 명하사 가나안 땅에서 이스라엘 자손에게 기업을 나누게 하신 자들이 이러하였더라.

여호와께서는 이스라엘 백성에게 땅을 기업으로 나눌 자로 제사장 엘르아살과 눈의 아들 여호수아를 지목하셨고 열 지파들의 대표자들로 족장들을 지정해주셨다. 두 지파는 요단 동쪽에서 기업을 얻었으므로 제외되었고 므낫세 지파는 양쪽에 관련됨으로 포함되었다.

본장은 이스라엘 백성이 요단강을 건너 들어가 정복해야 할 약속된 가나안 땅의 사방 경계를 증거한다. 본장의 교훈을 정리해보자.

첫째로, 하나님께서는 가나안 땅의 동서남북 사방의 경계를 정확하게 지정해주셨다. 그 땅은 하나님께서 이스라엘 백성을 위해 약속하신 땅이며 그들이 들어가 정복하고 분배해야 할 땅이었다. 하나님께서는 신약교회에게는 지역적 경계를 지정해주지 않으셨다. 온 세상이 신약교회의 경계이다. 주께서는 그의 제자들에게 "너희는 가서 모든 족속으로 제자를 삼으라"고 명하셨고(마 28:19), 또 "너희는 온 천하에 다니며 만민에게 복음을 전파하라"고 하셨다(막 16:15). 신약교회는 온 세계의 모든 민족, 모든 사람에게 복음을 전해야 한다. 백인이나 흑인이나 동양인을 구별하지 않아야 하고 도시에도 시골에도 어촌이나 섬에도 복음을 전해야 한다. 아직 문명이 들어가지 않은 지역에도 심지어 글자가 없는 족속들에게도 복음을 전해야 한다. 공산권이나 이슬람 지역에도 복음을 전해야 한다. 각계 각층의 사람들에게 복음을 전해야 한다.

둘째로, 신약교회에는 그러나 영적 경계가 있고 그것은 하나님께서 택하신 모든 사람들이다. 예수께서는 "나를 보내신 이의 뜻은 내게 주신 자 중에 내가 하나도 잃어버리지 아니하고 마지막 날에 다시 살리는 이것이니라"고 말씀하셨다(요 6:39). 하나님께서 만세 전에 택하신 자들이 그리스도의 양들이다. 그러므로 우리는 이 세상에 복음을 전하지만, 모든 사람을 구원하려 하지 않고 오직 하나님의 택하신 자들을 구원하려 한다. 우리가 그들을 모르기 때문에 모든 사람에게 전도하고 구원으로 초청한다. 그러나 하나님의 택하신 자들만 그 초청에 응답하고 자신들의 죄를 회개하고 구주 예수 그리스도를 믿고 구원 얻을 것이다.

셋째로, 이스라엘 백성은 가나안 족속들을 다 죽여야 했다. 그것은 그들의 우상숭배와 음란 때문에 내리신 하나님의 심판이었다. 이와 같이, 신약교회는 세상에서 구원 얻은 자들의 모임이며 불경건하고 죄악된 세상과 구별된다. 세상은 장차 멸망할 것이지만, 교회는 구원 얻은 자, 장차 영광의 천국을 기업으로 받아 영생할 자들의 모임이다. 사도 바울은 구주 예수께서 교회를 "물로 씻어 말씀으로 깨끗하게 하사 거룩하게 하시고 자기 앞에 영광스러운 교회로 세우사 티나 주름잡힌 것이나 이런 것들이 없이 거룩하고 흠이 없게 하려 하셨다"고 말하였다(엡 5:26-27). 신약교회의 참 교인은 바른 신앙고백과 거룩한 인격과 삶을 통해 증거된다. 우리는 성경적, 역사적 기독교 신앙을 지키고 윤리적 흠과 점이 없는 교회, 즉 경건과 도덕성을 구비한 교회가 되어야 한다.

35장: 도피성

〔1-8절〕 여호와께서 여리고 맞은편 요단가 모압 평지에서 모세에게 일러 가라사대 이스라엘 자손에게 명하여 그들의 얻은 기업에서 레위인에게 거할 성읍들을 주게 하고 너희는 또 그 성읍 사면의 들을 레위인에게 주어서 성읍으로는 그들의 거처가 되게 하고 들로는 그들의 가축과 물산과 짐승들을 둘 곳이 되게 할 것이라. 너희가 레위인에게 줄 성읍들의 들은 성벽에서부터 밖으로 사면 2천 규빗[천 규빗](원문, KJV, NASB, NIV)이라. 성을 중앙에 두고 성 밖 동편으로 2천 규빗, 남편으로 2천 규빗, 서편으로 2천 규빗, 북편으로 2천 규빗을 측량할지니 이는 그들의 성읍의 들이며 너희가 레위인에게 줄 성읍은 살인자로 피케 할 도피성으로 여섯 성읍이요 그 외에 42성읍이라. 너희가 레위인에게 모두 48성읍을 주고 그 들도 함께 주되 이스라엘 자손의 산업에서 레위인에게 너희가 성읍을 줄 때에 많이 얻은 자에게서는 많이 취하여 주고 적게 얻은 자에게서는 적게 취하여 줄 것이라. 각기 얻은 산업을 따라서 그 성읍들을 레위인에게 줄지니라.

레위 지파는 이스라엘 열두 지파들처럼 요단 강 동편의 땅에서나 요단 서편 가나안 땅에서 기업을 얻지 못하기 때문에 각 지파에서 레위인들을 위한 성읍들과 그 들을 주게 하였다. 성읍들은 레위인들의 거처할 집을 지을 곳이며 그 들들은 소나 양 등의 가축들을 둘 곳이다. 히브리어 원문 4절은 레위인에게 줄 성읍들의 들이 성벽에서부터 밖으로 사면 천 규빗이라고 말한다(MT, KJV, NASB, NIV)(한글개역 본문은 헬라어 70인역의 본문임). 5절은 레위인들의 성읍들의 들들이 동서남북으로 2천 규빗이라고 말하는 것 같다. 그 들은 소나 양 등의 가축들을 두는 곳과 어느 정도의 여유가 있는 들판일 것이다. 1규빗은 약 45센티미터이며, 천 규빗은 약 450미터이다.

또 이스라엘의 열두 지파들은 그들의 기업의 규모에 따라 레위인들에게 성읍들을 주되 그들에게 모두 48성읍을 주게 하였다. 레위인들의 48성읍들은 이스라엘 열두 지파에 널리 흩어져 있었다. 그 성읍

들은 여호수아 21장에 기록되어 있다. 그 중에는 실수로 살인한 자가
피할 수 있는 성인 도피성 여섯 성읍이 포함되어 있다.

**〔9-15절〕 여호와께서 또 모세에게 일러 가라사대 이스라엘 자손에게 말
하여 그들에게 이르라. 너희가 요단을 건너 가나안 땅에 들어가거든 너희를
위하여 성읍을 도피성으로 정하여 그릇(비쉐가가 הָגָגְשִׁבּ)[실수로, 부지중에]
살인한 자로 그리로 피하게 하라. 이는 너희가 보수(報讐)할 자에게서 도피
하는 성을 삼아 살인자가 회중 앞에 서서 판결을 받기까지 죽지 않게 하기
위함이니라. 너희가 줄 성읍 중에 여섯으로 도피성이 되게 하되 세 성읍은
요단 이편에서 주고 세 성읍은 가나안 땅에서 주어 도피성이 되게 하라. 이
여섯 성읍은 이스라엘 자손과 타국인과 이스라엘 중에 우거하는 자의 도피
성이 되리니 무릇 그릇 살인한 자가 그리로 도피할 수 있으리라.**

도피성은 실수로 즉 고의성이 없이 살인한 자가 도피할 수 있는 곳
이었다. 그는 그 성으로 우선 피신하고 회중 앞에서 정식 재판을 받
아 고의성 여부를 판단받게 된다. 레위인들의 48성읍들 중 여섯 성읍
이 도피성으로 구별되었고 그것은 요단강 동편에 세 성읍과 요단강
서편에 세 성읍이었다. 또 이 규례는 이스라엘 자손뿐 아니라 타국인
이나 이스라엘 중에 우거하는 자들에게도 적용되었다.

하나님께서는 고의적 살인과 실수로 인한 살인을 엄격하게 구별하
셨다. 이런 정신은 오늘날 세속사회의 법에도 적용되어 있다. 법적으
로 살인죄는 고의로 남을 죽인 죄를 가리키고, 비고의적 살인은 과실
치사죄라고 불러 그 둘을 구별한다. 살인죄와 과실치사죄는 그 죄의
성격과 그것에 대한 형벌의 양이 크게 다르다.

하나님께서 주신 속죄의 제사 제도도 일차적으로 실수로 범한 죄
에 대한 사죄의 규례이었다. 레위기 4장과 5장의 속죄제와 속건제의
규례는 반복하여 '그릇, 부지중에'(비쉐가가 הָגָגְשִׁבּ) 즉 실수로 범한
죄에 대해 언급한다(레 4:2, 13, 22, 27 등). 또 민수기 15장에서도 같
은 내용이 기록되어 있다(22-29절). 율법은 실수로 범한 죄와 구별하
여 고의적 죄에 대해서는 엄격히 다루었다. 출애굽기 21:12, 14, "사람

을 쳐 죽인 자는 반드시 죽일 것이라," "사람이 그 이웃을 짐짓 모살
하였으면 너는 그를 내 단에서라도 잡아내려 죽일지니라." 민수기 15:
30-31, "본토 소생이든지 타국인이든지 무릇 짐짓 무엇을 행하면 여
호와를 훼방하는 자니 그 백성 중에서 끊쳐질[끊어질] 것이라. 그런
사람은 여호와의 말씀을 멸시하고 그 명령을 파괴하였은즉 그 죄악
이 자기에게로 돌아가서 온전히 끊쳐지리라[끊어지리라]."

〔16-21절〕 만일 철 연장으로 사람을 쳐 죽이면 이는 고살(故殺)한 자니
그 고살자(故殺者)를 반드시 죽일 것이요 만일 사람을 죽일 만한 돌을 손에
들고 사람을 쳐 죽이면 이는 고살(故殺)한 자니 그 고살자를 반드시 죽일
것이요 만일 사람을 죽일 만한 나무 연장을 손에 들고 사람을 쳐 죽이면 이
는 고살(故殺)한 자니 그 고살자를 반드시 죽일 것이니라. 피를 보수하는
자가 그 고살자를 친히 죽일 것이니 그를 만나거든 죽일 것이요 만일 미워
하는 까닭에 밀쳐 죽이거나 기회를 엿보아 무엇을 던져 죽이거나 원한으로
인하여 손으로 쳐 죽이면 그 친 자를 반드시 죽일 것이니 이는 고살(故殺)
하였음이라. 피를 보수하는 자가 그 고살자를 만나거든 죽일 것이니라.

하나님께서는 실수로 사람을 죽인 죄와 구별해 고살(故殺) 즉 고의
적 살인죄의 예를 여섯 가지 드셨다. 철 연장으로 죽인 경우, 죽일 만
한 돌로 죽인 경우, 나무 연장으로 죽인 경우, 밀쳐 죽인 경우, 무엇을
던져 죽인 경우, 손으로 쳐 죽인 경우 등이 그것이다. 이러한 고의적
살인자는 반드시 사형으로 벌해야 하였다.

〔22-25절〕 원한 없이 우연히 사람을 밀치거나 기회를 엿봄이 없이 무엇
을 던지거나 보지 못하고 사람을 죽일 만한 돌을 던져서 죽였다 하자. 이는
원한도 없고 해하려 한 것도 아닌즉 회중이 친 자와 피를 보수(報讐)[보복]
하는 자 간에 이 규례대로 판결하여 피를 보수(報讐)[보복]하는 자의 손에서
살인자를 건져내어 그가 피하였던 도피성으로 돌려보낼 것이요 그는 거룩
한 기름 부음을 받은 대제사장의 죽기까지 거기 거할 것이니라.

하나님께서는 고의성이 없이, 실수로 사람을 죽인 경우도 예를 드
셨다. 그것들은 원한 없이 우연히 사람을 밀치거나 기회를 엿봄이 없

이 무엇을 던지거나 보지 못하고 사람을 죽일 만한 돌을 던져서 죽인 경우 등이다. 고의성 없이, 실수로 사람을 죽인 경우는 사형으로 처벌되어서는 안 되고 원한을 품은 자에게 내어주어서도 안 되었다. 그런 자는 도피성에서 대제사장의 죽기까지 보호를 받아야 하였다.

〔26-29절〕 그러나 살인자가 어느 때든지 그 피하였던 도피성 지경 밖에 나갔다 하자. 피를 보수(報讐)[보복]하는 자가 도피성 지경 밖에서 그 살인자를 만나 죽일지라도 위하여 피 흘린 죄가 없나니 이는 살인자가 대제사장의 죽기까지 그 도피성에 유하였을 것임이라. 대제사장의 죽은 후에는 그 살인자가 자기의 산업의 땅으로 돌아갈 수 있느니라. 이는 너희 대대로 거하는 곳에서 판단하는 율례라.

하나님께서는 실수로 살인하고 도피성에 피신한 자의 거주 제한을 강조하셨다. 도피성으로 피한 그 살인자가 규례를 어기고 도피성 밖에 나갔다가 보복을 당한 경우, 그를 보복한 자는 살인자가 되지 않았다. 그것은 실수로 한 살인이라도 살인한 죄가 있음을 인정한 것이다. 단지 하나님께서 긍휼 가운데 그에게 피할 방법을 주셨던 것이고 그가 그 방법을 바르게 사용하지 않으면 죽게 되는 것이다.

도피성으로 피신한 살인자(27, 28절)는 대제사장이 죽기까지 도피성에 거하다가 대제사장이 죽은 후에는 자유함을 얻었다. 그것은 우리의 대제사장이신 예수 그리스도께서 죽으심으로 모든 죄인들이 그들의 죄와 그 형벌로부터 자유함을 얻음을 암시하는 것 같다.

〔30-32절〕 무릇 사람을 죽인 자 곧 고살자(故殺者)[고의적 살인자]를 증인들의 말을 따라서 죽일 것이나 한 증인의 증거만 따라서 죽이지 말 것이요 살인죄를 범한 고살자(故殺者)[고의적 살인자]의 생명의 속전(贖錢)을 받지 말고 반드시 죽일 것이며 또 도피성에 피한 자를 대제사장의 죽기 전에는 속전(贖錢)을 받고 그의 땅으로 돌아가 거하게 하지 말 것이니라.

하나님께서는 고의적 살인자는 속전(贖錢)을 받고 풀어주지 말고 반드시 사형시킬 것이나 한 사람의 증인의 증거를 따라 하지 말고 두 사람 이상의 증인들의 증거를 따라 하라고 말씀하셨다.

[33-34절] 너희는 거하는 땅을 더럽히지 말라. 피는 땅을 더럽히나니 피 흘림을 받은 땅은 이를 흘리게 한 자의 피가 아니면 속(贖)할 수 없느니라. 너희는 너희 거하는 땅 곧 나의 거하는 땅을 더럽히지 말라. 나 여호와가 이스라엘 자손 중에 거함이니라.

이스라엘 자손이 거하는 땅은 곧 하나님께서 거하시는 땅이므로, 그들은 범죄함으로 그 땅을 더럽히지 말아야 했다. 특히 살인은 사형으로 다스려야 했다. 무죄한 피를 흘리는 것은 땅을 더럽히는 것이다.

본장의 교훈을 정리해보자. 첫째로, 하나님께서는 레위 지파 사람들에게 성읍들과 그 들들을 주게 하셨다. 그는 이스라엘 백성의 십일조를 레위인들의 생활비로 주셨었다(민 18장). 신약교회도 전임사역자들에게 주택과 생활비를 제공하는 것이 필요하다. 주 예수께서는 "일꾼이 저 먹을것 받는 것이 마땅하다"고 말씀하셨고(마 10:10), 사도 바울도 "곡식을 밟아 떠는 소에게 망을 씌우지 말라"는 구약성경을 인용하면서 교회가 복음사역자들에게 생활비를 주어야 함을 가르쳤다(고전 9:9). 교회를 위해 일하는 전임사역자들의 주택과 생활비 제공은 성경적이다.

둘째로, 하나님께서는 레위 지파를 위한 48개 성읍들 중 여섯 개를 도피성으로 구별케 하셨다. 도피성은 실수로 살인한 자들이 도피할 수 있게 하신 성이었다. 사람은 때때로 실수로 범죄한다. 예수 그리스도께서는 우리의 도피성이시다. 예수 그리스도의 십자가 대속 사역은 택함 받은 모든 죄인들에게 거룩함과 의로움이 되었고(고전 1:30) 또 구원 얻은 성도들은 예수 그리스도 안에서 하나님의 진노를 피하고 시시때때로 자신들의 실수와 부족을 그의 보혈의 샘에서 씻음 받는다.

셋째로, 하나님께서는 고의적 살인에 대해서는 사형으로 징벌케 하셨다. 죄들 중에는 실수로 범하는 죄도 있지만, 고의적으로 범하는 죄가 있다. 이 두 죄는 명확히 구별된다. 하나님께서는 고의적 죄는 엄하게 벌하신다. 고의적 살인은 반드시 사형으로 다스려야 했다. 우리는 실수로도 범죄치 말아야 하지만, 특히 고의적으로 범죄치 말아야 한다.

36장: 여자 상속자의 결혼 문제

〔1-4절〕 요셉 자손의 가족 중 므낫세의 손자 마길의 아들 길르앗 자손 가족의 두령들[지도자들]이 나아와 모세와 이스라엘 자손의 두령된 족장들 앞에 말하여 가로되 여호와께서 우리 주에게 명하사 이스라엘 자손에게 그 기업의 땅을 제비 뽑아 주게 하셨고 여호와께서 또 우리 주에게 명하사 우리 형제 슬로브핫의 기업으로 그 딸들에게 주게 하셨은즉 그들이 만일 이스라엘 자손의 다른 지파 남자들에게 시집가면 그들의 기업은 우리 조상의 기업에서 감삭되고[빠지고] 그들의 속할 그 지파의 기업에 첨가되리니[더해지리니] 그러면 우리 제비 뽑은 기업에서 감삭될 것이요 이스라엘 자손의 희년을 당하여 그 기업이 그가 속한 지파에 첨가될 것이라. 그런즉 그들의 기업은 우리 조상 지파의 기업에서 아주 감삭되리이다.

요셉의 아들 므낫세의 자손들 중, 길르앗의 손자, 헤벨의 아들(민 27:1) 슬로브핫의 딸들의 경우는, 부친이 기업을 물려줄 아들이 없으므로 딸들에게 기업을 주게 한 경우이었다. 민수기 27:8-11은 다음과 같이 규정하였다. "사람이 죽고 아들이 없거든 그 기업을 그 딸에게 돌릴 것이요 딸도 없거든 그 기업을 그 형제에게 줄 것이요 형제도 없거든 그 기업을 그 아비의 형제에게 줄 것이요 그 아비의 형제도 없거든 그 기업을 가장 가까운 친족에게 주어 얻게 할지니라."

문제는, 그 딸들이 다른 지파 사람들과 결혼하면, 그들의 기업은 므낫세 지파의 기업으로 남기 어려워지고 특히 제50년 희년이 되어 각 사람이 자기의 기업으로 돌아갈 때에도 그들이 받은 기업은 그 다른 지파의 것으로 확정될 것이다. 레위기 25:10, "제50년을 거룩하게 하여 전국 거민에게 자유를 공포하라. 이 해는 너희에게 희년이니 너희는 각각 그 기업으로 돌아가며 각각 그 가족에게로 돌아갈지니라." 그 딸들이 받은 기업은 희년이 되어도 므낫세 지파의 기업으로 환원되지 못하므로 므낫세 지파의 기업은 감소될 것이다.

〔5-9절〕모세가 여호와의 말씀으로 이스라엘에게 명하여 가로되 요셉 자손 지파의 말이 옳도다. 슬로브핫의 딸들에게 대한 여호와의 명이 이러하니라. 이르시되 슬로브핫의 딸들은 마음대로 시집가려니와 오직 그 조상 지파의 가족에게로만 시집갈지니 그리하면 이스라엘 자손의 기업이 이 지파에서 저 지파로 옮기지 않고 이스라엘 자손이 다 각기 조상 지파의 기업을 지킬 것이니라 하셨나니 이스라엘 자손의 지파 중 무릇 그 기업을 이은[물려받은] 딸들은 자기 조상 지파 가족 되는 사람에게로 시집갈 것이라. 그리하면 이스라엘 자손이 각기 조상의 기업을 보존하게 되어서 그 기업으로 이 지파에서 저 지파로 옮기게 하지 아니하고 이스라엘 자손 지파가 각각 자기 기업을 지키리라.

이 문제에 대해, 모세는 여호와의 말씀으로 이스라엘 자손들에게 명하였다. 그는 하나님의 감동 가운데 하나님의 말씀을 받았고 그것을 이스라엘 자손에게 명한 것이다. 구약시대에 모세와 선지자들은 하나님의 감동 가운데 하나님의 말씀을 받았고 그 말씀을 백성에게 전달했다. 모세와 선지자들이 기록한 말씀들이 구약성경이 되었다. 사도 바울은 "모든 성경은 하나님의 감동으로 된 것으로 교훈과 책망과 바르게 함과 의로 교육하기에 유익하다"고 말하였다(딤후 3:16).

신약성경도 하나님의 특별계시들을 기록한 책이요 하나님의 권위로 인쳐진 하나님의 말씀이다. 데살로니가전서 2:13, "이러므로 우리가 하나님께 쉬지 않고 감사함은 너희가 우리에게 들은 바 하나님의 말씀을 받을 때에 사람의 말로 아니하고 하나님의 말씀으로 받음이니 진실로 그러하다. 이 말씀이 또한 너희 믿는 자 속에서 역사하느니라." 데살로니가후서 2:15, "이러므로 형제들아, 굳게 서서 말로나 우리 편지로 가르침을 받은 유전[전해진 내용]을 지키라."

하나님께서는, 한 지파의 딸이 다른 지파로 시집갈 수 있으나, 기업을 물려받은 딸의 경우 각 지파의 기업의 보존을 위하여 같은 지파 안에서만 시집가도록 결혼 대상을 제한하셨다. 이것은 기업을 물려받은 딸들의 경우에만 적용되는 규례이었다. 이것은 각 지파의 기업의 보존을 위해 하나님께서 명하신 것이었다.

〔10-13절〕 슬로브핫의 딸들이 여호와께서 모세에게 명하신 대로 행하니라. 슬로브핫의 딸 말라와 디르사와 호글라와 밀가와 노아가 다 그 아비 형제의 아들들에게로 시집가되 그들이 요셉의 아들 므낫세 자손의 가족에게로 시집간 고로 그 기업이 그 아비 가족의 지파에 여전히 있었더라. 이는 여리고 맞은편 요단 가 모압 평지에서 여호와께서 모세로 이스라엘 자손에게 명하신 명령과 규례니라.

본장의 교훈은 이스라엘 자손들 중에 기업을 물려받은 딸들이 같은 지파 안에서만 결혼해야 한다는 것이다. 이 교훈은 오늘날 우리의 아들들뿐 아니라, 우리의 딸들도 바른 신앙적 유산을 잘 지키고 그 안에서 결혼해야 함을 보인다. 첫째로, 그들은 불신자와 결혼하지 말아야 한다. 그들은 기독교 신앙 안에서 결혼해야 한다. 하나님께서는 이스라엘 백성이 가나안 원주민들과 결혼하지 말라고 명하셨고(신 7장), 사도 바울도 남편과 사별한 아내가 재혼할 때 주 안에서만 하라고 교훈했다(고전 7:39). 성도는 불신자와 결혼하지 말아야 한다(고후 6:14-16).

둘째로, 그들은 장로교인과 결혼해야 한다. 교파적 신념의 차이가 있는 현실에서 우리는 장로교 신앙이 바르다고 믿는다. 각 사람은 자기 나름대로의 신념을 가져야 한다(롬 14:22). 그러므로 우리는 가급적이면 우리의 아들들과 딸들이 장로교회 신앙 안에서 결혼하고 그들이 장로교회의 신앙적 유산을 귀하게 여기며 잘 지켜 나가기를 원해야 한다.

셋째로, 그들은 보수신앙 안에서 결혼해야 한다. 오늘날 교회들 안에는 이단적 자유주의 신학, 포용적, 타협적 복음주의, 은사주의, 심지어 종교다원주의 등 다양한 신앙사상들이 들어와 있다. 그러나 우리에게는 오직 한 믿음, 즉 성경적 신앙만 있어야 한다. 바른 신앙을 보수하는 것은 하나님의 뜻이다(딤후 1:13-14; 유 3). 오늘날 우리와 우리 자녀들은 교회들 안에 들어온 잘못된 신앙 사상들을 분별하고 성경적 신앙 안에서 결혼하고 그 신앙과 그 교회의 유산을 잘 지켜야 한다.

저자 소개

연세대학교 문과대학 철학과 졸업 (B.A.).
총신대학 신학연구원[신학대학원] 졸업 (M.Div. equiv.).
미국, Faith Theological Seminary 졸업 (Th.M. in N.T.).
미국, Bob Jones University 대학원 졸업 (Ph.D. in Theology).
계약신학대학원 교수 역임, 합정동교회 담임목사.
〔역서〕 J. 그레셤 메이천, 신약개론, 신앙이란 무엇인가? 등 다수.
〔저서〕 구약성경강해 1, 2, 신약성경강해, 조직신학, 기독교교리개요,
기독교 윤리, 현대교회문제, 자유주의 신학의 이단성, 교회연합운동
비평, 복음주의 비평, 현대교회문제자료집, 천주교회비평 등.

민수기 강해

2011년 11월 25일 1판
2018년 12월 6일 2판
2024년 2월 2일 3판

저 자 김 효 성

발행처 옛신앙 출판사
Old-time Faith Press
www.oldfaith.net
서울 마포구 독막로 26 (합정동)
합정동교회 내
02-334-8291, 팩스 02-337-4869
oldfaith@hjdc.net
등록번호: 제10-1225호

ISBN 978-89-98821-94-4 03230 값 4,000원

옛신앙출판사는 이익을 추구하지 않으며 출판권은 저자에게 있습니다.

♣ '옛신앙'이란, 옛부터 하나님의 선지자들과 주 예수 그리스도의
사도들이 가졌던 신앙, 오직 정확 무오(正確無誤)한 하나님 말씀인
신구약성경에만 근거한 신앙, 오늘날 배교(背敎)와 타협의 풍조에
물들지 않는 신앙을 의미합니다.

"여호와께서 이같이 말씀하시되 '너희는 길에 서서 보며 옛적 길
곧 선한 길이 어디인지 알아보고 그리로 행하라. 너희 심령이 평강
을 얻으리라' 하나, 그들의 대답이 '우리는 그리로 행치 않겠노라'
하였으며"(렘 6:16).

옛신앙 출판사 서적 안내

☆ 주문: oldfaith.net/07books.htm   전화: 02-334-8291
☆ 계좌: 우리은행 1005-604-140217 합정동교회